中央财经大学学术基金资助出版

2012 年司法部课题项目"专家辅助人制度的中国模式研究"（12SFB2028）

专家辅助人制度的中国模式

郭 华 著

经济科学出版社

图书在版编目（CIP）数据

专家辅助人制度的中国模式/郭华著. —北京：
经济科学出版社，2014.12
ISBN 978 - 7 - 5141 - 5140 - 4

Ⅰ. ①专… Ⅱ. ①郭… Ⅲ. ①司法制度 - 研究 -
中国 Ⅳ. ①D926

中国版本图书馆 CIP 数据核字（2014）第 252476 号

责任编辑：王 娟 张 力
责任校对：郑淑艳
责任印制：李 鹏

专家辅助人制度的中国模式

郭 华 著

经济科学出版社出版、发行 新华书店经销
社址：北京市海淀区阜成路甲 28 号 邮编：100142
总编部电话：010 - 88191217 发行部电话：010 - 88191522
网址：www. esp. com. cn
电子邮件：esp@ esp. com. cn
天猫网店：经济科学出版社旗舰店
网址：http://jjkxcbs. tmall. com
北京季蜂印刷有限公司印装
710 × 1000 16 开 14.5 印张 250000 字
2015 年 1 月第 1 版 2015 年 1 月第 1 次印刷
ISBN 978 - 7 - 5141 - 5140 - 4 定价：36.00 元
（图书出现印装问题，本社负责调换。电话：010 - 88191502）
（版权所有 侵权必究 举报电话：010 - 88191586
电子邮箱：dbts@ esp. com. cn）

前　言

　　本书是对专家辅助人制度中国模式的探索，以目前亟待解决的问题为导向，注重发现中国司法实践遭遇的问题和国外立法历经的教训，纠缠于学术研究放逐职权主义模式的限度，合谋于比较法研究吸收当事人主义权利保障模式的惯习，根植于法律文本的法理解读，预测了完善专家辅助人制度隐含的未来方向，架构了不同于英美法系国家专家证人制度又有异于大陆法系国家鉴定制度内部改良的"专家辅助人制度的中国模式"。

　　本书的基本研究路线是，从专家辅助人的实践语境、立法现状解读其制度的基本内涵，从纷呈的学术观点与实践的不同做法中抽象出专家辅助人的诉讼地位；通过实证调研与理论探讨推演出专家辅助人参与诉讼程序以及需要享承的权利义务，对其提出意见的效力作出分析；从洞察出的专家辅助人参与诉讼的风险，探索出风险控制的机制；在以上研究的基础上设计出中国式的专家辅助人制度，力求为专家辅助人制度中国模式的建设提供解决问题的图景，旨在消除以往中国司法制度建构上的西方制度与中国制度之间价值等级制的不良影响。

　　本书的研究结论为，我国专家辅助人制度需要吸取英美法系国家专家证人制度保障当事人诉讼权利尤其是专家同侪在法庭上进行专业问题对质的有益经验，弱化职权主义专家辅助人非中立性的成分，在尊重中国现行司法制度历史连续性的背景下实现专家敬重科学与保持中立的职业道德与司法制度苛求，架构以"专家辅助人制度作为鉴定制度补充"的创新制度。

目　　录

导　论

　　司法鉴定对于准确查明案件事实具有至关重要的作用。英国伦西曼皇家委员会的刑事法庭研究（the Runciman Royal Commission's Crown Court Study）发现，在所有存在争议的起诉案件中，几乎 1/3 涉及专家证言。在 2/5 强的案件中，专家证言被评价为"非常重要"，在另外 1/3 的案件中被认为"相当重要"。① 美国兰德公司的司法统计数据显示，美国在 86% 的审判案件中使用了专家作证。② 据统计，2013 年我国全国法院共受理各类案件 1337 万多件③，全国社会鉴定机构的司法鉴定总量为 167523 件，④ 再加上侦查机关鉴定机构鉴定数量，其鉴定总量占案件总数的 2% 左右。鉴定人作为专家参与诉讼活动，可以充分保障当事人的诉讼权利、维护程序正义、促进案件事实走向明晰化；通过鉴定人出庭让"科技说话"的方式实现诉讼希冀的"看得见"的司法公正。基于此，世界各国的诉讼制度或者证据制度对鉴定人制度或者专家证人制度的出庭作证问题特别关注，并作出明确且相对具体的规定。据我国司法实务部门统计，自 2008 年以来，安徽淮安市两级法院司法鉴定案件逐年持续增长：2008 年 191 件，2009 年 287 件，2010 年 277 件，2011 年 290 件，2012 年 294 件；2009～2012 年，司法鉴定案件年增长率分别为 50.26%、3.5%、4.7%、1.4%。而鉴定人出庭案件却为 0 件。⑤ 再如，2013 年，北京市司法鉴定机构全年共完成司法鉴定 48348 件，司法鉴定人出庭 390 人次，占鉴定案件的 0.8%。而司法鉴定信访投诉人 532 批次，超过了鉴定人出庭的人次。⑥

---

　　① 参见［英］麦高伟、杰弗里·威尔逊主编：《英国刑事司法程序》，姚永吉等译，法律出版社 2003 年版，第 238 页。
　　② Samuel R. Gross, Expert Evidence, 1991 Wis. L. Rev. 1113, 1119.
　　③ 参见杨维汉：《全国法院 2013 年共受理各类案件 1337 万多件》，载《法制日报》2014 年 2 月 1 日。
　　④ 参见司法部司法鉴定管理局：《2013 年司法鉴定业务情况统计表》，载《司法部司鉴局简报》2014 年 3 月 27 日。
　　⑤ 参见吴芸：《有关新民诉法鉴定人出庭作证问题的调研报告》2013 年 6 月 9 日。http：//www.law-lib.com/lw/lw_view.asp? no=24274。访问时间 2014 年 6 月 10 日。
　　⑥ 参见《北京司法鉴定》2014 年第 2 期。

然而，由于鉴定人蕴含专家带来的潜在偏向性及其所利用专门知识或者科学的不确定，尤其专家身份及其携带超越常人智能的科技因素，在一定程度上隐藏或者遮蔽了所提供鉴定意见带来的风险，即使诉讼制度要求鉴定人或者专家证人出庭作证，也难以解决他们之间因专门知识的隔阂引发当事人、法官对鉴定意见的分歧与争议，作为解决问题的鉴定制度在某些案件中还会演变出比其解决的专门性问题更加突出、更复杂的鉴定意见作为证据的"是非之王"问题，以至于各国在改革鉴定制度或者专家证人制度上不断寻求、探索、研究破解其带来的新问题。专家辅助人制度则是破解这些难题中新增的制度之一。

一、专家辅助人制度弥补鉴定制度的规则贫困与功能迁移

我国 2012 年修改的《刑事诉讼法》和《民事诉讼法》在借鉴国外先进经验的基础上吸收了其他法律、法规的合理之处，对鉴定人出庭作证作出了明确的规定①，并实行比证人更为严格的甚至近乎绝对性的传闻证据规则②，即"鉴定人拒不出庭作证的，鉴定意见不得作为认定事实的根据"或者"定案的根据"。为了保障鉴定人出庭作证获得预期的实质性效果，保证鉴定意见作为定案根据的质量以及维护公正的审判程序，无论是《刑事诉讼法》的修改还是《民事诉讼法》的修改，均不惜额外添加诉讼参与人以及再次投入诉讼成本，增加了"有专门知识的人"出庭对鉴定意见或者专业问题提出意见的制度，即"专家辅助人制度"。《刑事诉讼法》第一百九十二条第二款、第四款规定："公诉人、当事人和辩护人、诉讼代理人可以申请法庭通知有专门知识的人出庭，就鉴定人作出的鉴定意见提出意见。""第二款规定的有专门知识的人出庭，适用鉴定人的有关规定。"《民事诉讼法》第七十九条规定："当事人可以申请人民法院通知有专门知

---

① 我国《刑事诉讼法》第一百八十七条第三款规定："公诉人、当事人或者辩护人、诉讼代理人对鉴定意见有异议，人民法院认为鉴定人有必要出庭的，鉴定人应当出庭作证。经人民法院通知，鉴定人拒不出庭作证的，鉴定意见不得作为定案的根据。"《民事诉讼法》第七十八条规定："当事人对鉴定意见有异议或者人民法院认为鉴定人有必要出庭的，鉴定人应当出庭作证。经人民法院通知，鉴定人拒不出庭作证的，鉴定意见不得作为认定事实的根据；支付鉴定费用的当事人可以要求返还鉴定费用。"

② 一般来说，经人民法院通知，鉴定人拒不出庭作证的，鉴定意见不得作为定案的依据或者认定事实的根据，而经人民法院通知，证人拒不出庭作证的，其相应的法律后果仅仅是被追究直至刑事拘留的法律责任，却没有规定不出庭作证的证人证言不得作为定案根据的后果。相反，经过查证其证言的真实性可以确认的，可以作为定案的根据。参见《最高人民法院关于适用〈中华人民共和国刑事诉讼法〉的解释》第七十八条第三款的规定。

识的人出庭，就鉴定人作出的鉴定意见或者专业问题提出意见。"这一新制度的确立与实施不仅有利于维护当事人的合法权利，保障了当事人质疑鉴定意见的能力，也有助于澄清当事人在鉴定意见上的异议，有助于协助法官发现鉴定意见存在的瑕疵或者错误，为其选择鉴定意见提供了理性的平台，从而能够更好地实现司法公正。①

　　我国《刑事诉讼法》和《民事诉讼法》增设的"有专门知识的人"规定即设立的专家辅助人制度，在整个法律中仅仅规定一条或者一款，与鉴定制度相比，其内容不仅相当简约，而且还过于原则，仅体现作为一项制度的程序意义。据统计，2012 年修改的《刑事诉讼法》对 1996 年《刑事诉讼法》涉及鉴定的 7 个条款中的 4 个条款进行了修改，其修改内容占所有鉴定条款的 57.14%；同时，又新增加了 2 个条款，占所有修改内容的 50%。其中，在鉴定制度层面上有所改变且具有制度改革意义的规定有 2 条，占所有鉴定条款的 28.57%。② 而 2012 年修改的《民事诉讼法》将原《民事诉讼法》第七十二条改为 3 条（第七十六条、第七十七条、第七十八条），又增加 1 条作为第七十九条③，其修改内容与数量相对其他法定证据类型无疑属于最多的，凸显了鉴定制度在现代诉讼中特殊作用。然而，有关专家辅助人的规定不仅简略，而且没有相配套的其他制度予以协调。尽管这一制度的设置是作为鉴定制度的补充，但作为一项制度，在其资格界定、适用范围、诉讼地位等实体要件以及相关程序要件上还需要明确并使其细化。如果程序要件阙如，则会导致这一制度在实践运行中遇到诸多法律依据上的障碍，其有序运行难以保障。比如，专家辅助人在何种阶段或者何时、以何种身份参与诉讼？应当以何种方式参与诉讼？参与诉讼后在程序中究竟应该扮演何种角色？等等。这些作为一项制度在实施过程中必备的要件问题，如果在理论上再没有一个清晰的路线，就会在司

---

　　① 郭华：《刑事诉讼专家辅助人出庭的观点争议及其解决思路》，载《证据科学》2013 年第 4 期。

　　② 郭华：《刑事鉴定制度修改的背景、争议及解读》，载《证据科学》2012 年第 2 期。

　　③ 我国《民事诉讼法》第七十六条、第七十七条、第七十八条、第七十九条规定："当事人可以就查明事实的专门性问题向人民法院申请鉴定。当事人申请鉴定的，由双方当事人协商确定具备资格的鉴定人；协商不成的，由人民法院指定。当事人未申请鉴定，人民法院对专门性问题认为需要鉴定的，应当委托具备资格的鉴定人进行鉴定。""鉴定人有权了解进行鉴定所需要的案件材料，必要时可以询问当事人、证人。鉴定人应当提出书面鉴定意见，在鉴定书上签名或者盖章。""当事人对鉴定意见有异议或者人民法院认为鉴定人有必要出庭的，鉴定人应当出庭作证。经人民法院通知，鉴定人拒不出庭作证的，鉴定意见不得作为认定事实的根据；支付鉴定费用的当事人可以要求返还鉴定费用。""当事人可以申请人民法院通知有专门知识的人出庭，就鉴定人作出的鉴定意见或者专业问题提出意见。"

法实践中造成适用上的困惑或者异化使用，要么滥用，要么误用，其效果恐事与愿违。当事人和法官在运用专家辅助人的时候，如果缺乏明确有效的指引，无疑增加了诉讼的不规范性，不利于专家辅助人制度在我国的顺利推行。①"为了解决诉讼中的专门性问题，我国民事诉讼中存在三种机制——专家陪审员、鉴定人、专家辅助人，如果再加上由法院聘请的非鉴定人专家，则存在四种机制。如何在诉讼程序中合理地运用这些机制，不至于造成专业人员的过度使用，是今后的诉讼实务需要妥善应对的问题。"②

实质上，"诉讼实务需要理论应对"的问题并不限于此，还存在立法不明确造成的专家辅助人身份的边缘化、诉讼地位的模糊化以及相关权利义务与程序运行中的各行其是，致使该项制度在建设之初就产生逃逸制度的规范，游走于法律边缘等问题，其供给诉讼制度的仅仅是所谓"拿人钱财、替人消灾"的质疑、漠视和嘲讽的专业不信任或者仅仅涉及鉴定枝节末梢的犀利唇战，专家辅助人异化为"游戏科技"的"讼师"，法庭也就成为专家观点争斗且没有硝烟的宣讲个人科学实验报告的"战场"与相互诋毁同侪的讥讽"平台"，国外专家证人力求革除的弊端被搬入中国并在中国法庭上演。甚嚣尘上的"复旦投毒案"所谓"愚人节"捉弄会演变为专家之间捉弄的"愚人案"。基于此，无论是理论研究还是司法实务，都应当关注专家辅助人制度在我国的意义以及功能，将其作为解决我国鉴定人出庭作证在质证方面专门知识贫困的补充制度，充分发挥其在科学技术或者专门知识方面对当事人诉讼权利保障的作用，并将其作为一项制度来建设，将其放置在鉴定制度的补充制度以及促进鉴定制度改革的位置上予以规范，保障其质疑鉴定意见或者就专业问题提出的意见能够维护当事人程序性宪法权利的功能，进而维护司法公正。

二、专家辅助人制度规范缺失的尴尬与模式纾解

由于当事人与法官短缺专门知识，在司法实践中常常出现对鉴定意见过分信赖或者过分怀疑，而诉讼代理人或者辩护方对鉴定意见的质证能力不足，加剧了对鉴定不断重复进行的频次，影响了诉讼的效率，也折损了司法公正。因此，构建有效的审查机制来辨别鉴定意见的真伪，尤其是对当事人存在异议的鉴定意见或者法庭需要明晰的专业问题由专家提出意

---

① 参见肖海霞：《困境与出路：我国民事诉讼专家辅助人制度之实证分析》，全国法院第25届学术讨论会论文。
② 参见李浩：《民事证据的再修订》，载《中外法学》2013年第1期。

见，显得尤为重要。尽管《刑事诉讼法》或者《民事诉讼法》对司法鉴定问题的修改没有达到学者所期待的目标或者未完全按照学者所提供的建议稿予以安排，其中部分条款仍接受了学者的建议并吸收司法鉴定体制改革的部分成果，但在规范职权机关鉴定活动尤其是保障控辩双方质疑鉴定意见权利方面前进了一大步，其积极意义是值得肯定的。由于鉴定人、专家辅助人等专家参与诉讼规范的散乱化，甚至还存在制度安排碎片化、制度功能边界的模糊、制度关系的不明确以及规范内部的冲突等问题，致使专家制度的具体规则未能形成系统化的衔接机制，有可能导致当事人在诉讼进程中无法与专家有效沟通，再加上理论对有关专家辅助人的介入诉讼的目的、所处的诉讼地位、应有的诉讼权利义务以及提出意见的效力等问题上缺乏一致的认识，在实践操作层面会影响法官对专门性问题认定的公正性和认同度。在专家辅助人制度方面，由于立法未能清晰划分鉴定人与专家辅助人这两类专家各自参与诉讼的目的和作用的阈限，造成专家资质标准缺位、权利义务模糊、意见效力混乱、实际适用率低等现象，致使专家辅助人未能发挥监督和补充鉴定制度、切实保障当事人程序权利等应然功效。[①] 而鉴定人作为"有专门知识的人"与专家辅助人作为"有专门知识的人"在诉讼中的专业较量，鉴定依赖科学所提供的作为证据的鉴定意见与专家辅助人提出的意见在法庭上的意见对峙，使这一做法虽然有利于法官在法庭上理性地选择鉴定意见或者认识专业问题，但有关制度规范的缺失却会引发一些颇具麻烦的制度纠结。基于此，专家辅助人制度作为《刑事诉讼法》、《民事诉讼法》修改"的一个创新之处，可在实践的基础上继续完善"[②]，其完善却需要考虑其作为一项新制度在司法实践中的有效运行以及发挥立法预设的功能，否则会出现事与愿违的情形。

从《刑事诉讼法》涉及专家辅助人的规定来看，似乎仅存第一百九十二条对鉴定意见在法庭质证上提出意见的规定[③]，其他条款均无涉及。而仅就第一百九十二条规定的内容而言，其本身却像一个制度性的程序宣告，而不是一个具有可操作的具体程序设置，或者未能体现作为制度的意蕴。在立法已定且立法解释相对困难的情况下，具有法律适用性质的相关

[①] 参见韩静茹：《专家参与民事诉讼的类型化分析——以我国民事证据立法的最新动向为背景》，载《西部法学评论》2013 年第 2 期。

[②] 郎胜主编：《中华人民共和国刑事诉讼法释义》，法律出版社 2012 年版，第 417 页。

[③] 在刑事诉讼法的有关规定与解释上，有关专家辅助人的规定不仅在庭审程序中，还涉及侦查、起诉程序，仅就审判程序也不仅存在庭审，还包括庭前会议等。由于有关刑事诉讼法的规定与解释在实践中的执行效力与《刑事诉讼法》相比较更具有执行效力。

司法解释理应担当其实践操作者应有的职能，对其程序作出进一步的规范，以保证在实践中的统一性。也就是说，《最高人民法院关于适用〈中华人民共和国刑事诉讼法〉的解释》（以下简称《法院刑诉法解释》）应该从微观和具体的操作层面对该制度作出操作性的规定，细化完善以适应司法实践实施之需要。① 然而《法院刑诉法解释》在第二百一十六条、第二百一十七条涉及"有专门知识的人"的规定，仅规定了"不得旁听对本案的审理"、"申请法庭通知有专门知识的人出庭，就鉴定意见提出意见的，应当说明理由"和"适用鉴定人出庭的有关规定"。不仅如此，在法条规定的内容之外还增加了有专门知识的人提供的"检验报告可以作为定罪量刑的参考"②。《法院刑诉法解释》除了将其视为"实现有专门知识的人与鉴定人的对抗"③ 以及要求申请人"说明理由"和限制出庭的人数外，也少有实质性规定，未有任何规范意义上的进步。如果上述问题在解释上不予解决，一味地等待立法使问题得以纾解，恐因立法的时间过长或者立法解释无暇顾及，在漫长无序生长中则会因旧的问题没有解决而新问题又会不断出现，致使创新的制度转化为治丝益棼的搅局者。由于法律对专家辅助人规定的简疏，如何规范专家辅助人仍需要理论澄清与司法实践予以探索。2000年被称为"马拉松式的跨国纠纷的东莞奔驰事件"案就折射出以上问题。④

1999年1月31日下午，深圳居民蔡壮钦的长子蔡衍鹏开着奔驰S320轿车在广深高速公路虎门路段发生交通事故，车子撞断护栏后坠入路下水沟，蔡衍鹏当场死亡，同车两人受伤。事后，蔡壮钦认为，奔驰车安全气囊未弹出是造成孩子死亡的重要原因。在交涉一年无果的情况下，2000年1月，蔡先生将奔驰的生产商戴姆勒—克莱斯勒股份公司告上法庭。广东东莞中级法院开庭时，华纳博士和蔡德乐博士以专家辅助人的身份出庭，他们在法庭上分别以投影和图表的形式做了3个多小时的事故技术分析。两专家认为，护栏的插入是导致驾驶员死亡的关键原因，事故车没有受到直接的正面撞击，没有必要启动气囊。虽然他们在法庭的说明图文并茂且

---

① 王跃：《专家辅助人制度基本问题研究——以〈刑事诉讼法〉第一百九十二条规定为切入点》，载《西南政法大学学报》2014年第1期。
② 参见《法院刑诉法解释》第八十七条规定："对案件中的专门性问题需要鉴定，但没有法定司法鉴定机构，或者法律、司法解释规定可以进行检验的，可以指派、聘请有专门知识的人进行检验，检验报告可以作为定罪量刑的参考。对检验报告的审查与认定，参照适用本节的有关规定。经人民法院通知，检验人拒不出庭作证的，检验报告不得作为定罪量刑的参考。"
③ 参见江必新主编：《最高人民法院关于适用〈中华人民共和国刑事诉讼法〉的解释理解与适用》，中国法制出版社2013年版，第214页。
④ 参见项仙君：《奔驰诉讼又开庭 专家辅助人出庭被指不合法》，载《南方日报》2003年9月10日。

有声有色，却因未有相关规定而在法庭上未有相应的座位，致使这两位专家在法庭上的"专家辅助人"处境相当尴尬。

在开庭之初，他们与被告的代理人一起坐在被告席上，但遭到原告代理律师的强烈反对。原告代理律师认为，他们不是被告授权的代理人，无权在此位置上就座，因此被请下被告席。对于他们能不能以专家辅助人的身份出庭对事故作出说明，律师也表示不同的看法，并认为，他们受奔驰公司雇请，其中还有奔驰公司的雇员，根本不是独立的专家，所作的也绝非纯技术的分析。在法庭的质证程序还没有完成前，法庭就让他们作这样的演示是不符合法定程序的，这是在误导法庭。因为他们所作的都是一些推理和假设，他们的解释与奔驰公司在事前的解释完全相反，因此不足为信。审判长再三向原告的代理律师予以说明，这两人不是专家证人，他们的说明也不会被采纳为证据，法院允许他们以专家辅助人的身份作一些说明。上述案件中，两位专家的窘境与法庭的一再说明，不仅折射出专家在法庭上需要合法的身份，更需要明确其在法庭上的诉讼地位，否则，不仅专家会遇到尴尬，而且法庭也会处于窘境。否则解决问题的专家成为法庭额外的争议对象，进而导致法庭审理案件的偏向甚至转向。

这些问题在司法实践中不断被暴露出来，司法实践亟待理论予以解释并提出具有指导意义的规则。如上海普陀区法院在司法实践中已遇到下列问题。这些问题主要表现为以下几个方面。

（1）"有专门知识的人"即专家辅助人参与诉讼的主体资格不明朗。由于专家辅助人对鉴定人作出的鉴定意见或者专业问题提出意见，他们应具有相当的专业知识以及专业能力，但是法律对此未作规定，以至于专家辅助人应具备的学历要求、资质要求等问题不明确，造成司法实践对专家辅助人应具备什么条件认识不一、标准各异。即使是地方司法机关的规定也未能明晰。如2014年7月11日，浙江省高级法院《关于专家辅助人参与民事诉讼活动若干问题的纪要》（浙高法〔2014〕100号）第一条规定："本纪要所称的专家辅助人即为《中华人民共和国民事诉讼法》第七十九条中的'有专门知识的人'，是指受当事人委托，出庭就鉴定意见或者案件涉及的专门问题提出意见的人。"尽管纪要对专家辅助人做出所谓的定义概念，但在专家辅助人主体资格方面仍模糊不清。对专家辅助人的主体资格标准有待理论或者相关解释予以明确。

（2）专家辅助人的诉讼地位不清晰。专家辅助人由当事人申请法院通知出庭，但是专家辅助人究竟是由当事人委托还是由法院委托尚不明确，其身份既不同于鉴定人，也不同于证人，究竟以何身份出庭尚不确定，亟待理论予以说明。

（3）专家辅助人参与诉讼时间、方式及具体程序"无章可循"，以何种方式、何时及何种程序参与诉讼，无明确规定，致使司法实践各行其是。专家辅助人之诉讼权利与义务无相应规定，在司法实践中极易导致权利义务被滥用或忽视、规避，影响了当事人诉讼权利的保障效果。这些问题需要理论予以指导。

（4）专家辅助人提出意见的法律属性、效力以及法官采纳的标准不明确，其观点纷呈，即使浙江省高级人民法院《关于专家辅助人参与民事诉讼活动若干问题的纪要》将其"视为当事人陈述"①，2015年最高人民法院《关于适用〈中华人民共和国民事诉讼法〉的解释》（法释〔2015〕5号）第一百二十二条也规定了"具有专门知识的人员在法庭上就专门性问题提出的意见，视为当事人的陈述"。但对专家辅助人发表的意见是否需要质证以及如何质证又成为问题。不仅如此，司法实践将专家辅助人提出的意见按照与案件有利害关系的当事人陈述来审查判断依然存在操作上的困难。如何纾解实践中的困难与解决实践上的问题是理论研究与探索的应有职责。

（5）专家辅助人之责任未作规制，如若证实专家辅助人故意发表虚假意见或有其他违法违规行为，最终影响案件正确裁判时，该如何承担责任，缺乏明确的规定。因当事人、法官与专家辅助人之间责任不清，必然会导致相应纠纷增加。这种纠纷在美国已经发生，我国如果视而不见则会出现一些更难解决的纠纷。这些问题如果简单套用鉴定人的责任，则会导致专家辅助人在提出意见方面出现"片面深刻"的尴尬。

（6）专家辅助人之出庭费用及报酬未有明确规定，其出庭费用包括哪些、什么时候予以支付、支付的具体方式以及费用多寡等没有作出规定，也未明确专家辅助人出庭属于费用还是报酬等本质问题。例如，2013年10月22日，广西柳州市中院在开庭审理某建设集团公司与某预拌混凝土公司买卖合同纠纷案在适用《民事诉讼法》第七十九条规定的专家辅助人制度时出现不忍卒睹的现象。②

---

① 浙江省高级人民法院《关于专家辅助人参与民事诉讼活动若干问题的纪要》第十五条规定："专家辅助人在法庭上就鉴定意见或者专门性问题发表的意见视为当事人陈述。"

② 申武：《柳州市中院首次运用新民诉法专家辅助人制度审理案件》，载"柳州中级人民法院网"2014年9月2日访问。该案的合议庭及时向当事人解释我国鉴定人和专家辅助人并存的专家证据制度，以及专家辅助人与鉴定人、证人之间的区别，并告知当事人人民法院不对专家辅助人作资格的审查，且专家辅助人只能对鉴定意见和专业问题发表意见，对其他问题不能参与等规定。在合议庭详细解释说明了专家辅助人制度后，庭审得以顺利进行。

该案的买卖合同纠纷案涉及预拌混凝土质量标准、质量如何检验、预拌混凝土质量与其浇筑的建筑物质量之间的关系等专业方面的问题，经双方当事人申请，合议庭准许有专门知识的人出庭。在庭审中，双方当事人对专家辅助人的资格、能力、专家辅助人的"党派性"以及专家辅助人是否能对案件事实发表意见等问题发生争执，致使庭审一度不能正常进行。

　　基于以上诸多问题以及司法实践有关专家辅助人制度运行中遭遇的各种困惑，这一新制度在具体实施过程中必然会面临太多的问题，特别需要理论勾勒出一种模式来纾解因立法不足遗留的实践困惑，期盼理论在相关解释、规定未明确的情形下设计出相应的规则来驱除迷雾，克服在适用方面的窘态，保障专家辅助人制度能够有效运行并对当前存在疑问予以合理解答。

三、专家辅助人制度内部紧张与制度架构

　　由于司法鉴定具有极强的专业性以及现实中对鉴定意见审查机制和质证环节的形式主义而非实质化，特别需要从理论上对我国《刑事诉讼法》、《民事诉讼法》相关规定进行制度意义上的诠释，对一些术语的表达在规范意义上进行界定，以免在理解上产生歧义，造成实践中因人而异，从而影响司法的权威。比如，对"有专门知识的人"的表述究竟是按照英美法系国家的"专家证人"进行解释还是按照中国式的"专家辅助人"进行释义？不同的术语不仅具有不同的含义，而且在制度设置上还存在不同功能，其制度构建则表现出不同的样态。立法机关将此问题留给"司法实践完善"，而司法实践则应按照该制度在我国诉讼制度中的功能进行设计，而不得进行非理性的"破坏性试验"，否则，会使专家辅助人不能发挥监督和补充鉴定制度、切实保障当事人的程序权利等应然功效[1]，甚至会因专家辅助人参与诉讼放大鉴定意见存在的瑕疵，使裁判者难以对专门性问题作出判断[2]，从而给准确判断案件事实带来新的风险或者危胁。如被媒体冠以中国刑事诉讼"专家证人出庭第一人"的安徽黄山民警涉嫌刑讯逼

---

　　[1]　参见韩静茹：《专家参与民事诉讼的类型化分析——以我国民事证据立法的最新动向为背景》，载《西部法学评论》2013年第2期。
　　[2]　参见〔美〕斯特龙主编：《麦考密克论证据》，汤维建等译，中国政法大学出版社2004年版，第41页。

供案（以下简称"黄山案"）。①

2013年4月16日，该案在审讯中出现一位名叫熊军的犯罪嫌疑人死亡而引发了涉案警察被侦查、起诉的"案中案"。民警家属坚持认为，检察院在陷害两位民警，由此曾引发上千名民警联名上书为二人鸣冤的事件。在该案开庭时，法警临时搬来一张桌子作为专家辅助人席位，专家辅助人坐在证人席上，相当于国外的专家证人。该案的专家辅助人认为，自己坐在一个很奇怪的地方——法官对面，靠公诉人一侧，坐在证人席上；当法官问姓名年龄时，像是在审"犯人"，致使出庭的专家辅助人对制度存在一些沮丧而对公正失去信心。然而，在其他一些案件中却呈现出另外一番光景，如重庆市第五中级人民法院在重庆兴正达机械有限公司诉河南正大起重设备有限公司产品生产者责任纠纷案中，首次成功引入了专家辅助人参与诉讼。②

河南正大起重设备有限公司生产的通用桥式起重机在使用过程中发生事故，造成重庆兴正达机械有限公司两名工人死亡。重庆兴正达机械有限公司在向受害者家属赔偿100余万元后遂提起诉讼。双方当事人的主要争议是起重机是否存在质量问题。河南正大起重设备有限公司在二审中除申请鉴定人出庭作证外，还提出了专家辅助人参加质证的申请。合议庭在庭审中向双方简要释明了专家辅助人出庭的意义和作用，同时明确该专家辅助人参与审理的地位不同于证人，应与提出申请的当事人和委托代理人在法庭上的位置保持一致，并要求其在法庭上只能对鉴定人作出的鉴定意见或者专业问题提出意见，对专门性问题之外的其他问题尤其是法律问题不能参与或者涉猎。

这种相同的专家辅助人在不同法庭上的反差，体现出该制度在运用之初因未有相关制度约束而有被滥用之虞。从目前来看，专家辅助人的角色、定位、权利义务仍有待进一步明晰，否则造成司法实践做法不一，在司法实践中，因专家的观点分歧与解释的歧义致使在审判程序中衍生一些乱象，甚至出现法官与当事人以及鉴定人与有专门知识的人在法庭上"斗法"的混乱困局，影响专家辅助人制度的严肃性以及功能的发挥。

在我国职权主义的诉讼模式下，专家辅助人制度缘于弥补我国司法鉴

---

① 参见刘长、周楠：《中国式专家证人出庭　公家不再垄断司法鉴定话语权》，载《南方周末》2013年7月4日。

② 参见徐伟、张雪方：《重庆五中院首次引入专家辅助人参与诉讼》，载《法制日报》2013年1月28日。

定制度不足而设置，在制度架构上形成了"以司法鉴定为主，以专家辅助人作为补充"的"二元制"专家制度。而基于司法鉴定制度的补充制度而设置的新制度，需要在我国寻求新的契合模式，走出一条不同于国外"专家证人"的中国化道路，以保障这一制度能够在我国发挥预期的作用，以免专家辅助人制度因与鉴定制度以及其他制度不相兼容在实施中出现不具有实质意义而仅仅具有形式意义的问题。

我国的现实生活已经进入了"专家的时代"，我们不仅要将自己的座驾交给汽车修理专家、将自己的孩子交给教育专家、将自己的饮食交给卫生健康专家、将自己的税收政策交给由社团支持的经济学专家，还要将正义的伸张交给法庭上作证的专家。① 不难预见，专家辅助人制度作为一项新制度在未来司法实践中将会面临充满变数的情形，尤其在一些涉及复杂的专门性问题的案件中，专家辅助人的参与诉讼不限于在鉴定意见质证上的质疑功能，而且在程序上还具有吸收不满的功能以及充分保障权利的作用，可以帮助法官更为准确地理解专门性问题，科学地解决鉴定意见争议的专业技术问题。因此，研究与探索专家辅助人的中国模式不仅是完善这一制度的需要，也是司法现实解决法律问题缠裹科学的期盼，更是创新司法制度改革的一项重要内容，尤其是澄清理论上的误释和实践中的误用，以一种不确定性的专家意见去质疑另一种不确定性意见误盼和误解，其理论理应承担其这一重任。

① James S. Laughlim, When Students Confront the Experts: Toward Critical Thinking, 81 Eng. J. 72, 72 (1992).

第一章

专家辅助人的界说

在认识一个事物或者一项制度时，概念是人类对一个复杂的过程或事物的理解，也是反映事物的本质属性的思维形式。我国法律及其相关规定在术语表达上将鉴定人、专家和专家辅助人均采用单一的"有专门知识的人"① 或者"具有专门知识的人"② 这一术语，而理论界却将这种有专门知识的人（鉴定人除外）称为"专家辅助人"、"诉讼辅助人"、"诉讼辅佐人"、"专家证人"或者"技术顾问"、"专业技术人员"等。由于这种概念或者术语的不统一、不规范，致使对其性质、内涵以及外延的认识与界定存在一定程度的混乱，造成其诉讼地位的模糊以及诉讼权利义务在实践中的不均等，影响了专家辅助人作为一项创新制度的完善与发展。因此，有必要从专家辅助人实践发展的轨迹、制度设置目的等方面对其作为法律术语予以固化，以减少研究过程中不必要的分歧，摆脱因术语不同逃离制度设置的框架，继而引发一些无意义的理论争议。

第一节　专家辅助人的实践语境

概念在理论建构过程中占据非常重要的位置，而专家辅助人作为我国诉讼法新设的一项诉讼制度，其概念的总结更需要理论予以提炼。在我国法律中大量的国外法移植或者对法律制度考察言必英美的背景下，对这种

---

① 参见《刑事诉讼法》第一百二十六条、第一百二十九条以及《民事诉讼法》第七十九条。《刑事诉讼法》第一百四十四条的"有专门知识的人"属于鉴定人，而《刑事诉讼法》第一百二十九条以及《民事诉讼法》第七十九条规定的"有专门知识的人"则属于专家辅助人。

② 我国《刑事诉讼法》第一百二十六条规定："侦查人员对于犯罪有关的场所、物品、人身、尸体应当进行勘验或者检查。在必要的时候，可以指派或者聘请具有专门知识的人，在侦查人员的主持下进行勘验、检查。"这里的"具有专门知识的人"不同于鉴定人、专家辅助人。

所谓借鉴英美法系国家的专家证人制度设置的制度尤其需要分辨出它们之间的不同，以免在实践中混用。对专家辅助人在国外的样态以及发挥作用的状况进行考察尽管重要，但从其在我国成长的历程中来分析可以说更重要。因为我国的专家辅助人制度在一定意义上属于我国司法实践的产物，是从司法实践中发展出来的自有产品，以至于被视为"审判实践的智慧与创新"制度①，因而从实践语境上对此进行考察与分析就显得特别具有意义。针对这一颇具中国特色的制度，"只有通过观察中国的实践和中国的经验，才能理解中国模式，也才能理解这个模式从何而来，到何处去的问题"②。按照此观点进行演进，有必要对其产生的司法实践背景予以特别的关注，就其在我国司法实践历程中暴露的问题以及在理论上的潜在问题作为研究开端，对其内涵作出具有本土化意义的解读，并在理论上抑或实践中将一些误识进行理清，进而确定其应有的基本含义并提炼出符合我国诉讼模式的中国式法律术语，保证其作为法律术语不仅具有规范性，而且能够透过术语获知其在诉讼中扮演的角色及功能。

一、我国专家辅助人缘起的实践考察

专家辅助人在我国源于何时在司法实践中基本达成共识，具有"标本"意义的案件属于1998年福建省福州市中级人民法院审理的"IP电话案"。这一案件在司法实践中引发的蝴蝶效应，引起了学界对此问题的关注与讨论。基于此，有必要对基于实践出现专家辅助人的案例作为分析的样本。

福州"IP电话案"的基本案情如下。③

1997年3月，福州马尾区市民陈锥通过互联网下载了网络电话软件net2—phone，并将自己组装的586兼容机与住宅电话通过调制解调器连接在一起设置成网络电话。同年9月，陈锥利用互联网电话为其弟弟陈彦经营的诚信家用电器商场促销商品，即凡到诚信电器商场购买家用电器可免费利用互联网电话与在国外的亲友通话5分钟。鉴于有些顾客要求提供更

---

① 司法实务界将实践中这种做法视为民事审判实践经验的总结，是对两大法系专家证据制度的批判借鉴的结果。参见江必新主编：《最高人民法院关于适用〈中华人民共和国刑事诉讼法〉的解释理解与适用》，中国法制出版社2013年版，第200页。

② 郑永年：《中国模式经验与困局》，浙江人民出版社2010年版，第5页。

③ 有关此案件的详细叙述，参见陈荣文：《IP电话案：中国网事第一告——传统法律的磨困》，载《福建公安高等专科学校学报》1999年第1期。

长一些通话时间,于是陈彦在 10 月申请了一部公用电话,将公用电话设置成互联网电话,通过电信 163 开展对外经营长途电话业务。12 月 22 日,福州马尾电信局检查公用电话时,告诉陈锥不能利用互联网电话对外从事国际长途服务,陈锥停止了互联网电话业务。

同年 12 月 23 日,福州市电信局向福州市公安局马尾分局报案称:电话用户陈彦利用微机互联网通话软件,对外开办国际长途电话业务,按挂发不同国家、地区每分钟收取 6 元至 9 元通话费不等,违反了长途通信业务和国际通信业务由邮电部门统一经营的规定,严重损害国家和邮电企业利益,扰乱了电信市场秩序,给国家安全带来严重威胁,请求立案侦查,依法追究刑事责任。1998 年,福州市公安局马尾分局以陈锥、陈彦兄弟经营 IP 电话"涉嫌非法经营电信罪"立案侦查。5 月 20 日,陈锥、陈彦认为,其行为未触犯刑法,马尾公安分局滥用职权而长期暂扣钱物是非法的行政强制措施,便委托他们在网上认识的律师杨新华以马尾分局作为被告向福州市马尾区人民法院提起行政诉讼。

一审法院经审理认为,福州市电信局向被告举报原告未经审核批准,擅自经营电信业务。被告经审查认为,原告的行为涉嫌违反《刑法》的非法经营罪的规定,依照《刑事诉讼法》经批准后立案侦查,是依法行使刑事侦查职能。在刑事侦查中被告所进行的搜查、提取证据、扣押款项等行为,不是行政行为,不属行政诉讼审查范围,裁定驳回原告陈锥、陈彦的起诉。陈氏兄弟对一审的裁定不服,向福州中级人民法院提起上诉。

二审法院根据当时的情形无法对涉及 IP 电话的技术性问题进行鉴定,便决定聘请互联网方面的技术专家出庭解释 IP 电话技术特征,并以此作为解决该案的技术性问题。福州市中院提出,由该案的上诉人、被上诉人和法庭各邀请专家证人出庭作证,当庭说明网络电话的概念、原理、运作方式、费用支付情况以及其与传统电信业务的异同以及网络电话的社会意义、国际社会在网络电话问题上的处理情况或趋势,为法院正确审断此案提供充分而有效的参考。

法庭根据专家证人向法庭说明的 IP 电话的技术特征表明,IP 电话的传输方式主要是借助网关服务器或电脑软件将语音信号转换为数字信号在互联网上传输。这种传输方式与普通电话的语音信号通过双绞线接入程控交换机进入长途传输网,再由长途传输网到程控机最后进入对方电话机的传输方式不同,互联网上的数字传输可同时传输多组信息,而普通电话只能同时传输一组信息。因此,使用 IP 电话拨打国外用户与使用程控电话拨打国外用户（IDD，国际长途直拨）的技术特征是不同的。IP 电话是基于网络技术而产生的，属于在互联网上提供的新类型的通信业务，也属于国务院"国发〔1993〕55 号"《通知》和《中国公众多媒体通信管理办法》所称的"计算机信息服务业务"和"公众多媒体通信业务"。国务院的"国发〔1993〕55 号"《通知》中明确了"计算机信息服务业务"属于向社会放开经营的电信业务，不属于该案被上诉人福州市公安局马尾分局所称的国务院"国发〔1990〕54 号"《通知》规定的由邮电部门统一经营的长途通信和国际通信业务。二审法院根据专家对技术的说明与意见作出撤销福州市马尾区人民法院〔1998〕马行初字第 03 号行政裁定，并将该案发回福州市马尾区人民法院重审。①

这一案件引起了学者的兴趣与理论界的讨论。我国学界对该案的讨论主要在以下两个层面进行：一是在实体意义上，IP 电话案关系到是否国际通信业务；二是在程序上，法院对于该案能否作为行政行为受理，尤其是法庭要求当事人聘请专家出庭突破了我国诉讼法的规定，其价值及意义何在？尽管该案件的法庭聘请专家证人解决了法庭遭遇的需要解决的专业性难题，但是，通过该案的程序安排却发现以下一些需要讨论的问题。②

第一，案件所谓的"专家证人"出庭的动议源于法官，是法官要求上诉方和被上诉方找专家证人对 IP 电话的原理和相关技术问题出庭解释、说明，而非源于当事人的申请或者要求，那么，这种基于法庭的要求聘请专家与法庭自己聘请专家是否违反程序法定原则，这种基于法庭的意愿出庭的专家在诉讼中扮演何种角色？这些专家相对法庭而言，是保障当事人诉讼权利的专家证人还是法庭借助于庭审得到的技术顾问？在科学技术发达的社会，诉讼越来越多地涉及科学的、技术的以及其他专业性问题。对这些问题，作为法律专家的法官难以理解，当事人往往会对这些专业术语及行业规则的具体含义存在不同意见，而这些专业术语及行业规则的具体含义在许多情况下对于案件的最终裁判具有重要意义。为了澄清这些专业术语及行业规则的具体含义，法官需要专家的帮助，借此来摆脱自己在认识上的盲点，那么，法官是否基于自己的需要就可以要求当事人为自己寻找解决问题的人员？要求当事人承担这一任务的依据为何？如果法官因为自己知识结构的缺陷以及专业能力不及便自主地依职权将法律赋予的职责

① 参见福建省福州市中级人民法院行政裁定书（〔1998〕榕行终字第 76 号）。
② 参见郭华：《我国专家辅助人制度创新的实用主义及立法的模糊立场——基于司法实践的一种理论展开》，载《中国司法鉴定》2013 年第 5 期。

转嫁给当事人，由当事人付出经济上的代价或者额外诉讼成本来缓解法官认定案件事实上的能力不足是否公正？因为国外的专家证人不是源于法官职权，而是当事人基于保障自己权利自愿付出的代价。尽管法官在这种代价能否真正付出上具有一定权力，但因专家出庭源于不同的权利（力），在制度上仍应表达出不同的意义，在程序上发挥不同的功能。对于该案中法官的行为应当作何解释是一个值得讨论的问题。

第二，1998 年福州市中院审理"IP 电话案"时，合议庭要求双方当事人于 10 日之内向法庭提供专家的名单，并对专家的学历、职称、专业知识背景提出了具体的要求。双方当事人在提出专家名单后，由法院审查是否准予出庭，然后再由法院向专家发出《出庭通知书》，并在通知书中列明要求专家回答的专门技术问题，同时专家出庭必须进行宣誓。这些程序不仅在法律上没有任何根据，而且始终在法院的操作和支配中，而"人们对个案判决权威性的服从，既来源于司法运行机制和法律系统运行的制度权威性，也来源于法官适用权威性法律来公正审理具体社会纠纷思维过程的决断权威性"。① 在程序法规定阙如的情况下，"司法运行机制和法律系统运行的制度权威性"还能否获得，如何在此程序中保证当事人接受裁判并服从裁判，不得不作为问题去思考。

第三，在法庭上，上诉方的专家认为，在互联网上打电话的实质是传输互联网本身就应该传输的数字信息，使用互联网拨打 IP 电话与使用互联网其他功能如发电子邮件（E - mail）、网上会议（Net meeting）、网上传真、传输图像的性质一样，是互联网的基本功能，即利用数字形式传输信号。被上诉方的专家认为，互联网具有将文本、声音、图像等压缩打包后，以数字形式传输的功能，网络电话与传统电话在使用设备、传输方式上均迥然有别，网络电话应属于电信增值业务，但这项业务没有放开经营。而法院聘请专家认为，互联网拨打国际电话与传统电话的传输性质是不同的，但实现的功能是相同的。网络电话是互联网不可分割的基本功能，只是一种工具，它本身并不会给国家安全带来威胁，也不存在社会危害性。在该案中，专家在专业性上的解读无疑为法院理解 IP 电话的性质、功能以及与传统电话之间异同提供了较为清晰的图景，专家在解释上的偏向性未因其法庭上的宣誓行为而受到影响。对于 IP 电话是否属于电信统一经营的长途通信和国际通信业务，即使专家出庭作出说明、接受询问，

　　① 王国龙：《守法主义与能动司法——基于中国法律方法论研究视野的展开》，法律出版社 2013 年版，第 233 页。

其争议也并未因此而终结。①

　　该案在程序设置上意图保持专家的中立性，而实际上，上诉方和被上诉方聘请的专家在解释"IP 电话"这一专业问题上始终与各自受聘的当事人的主张保持高度的一致性，体现出在解释或者说明专门性问题上的偏向性。法庭究竟基于何种意见作为自己定案的参考，其选择的依据如何，如何保障法庭不受专家意见左右而丢弃公正、独立的审判权，法官的意愿与实践的做法似乎存在不一致的地方。

　　有关福州 IP 电话案讨论的价值不仅仅在于 IP 电话是属于互联网上的信息服务业务还是属于国际通信业务这一事实的界分问题，还在于"这种方式一改过去法院就专门性问题走访专家，听取各方面意见，而形成法院的判断的方式。过去的方式，法官所获取信息都不能进入法庭，当事人对法院形成的判断持怀疑态度，认为是'暗箱操作'的结果，即使是正确的，也认为法院没有公正判决"②。从程序的视角来看，这种做法与庭外听取专家意见相比，具有诉讼制度上的创新意义。专家到庭对案件中所涉及的一些专业术语及行业规则进行解释、说明，打破了法庭在庭外咨询专家来获得对专门性问题认识的传统做法，将原来庭外幕后的专家咨询转化为台前庭上的公开询问，对审判程序公正、心证公开、裁判透明以及对专门性问题质证的实质化有积极的意义。然而，司法实践仅仅是从解决专业问题的实用主义来建造的，没有将其纳入创新制度的层面予以考量，难免在做法上带有较多的盲目性，尤其是专家辅助人的诉讼地位是按照专家行为的目的还是行为本身来确定，司法实践没有充分考虑，带来了理论上界定的困难。但是，这一实践却引发了学界的思考与立法机关对此制度的关注，其示范效应仍是不可低估的。针对该案而言，在制度层面上还存在以下需要讨论的主要问题。

　　一是司法鉴定并非任何专门性问题都能解决，即使是已经解决的也因制度本身的缺陷存在一些效果不佳的问题。因此，在制度设计上需要遵循科学的怀疑态度，在程序上使之充分接受同行专家的公开评判与检验，从而降低科学技术给判案带来的不确定性。在此案之前，有关专家出庭问题

---

　　①　对于该案来说，在 IP 电话是属于互联网上的信息服务业务还是属于国际通信业务上，仍存在争议，在信息产业部看来，IP 电话属于国际通信业务，而不属于互联网上的信息服务业，这种观点与福州中院的判决相反。参见陈建玲、童铭、王宏：《剪不断理还乱　中国 IP 电话第一案》，载《中国计算机报》1998 年 12 月 17 日。

　　②　最高人民法院行政审判庭：《最高人民法院〈关于行政诉讼证据若干问题的规定〉释义与适用》，人民法院出版社 2002 年版，第 305 页。

没有得到重视。法庭之所以在该案中要求专家出庭，其动因还是源于1998年民事审判方式改革的激励①，属于审判方式改革的大胆尝试。然而，审判方式改革是改掉已经形成的不符合法律规定的习惯做法，在法律已定的情况下势必触及甚至突破法律已有的规定，但是司法实践在没有法律依据下的自我授权，其改革难免是仅仅满足自己工作的便利而不顾当事人的利益，也难免会陷入"恣意司法"或者"专断司法"的境地，其改革本身在某种意义上成了改革的对象。

二是倘若法官"有的是时间，能够咨询最好的专家，并且在用完自己和专家的时间后，也没有其他不如人意的结果的话，那么对他来说，规则就毫无用处"②。在实践中，法官尽管可以有充足的时间向专家咨询，旨在查明事实真相，但因庭外咨询的不公开性影响裁判的公正性，最后收获的却是"不尽如人意"的怀疑、质疑与诘问，其做法有点事与愿违，甚至得不偿失。在司法实践中，法官庭外咨询专家尽管是其无奈之举，却因暗箱操作而常常遭到当事人的质疑。更为重要的是，法官对此往往产生强烈依赖性，对专家的意见不予审查而"照单全收"，出现了实践中过分专家依赖的"专家主义"，在一定程度上又因程序的不透明为法官准确认定案件事实增加了风险。因为在众目睽睽的法庭上被专家质疑的出庭专家提出意见与法官庭外获得的专家意见相比，前者的风险性明显小于后者，同时也符合科学接受质疑并经过证伪来获得可靠性的基本精神。

三是在一定意义上说，福州中院审理"IP电话案"仅仅是法庭解决认识"IP电话"技术问题之惑的权宜之计。这种权宜之计必然带来实用主义的倾向，带来法官对专家的依赖性，其背后却折射出鉴定人制度的有限性及法官庭外咨询技术专家的缺陷性，以及诉讼制度需要转型的制度期待。专家出庭涉及诉讼制度，对此问题不应局限于司法实践的需要，在现代法治社会更应通过正当的程序解决这些专业问题。诉讼制度应当满足司法实践对专家出庭的需要以及规范专家出庭，这已成为现代化审判程序或者"审判中心主义"的内在要求，否则，在其他案件中像"IP电话案"那样使用专家出庭作为常态则会使司法实践背负上司法权僭越立法权滥用

---

① 我国从20世纪80年代末开始，全国各级人民法院不同程度地进行了民事审判方式改革试点。审判方式改革要求在法官主持下，双方当事人有话公开讲在法庭，有证公开质在法庭，有理公开辩在法庭；法官则公开认证在法庭，公开评理在法庭，公开宣判在法庭等"六个"公开。参见1998年6月19日最高人民法院发布的《关于民事经济审判方式改革问题的若干规定》。该规定可以作为审判方式改革的指导性文件。

② ［英］约翰夫·拉兹：《实践理性与规范》，中国法制出版社2011年版，第58页。

司法裁判权的恶名，也不利于司法权威的养成。① 解决实践中的问题与尊重法律的紧张关系需要通过制度改革来纾解，专家主义仅仅作为改革尝试的动因而非过分依赖的理由。尽管此做法具有良好的效果，但因缺乏相应制度规范却为后来的司法解释的专家依赖即专家主义埋下了一些隐患，需要统一的规定对此作出制度上的规范，体现诉讼的程序性。

二、司法解释对实践做法的规范与后续解释的偏离

基于司法实践对专家辅助人的尝试、审判方式改革的深化以及法律相关规定的短缺给司法实践造成的失范困境，有些地方法院的法官提出，在对鉴定意见质证时，由于当事人和辩护人、诉讼代理人不具备相应的专业知识，致使质证活动难以充分有效地展开；而由"各自申请'专家'，出庭协助其对鉴定意见中有关专门性问题进行质证，取得了很好的效果。因此，他们建议将这种做法在司法解释中肯定下来，以解决审判实践中有关鉴定意见质证困难的问题"②。司法实践的现实需求也要求最高法院及时总结审判经验，对专家出庭活动进行统一规范。这样，不仅可以使法院在适用上保持统一性，还可以避免各地法院做法不一影响程序的法定性，甚至滋生出技术权威超越法律并影响法律权威性的不正常现象。

（一）司法解释对诉讼法律关系主体的创新

专家出庭在司法实践中的不同尝试以及专家学者在理论上的推波助澜，促使最高人民法院在不断总结审判经验并加速提炼具有规范意义的规定。2001 年 12 月 21 日，最高人民法院颁布了《关于民事诉讼证据的若干规定》（法释〔2001〕33 号）（以下简称《民事证据规定》）。对此问题作出了规定。《民事证据规定》第六十一条第一款规定："当事人可以向人民法院申请由一至二名具有专门知识的人员出庭就案件的专门性问题进行说明。人民法院准许其申请的，有关费用由提出申请的当事人负担。"2002 年 6 月 4 日，最高人民法院颁布的《关于行政诉讼证据若干问题的规定》（法释〔2002〕21 号）（以下简称《行政证据规定》）也对此作出了

---

① 郭华：《我国专家辅助人制度创新的实用主义及立法的模糊立场——基于司法实践的一种理论展开》，载《中国司法鉴定》2013 年第 5 期。
② 奚晓明主编：《中华人民共和国民事诉讼法修改条文理解与适用》，人民法院出版社 2012 年版，第 198 页。

类似的规定。《行政证据规定》第四十八条规定："对被诉具体行政行为涉及的专门性问题，当事人可以向法庭申请由专业人员出庭进行说明，法庭也可以通知专业人员出庭说明。必要时，法庭可以组织专业人员进行对质。当事人对出庭的专业人员是否具备相应专业知识、学历、资历等专业资格有异议的，可以进行询问。由法庭决定其是否可以作为专业人员出庭。专业人员可以对鉴定人进行询问。"对上述有关"有专门知识的人"或者"专业人员"制度规定进行解读，可以发现以下问题。

（1）关于名称或者称谓问题。《民事证据规定》采取了"具有专门知识的人员"称谓，与《刑事诉讼法》规定的作为专家参与勘验的"具有专门知识的人"类似，而与《刑事诉讼法》作为鉴定人的"有专门知识的人"不同，采取了"人员"的界定方式。最高人民法院在对此条的适用解释上将具有专门知识的人员称为"诉讼辅助人"[1] 或者"专业技术人员"[2]。在理论上，有论者称为"专家辅助人"。"从我国审判实践出发，在吸收和借鉴英美法系专家证人和大陆法系技术顾问等制度相关内容的基础上，创设了我国的专家辅助人制度。"这种通过"法官造法"（司法解释）创设的"专家辅助人"制度，有助于实现该法律的立法目的，这可谓法制创新潮流中的一朵浪花，显然具有合法性、合理性和现实性。[3] 而在《行政证据规定》中则规定"专业人员"。"专业人员"（professionals），也称"专业技术人员"，主要是指在企业事业单位中从事专业技术工作的人。这些人员一般可包括：①担任专业技术职务的人员；②取得专业技术职务资格，从事专业技术工作或一般行政管理工作的人员；③虽未担任专业技术职务或取得专业技术职务资格，但正在专业技术岗位上从事专业技术工作的人员。在有些地方法院对专家辅助人的限定条件也追随以上思路。例如，2009 年，福建省厦门市中级法院出台了《关于知识产权审判专家辅助人制度的若干规定（试行）》。该规定要求专家辅助人必须具备三个条件，即具有案件涉及专业硕士研究生以上学历或中级以上技术

职称，或从事案件涉及的行业十年以上；具有丰富的经验和娴熟的技能；品行端正，没有违法违纪记录。在我国司法实践中，有的法院对此也称为专家辅助人。如 2013 年 8 月 19 日，广东省新会区法院开庭审理的案件，则要求当事人申请鉴定人和专家辅助人出庭。① 对于有专门知识的人，有论者称之为专家"技术顾问"，也有学者称为"专家证人"②。

由于一些鉴定机构在专业技术、道德水平和执业资格等方面存在各种问题，从而给诉讼案件的审理带来了困扰，不利于保护当事人的合法权益。如果在诉讼中遇到专业性问题，当事人可以请专家到法庭作证或接受质询，以更好地保护自己的正当权益。就其实质而言，司法解释规定的有专门知识的人参与诉讼不限于甚至主要不是对鉴定意见提出意见，而是在司法鉴定以外作为补充鉴定制度不足或者缺陷的补充制度。这些规定在一定意义上符合司法解释创设独立诉讼参加人的立法目的，多数学者在理论上甚至有些法院在判决书中采用了"专家辅助人"的术语。我们认为，有专门知识的人采用"专家辅助人"的称谓在一定程度上体现了作为"专家"不完全受当事人意志左右，体现专家只服从科学的特性；而"辅助"功能的发挥体现了当事人专门知识不足的特征，同时也间接辅助了法官对鉴定意见的理解或者对专门性问题的认识。对此如何称谓不仅仅是一个术语问题，更为主要的是该术语应当反映该诉讼法律关系主体在程序中角色与功能，符合我国诉讼制度的本质要求。同时，地方司法机关对此明确规定为"专家辅助人"，如浙江省高级法院《关于专家辅助人参与民事诉讼活动若干问题的纪要》。

（2）关于程序上的问题。专家辅助人出庭启动"权力"与"权利"位置的调换，标明了在诉讼中职权主义的式微、当事人权利保障意识的增强。从保障权利的角度来看，无论是《民事证据规定》还是《行政证据规定》，均改变了"IP 电话案"法官要求当事人聘请专家辅助人的做法，建立了当事人向法院申请的制度，将聘请专家辅助人视为当事人的权利，体现了司法解释保障当事人权利的意蕴，凸显程序保障权利的意义。然而，《行政证据规定》仍规定了"法庭也可以通知专业人员出庭说明"，就其放置的位置与安排的顺序来看，这种权力相对保障权利而言已经退到

---

① 参见李亚广、张妙玲、区洁芳：《鉴定人与专家辅助人出庭对质 此案件在新会区尚属首例》，载《江门日报》2013 年 8 月 28 日。
② 参见邵劭：《论专家证人制度的构建——以专家证人制度与鉴定制度的交叉共存为视角》，载《法商研究》2011 年第 4 期。

次要的地位，仅仅具有补充性。同时，在专家辅助人出庭程序中以法庭"准许"作为必要条件，由法庭决定专家辅助人是否需要出庭以及是否可以作为专家辅助人出庭，在一定程度上仍保持了我国诉讼的职权主义色彩，这些问题不影响司法解释在规范职权方面的进步意义。这种制度安排基本符合大陆法系国家职权主义诉讼模式的要求，体现了职权主义"职权"在程序中的决定性作用，与法院利用"职权"澄清事实职责相一致，对当事人滥用专家辅助人起到了抑制作用，甚至可以消除这一制度在使用中因专家不中立产生的诉讼公正疑虑。然而，这种带有职权主义特征专家辅助人制度，因法院依职权对专家辅助人进行审查，尤其是法院依职权独立聘请专家辅助人而不受当事人意志或者权利的制约，与审判方式改革的方向强化当事人的权利对抗而不相吻合。尽管法官在法庭上公开询问专家比在法庭外私下询问专家体现出较多的公正性，但是，这种由法院邀请专家的做法仍然会遭到当事人的质疑，这种质疑必然会涉及聘请专家的法院，对专家的不满也就随之转移到对法院的不满，进而产生法院与当事人之间在专门性问题上的冲突，出现法官与当事人在专家辅助人上的对立，这种对立转过来会损害程序的公正性甚至影响到司法的实体公正。

（3）关于出庭的功能问题。无论是《民事证据规定》还是《行政证据规定》，均要求专家辅助人就专门性问题出庭进行说明，充分体现了权利的要求。然而，专门性问题是鉴定人通过鉴定解决的问题，有专门知识的人即专家辅助人有替代鉴定人的取向，这也是有些学者将其直接称为"专家证人"。从法条的规定而言，这种规定与当事人质证鉴定意见能力不足无关，就其条款的形式来看，有替代鉴定意见的嫌疑，属于英美法系国家专家证人制度的直接移植或者搬运。由于司法解释规定的辅助对象是当事人而不是对鉴定意见进行质疑，作为制度安排与对鉴定意见进行质证弥补当事人及其诉讼参与人基于自身能力的不足，与2012年修改的《刑事诉讼法》和《民事诉讼法》的规定存在一定的差异。就其实质上来说，专家辅助人出庭就专门性问题进行说明，回答法官询问，提出自己的意见，旨在帮助法官对专业问题澄清一些不当的认识、作出准确理解，解决法官因知识结构的局限性和特殊专门经验的贫乏性对正确认定案件事实所产生的不利影响。从上述分析来看，司法解释设置专家辅助人暗含的功能与解释的实际安排存在一定的内在背离，甚至有抛弃大陆法系国家鉴定制度而移植英美法系国家专家证人制度的意愿与色彩。

我国司法解释对专家辅助人制度的规定，虽然折射出我国诉讼模式由职权主义向当事人主义滑动的态势以及专家辅助人制度吸收专家证人制度的意图，但是，这种吸收当事人主义成分的模式仍与英美法系国家的专家证人制度存在性质上的不同。从一定意义上说，专家辅助人仅仅是司法解释增加的新的诉讼法律关系主体，仅仅是诉讼主体制度创新的雏形，还未达到作为一项新制度的层次。即使司法解释规定了当事人申请专家辅助人出庭、法庭通知其出庭、法庭组织其对质，甚至存在当事人的异议询问、询问鉴定人等内容，也会因诉讼角色与整个诉讼体制尤其是规定的含糊不清，使实践运用其机制仍显得步履艰难。据江西省万安县法院统计，所在的基层法院数十年来无一例案件聘请过专家辅助人出庭，问题在于各级法院对这一诉讼制度无具体实施意见，实践中法官及当事人均不知如何启动和运作。① 其司法实践中实施的效果不佳与司法解释的不完善、不科学有关，完善这一新的制度对司法实践具有特别重要的意义。

（二）相关解释用语的转向以及制度规范上的偏离

司法解释在证据规定上对专家辅助人的诉讼地位、诉讼角色、权利义务以及提出意见的效力、法律责任等问题没有规定，其相关的理论研究对该制度的讨论不够充分，再加上法院在后续的相关解释中采用了简单化的做法，而未对理论上总结的"专家辅助人"这一称谓给予特别的关注，在有些规定中将其直接称为"专家证人"，致使该制度在实践运行中出现了一些概念或者术语上的混乱。如 2004 年 12 月 17 日，广东省高级人民法院《关于涉外商事审判若干问题的指导意见》（粤高法发〔2004〕32 号）第七十四条规定："专家证据主要包括专家就案件的某一问题出具的意见书和专家在法庭上提供的专家证言。""对案件事实所涉及的专门性问题，当事人可以向法院提供专家意见书，或向法院申请专家证人出庭作证。申请专家证人出庭作证的，应当遵守《最高人民法院关于民事诉讼证据的若干规定》第六十一条的规定。"这一规定存在以下需要讨论的问题。

（1）专家就案件的某一问题出具的"意见书"与实践中存在的法律专家意见书有何不同，所谓的专家证人能否就某一问题的法律适用与法律

---

① 有关此制度的实施情况，可参见郭明生：《专家辅助人出庭制度亟待规范的几个问题》，江西省万安县法院网，http://jxwafy.chinacourt.org/public/detail.php? id = 773，访问时间：2013年7月12日。

解释提出意见，提出这种意见书的专家证人是否就是我国诉讼法规定的"有专门知识的人"？

（2）上述指导意见规定的"申请专家证人出庭作证的，应当遵守《最高人民法院关于民事诉讼证据的若干规定》第六十一条的规定"存在歧义，是否在《民事证据规定》之外又规定专家证人制度还是对第六十一条的规定就应理解为专家证人制度？参与起草司法解释的意见认为，《民事证据规定》中的专家"不同于证人和鉴定人"，"他们可以与当事人及其诉讼代理人同座"①。如果将这种专家理解为专家证人或者作为特殊的证人即"不同于证人和鉴定人"，是否可以等同于英美法系国家的专家证人，如若等同，实质上还是证人，势必又陷入与证据制度矛盾的境地；倘若不属于英美法系国家的专家证人，又等于生造一个不同其他国家的法律术语，对此如何理解以及为何采用别国的术语而又放逐其含义，难以自圆其说。

2009 年 12 月 23 日，最高人民法院"公布对网民 31 个意见建议答复情况"中公开承认，我国法院已经实行了专家证人制度，并认为"专家证人制度在我国施行时间不长，最高人民法院特别强调要注重发挥专家证人的作用，积极鼓励和支持当事人聘请专家证人出庭说明专门性问题，并促使当事人及其聘请专家进行充分有效的对质，更好地帮助认定专业技术事实。专家证人既可以是外部人员，也可以是当事人内部人员，在涉外案件中还可以是外国专业技术人员。专家证人与事实证人不同，不受举证时限的限制，在二审程序中也可提供。专家证人的说明，有利于法官理解相关证据，了解把握其中的技术问题，有的本身不属于案件的证据，但可以作为法院认定案件事实的参考"。随之，"上海、江苏、青海、河北、浙江、广西、山西等地高级人民法院积极探索建立和完善案件技术事实查明机制，建立技术专家咨询库，试行专家陪审员和专家证人制度"②。最高法院在后来的规范性文件有关专家证人的称谓是否就是《民事证据规定》或者《行政证据规定》的有专门知识的人，二者之间究竟存在何种关系？这种语焉不详在实践的理解上产生了混乱与在具体表述上存在认识上的分歧，以至于影响了最高法院建立与规范这种制度的目标的实现，在不同程度上加剧了在此制度上用语的混乱，反映了该制度在司法实践中的不成熟

---

① 最高人民法院民一庭：《民事诉讼证据司法解释的理解与适用》，中国法制出版社 2002 年版，第 299 页。

② 参见 2011 年 4 月 12 日最高人民法院关于印发《中国法院知识产权司法保护状况（2010 年）》的通知（法〔2011〕154 号）。

与理论研究的不深入。

2011 年 7 月 13 日，最高人民法院下发了《关于审理证券行政处罚案件证据若干问题的座谈会纪要》（法〔2011〕225 号，以下简称"《纪要》"）。该纪要认为，对被诉行政处罚决定涉及的专门性问题，当事人可以向人民法院提供其聘请的专业机构、特定行业专家出具的统计分析意见和规则解释意见；人民法院认为有必要的，也可以聘请相关专业机构、专家出具意见。专业意见应当在法庭上出示，并经庭审质证。当事人可以申请人民法院通知出具相关意见的专业人员出庭说明，人民法院也可以通知专业人员出庭说明。专业意见之间相互矛盾的，人民法院可以组织专业人员进行对质。有学者对此解释为：《纪要》以专业意见的形式在行政诉讼中确定了专家辅助人证言的证据地位，专业机构或行业专家对被诉处罚决定涉及的专门性问题提出意见，而专业意见主要包括统计分析、技术鉴定和规则解释意见；这些意见经过质证和审核认定后，可以作为定案依据。[1]最高人民法院的《中国法院知识产权司法保护状况（2010 年）》在"不断健全专业技术事实查明机制"中指出："各级法院积极探索知识产权审判专业技术事实查明的有效方式，建立和完善司法鉴定、专家辅助人、专家陪审员等技术事实查明制度"。2012 年 1 月 30 日，最高人民法院审判委员会第 1539 次会议通过的《关于审理因垄断行为引发的民事纠纷案件应用法律若干问题的规定》（法释〔2012〕5 号）第十三条第一款规定："当事人可以向人民法院申请委托专业机构或者专业人员就案件的专门性问题作出市场调查或者经济分析报告。经人民法院同意，双方当事人可以协商确定专业机构或者专业人员；协商不成的，由人民法院指定。"然而，反垄断民事诉讼中涉及的专家意见尤其是市场调查或者经济分析报告与鉴定意见的性质相类似，在该解释的第十三条第二款又规定，对于此类市场调查或者经济分析报告，可以参照《民事诉讼法》及相关司法解释有关鉴定意见的规定进行审查判断。[2]以上不同的规定与解释对"有专门知识的人"称谓采用了不同术语，有的称"专业人员"，有的称"特定行业专家"，有的称"专家证人"。其中，"专业人员"的称谓与"有专门知识的人"在内涵上是否具有相同的意义并不明确。更有甚者，在某些地方法院

---

① 参见《关于审理证券行政处罚案件证据若干问题的座谈会纪要》，载《证券时报》2011年 9 月 30 日。

② 参见朱理：《〈关于审理因垄断行为引发的民事纠纷案件应用法律若干问题的规定〉的理解与适用》，载《人民司法（应用）》2012 年第 15 期。

公开规定了专家证人制度，如 2012 年 4 月 18 日，四川省高级人民法院出台了《关于知识产权案件专家证人出庭作证的规定（试行）》①；2012 年，新疆维吾尔自治区高级人民法院出台了《知识产权司法保护专家证人工作规程》；2013 年，江苏省高级人民法院《关于开展资源环境案件"三审合一"集中审判的若个意见》也规定了专家证人②……由于最高法院的相关答复与通知中未能保持应有的谨慎，特别是最高法院内部文件用语上的混乱，再加上误识《刑事诉讼法》和《民事诉讼法》有关有专门知识的人规定出台的带有误导性的指导意见，尤其是相关答复与地方法院规范性文件的不断扩张，引发了理论界对专家证人制度引入我国的可行性与可能性的反思与争鸣，探讨专家证人在中国语境下不同意义的困惑与不解。

就上述规定进行分析可以发现，"专门性问题"的说明与解释不再需要具有资格的鉴定人来担当，而是由"专家证人"来代替，我国法院似乎抛弃了大陆法系国家的鉴定制度而实行英美法系国家专家证人制度。在反垄断的司法解释问题上，有学者认为，一家企业是否滥用市场支配地位，不是凭消费者个体的感受就能说清楚的。法官作为裁判者，应该充分听取行业专家、经济专家的意见来作判断。司法解释中引入专家证人，符合反垄断案件的特性。③ 而最高法院民三庭表示，互联网领域的垄断案件涉及传统反垄断领域没有涉及的问题，如互联网相关市场的界定、规模和发展的关系、相关性行为如何认定等。这些问题国外没有成熟的解决办法，我国最高人民法院也在进行探索。最高人民法院正式发布施行的反垄断司法解释特别规定，当事人可以聘请具有专门知识的人出庭，对当事人的垄断状况、支配地位等情况进行说明，这类似于国外的专家证人。④ 其中，我国的有专门知识的人是"专家证人"还是"类似于国外的专家证人"在本质上存在不同，随之产生的问题是，我国的鉴定制度真的到了不得不抛弃的地步吗？我国实行专家证人制度就一定优于鉴定制度吗？鉴定制度与专家证人制度能否在我国叠加并存呢？⑤ 相对混乱的理解必然引发不同的

---

① 参见杨傲多：《四川高院率先规范知识产权案件专家证人出庭作证》，载《法制日报》2012 年 4 月 18 日。
② 郭华：《司法鉴定制度与专家证人制度交叉共存论之质疑——与邵劭博士商榷》，载《法商研究》2012 年第 4 期。
③ 参见王逸吟：《反垄断司法解释：回归理性维权》，载《光明日报》2012 年 6 月 7 日。
④ 参见望川：《专家呼吁保护互联网产业创新 反垄断案件应引入专家证人》，载《中国工商报》2012 年 6 月 20 日。
⑤ 有关此问题的争论，参见郭华：《鉴定人与专家证人制度的冲突及其解决——评最高院有关专家证人的相关答复》，载《法学》2010 年第 5 期；王戬：《"专家"参与诉讼问题研究》，载《华东政法学院学报》2012 年第 5 期，等等。

定义，最高法院不同庭室出台的文件的不同表述为地方法庭的任意称谓提供可遵循先例，同时在一定程度上也反映出最高法院在此问题上认识的不成熟与理解上的不深刻，这种带有"试错"性质的指导文件难免滋生出一些实践疑虑与理论混战。

有论者认为，采取鉴定人与专家辅助人并存制度在很多方面有其不可替代的地位，但不是最佳的解决方案。专家证人制度在某些案件中的优势是明显的，它可以提供一种对抗性更强、透明度更高、更灵活和快捷的技术查明手段[1]；应将鉴定专家纳入专家证人中，用专家证人制度吸收专家鉴定制度[2]。然而，在我国司法改革言必英美的背景下，专家证人制度与鉴定制度相比似乎更具有优势，以此来代替鉴定制度似乎更符合司法改革未来的发展趋势和方向。此种观点之所以出现，其根本原因是对我国司法鉴定制度不满以及司法鉴定制度改革成效不佳的冰释，其中也不乏在司法鉴定制度改革中失信国内鉴定制度，转而寻求国外制度填补的传统思路作怪，是对我国司法鉴定制度不自信的表现。可以说，司法解释在其中扮演了不好的角色。现实中，司法鉴定制度改革的表面化与司法解释对其的冲击具有一定的关系，最高法院在此术语上乱用负有不可推卸的责任。殊不知，专家证人制度在英美法系国家存在着一些先天的弱点，如过于昂贵的奢侈性、交叉询问的烦琐性和专家意见的倾向性等问题，英美法系国家虽然一直力图克服以上弊端，却始终成效甚微。倘若我国抛弃鉴定制度，全盘引入专家证人制度，也就意味着专家证人制度的上述弱点被一同移植过来，在对抗制下难以克服这些问题，在我国职权主义模式下，其能否被克服不仅是一个疑问，还有可能是一个制度陷阱，使我国鉴定制度改革陷入越改越乱的困局。即使是在鉴定制度上增加专家证人制度，也仅仅是一种叠床架屋式的"改革"，不具有实质性的改革创新意义。

我国移植英美法系国家的专家证人制度不仅存在以上问题，还会引发一些疑问或者造成一些迷惑，即在英美法系国家无法解决专家证人制度自身的不足而已经开始吸收鉴定人制度优势改造专家证人制度的时候，为什么我国还要移植这种被英美法系国家改革的制度？我国有无必要采用输血式的方式直接移植英美法系国家的原汁原味的专家证人制度？我们移植的是英美法系国家改造后的专家证人制度还是未被改造的专家证人制度？一

---

① 参见胡震远：《论我国专家证人制度的建构》，载《法学》2007 年第 8 期。
② 参见江伟主编：《中国证据法草案建议稿及立法理由书》，中国人民大学出版社 2004 年版，第 549 页。

般来说，专家证人一般由当事人自己选任、聘请，并由当事人支付费用。当事人在选任专家证人时往往会考虑该专家是否有利于自己赢得诉讼，而专家证人和律师一样，均作为当事人获胜的诉讼武器，根据当事人的指示就案件中的技术性问题提出仅仅有利于当事人的意见。简言之，专家证人总是站在一方当事人的立场上阐述意见，在法庭上借助于科学的"不确定性"或者"一因多果"抑或"一果多因"的不排除其他可能的存在，将其与案件的利害关系通过专家证人的意见表现得淋漓尽致，保持中立不可能，甚至会丢掉科学。英国民事诉讼改革针对这些弊端，在规则上将专家证人的职责定位为对法院拥有优先职责，即专家证人应立足于客观事实，运用科学知识，为法院发现客观真实、进行公正裁判服务，其最终目标在于，力图通过反叛传统的诉讼模式而变革的专家对抗诉讼文化。英美法系国家在专家证人制度改革上的职权主义倾向未引起我国学者与最高人民法院特别关注。其中，法国曾仿效英国的做法采取"对立鉴定"制度的失败，也未引起我国在此方面进行改革的高度警惕与应有警觉。① 也就是说，在制度改革上既要慎待英美法系国家的专家证人制度，也应当保持审慎的态度，不宜过分地倚重外来的经验与盲目追随外来制度，更不能以引进和移植代替自我制度建设，否则换来的仅仅是邯郸学步，在丢弃自我中获得无实质意义的制度符号。

专家辅助人在实践中的尝试促发了司法解释的颁布，而司法解释用语的混乱又加剧了司法实践中的乱象。之所以出现这些问题，一方面，反映出最高法院对此问题未能作为一项诉讼制度来认识，致使对此问题的规定仅仅作为一种审判方法由不同庭处室根据自己的喜好和理解来表述；另一方面，也标明法官在此方面知识储备不足，导致这种制度安排上从一开始就存在先天缺陷。"如果法官的各种知识储备不足，那么就不可能建立一个正确的司法制度安排。"② 法院在此问题上未能充分认识到鉴定制度与专家证人制度分属于不同诉讼模式应有的制度安排，尽管这种不同的制度之间在改革中可以相互吸收优势，但直接移植势必在不同的诉讼框架下会乞求外国制度来解决我国在鉴定制度上存在的难题，在实践中难以获得成功。法国在此方面的改革失败已经为我国改革此问题提供了前车之鉴，不可重蹈覆辙。尽管司法改革应当允许试错甚至失败，可以将移植专家证人作为一种"试错"方案来对待，但这种明显的错误还需要为之付出代价的

① 郭华：《国外鉴定制度与我国司法鉴定制度改革的关系》，载《中国司法》2011年第1期。
② 侯猛：《中国最高人民法院研究》，法律出版社2007年版，第91页。

话，其改革也就有可能成为一种陷阱。从一定意义上说，我国目前在此方面的迷惘不断滋生出对英美法系国家制度的过度偏好，尤其是以英美法系国家的专家证人制度作为评价和检验我国鉴定制度改革的标准，这不是真正意义上的改革，司法实践对专家证人制度的移植在一定程度上导致了我国在专家使用上的乱象。对此不仅应当警惕，更需要审慎地予以纠正。然而，纠正司法实践中的做法仅仅依靠司法实践是难以成功的，需要通过立法对此进一步予以明确与规范。在目前状况下，立法规范无疑是最为有效的方式，也是我国鉴定制度改革的必然抉择。

第二节 专家辅助人的立法规范

专家辅助人作为我国诉讼制度的新事物，尽管需要司法实践积极而稳重地尝试与创新，也需要得到司法机关的支持与配合、学者的共识与社会关注，作为一项诉讼制度在法治社会、法治国家更需要立法作出制度上的安排。根据《立法法》第八条的规定，诉讼制度应当由法律规定。专家辅助人制度作为诉讼制度应"是从程序上保证公民、法人和其他组织的合法权利的，全国应当统一"[1]。专家辅助人在实践中已经备受关注且业已普遍尝试，通过立法确立这项制度可以解决以上存在的一些问题。

一、立法对司法解释的吸收与术语表达

在司法实践中，有些法院根据自己审理案件的便利与对专家辅助人的理解，做出形式各异的规范性文件，在一定程度上影响了案件审理的程序法定性。2007 年，全国人大常委会在立法计划中安排修改了《刑事诉讼法》、《民事诉讼法》等一批现行法律。有学者提出，在诉讼法修改中应当增加一些规定，赋予当事人双方聘请"有专门知识的人"做"专家辅助人"出庭并享有辅助控辩双方质证的权利。有学者建议，在修改《民事诉讼法》的时候，希望"专家证人制度"能够成为正式的法律制度，并且这一观点还被写入《专家建议稿》。[2] 基于司法实践的经验和学者呼吁，

---

① 曹康泰主编：《中华人民共和国立法法释义》，中国法制出版社 2000 年版，第 24 页。
② 参见赵雪彦、黎伟华：《法学专家呼吁我国建立专家证人制度》，载《民主与法制》2007年 5 月。

2012 年修改的《刑事诉讼法》和《民事诉讼法》吸收了司法解释相关的规定与学者的建议，在修正案中对此作出了专门性的规定。《刑事诉讼法》第一百九十二条第二款、第三款规定："公诉人、当事人和辩护人、诉讼代理人可以申请法庭通知有专门知识的人出庭，就鉴定人作出的鉴定意见提出意见。""第二款规定的有专门知识的人出庭，适用鉴定人的有关规定。"《民事诉讼法》第七十九条规定："当事人可以申请法院通知有专门知识的人出庭，就鉴定人作出的鉴定意见或者专业问题提出意见。"对此规定进行分析，可以看出以下问题。

第一，在有关法律术语的采用上，诉讼法的修改没有完全接受多数学者与实务界将其称为专家辅助人或者部分学者及其有些司法解释的专家证人称谓，同时对司法解释规定的"具有专门知识的人"或者"专业人员"抑或"具有相应专门知识的人员"① 进行了清理，采用了与鉴定人相同的法律术语即"有专门知识的人"。但是，在有关法律术语的解释中未对"有专门知识的人"作出立法性的解释，致使理论上和实践中对此概念的界定仍存在不同性认识与歧义性理解。

第二，在程序启动上采取了与司法解释相同的规定，即当事人申请法官决定基本程序，而未将"IP 电话案"中法官直接启动专家辅助人的做法作出明确规定。从表面上看，我国《刑事诉讼法》和《民事诉讼法》在此方面的修改，未完全接受"IP 电话案"中法院独立启动聘请"有专门知识的人"的做法以及《行政证据规定》"法庭也可以通知专业人员出庭说明"的规定。在我国诉讼法没有对此作出明确规定的背景下，有些司法解释对此作出了似乎是扩张的解释。例如，最高人民法院《关于审理证券行政处罚案件证据若干问题的座谈会纪要》规定，"人民法院也可以根据需要在诉讼程序中聘请专业机构或行业专家出具意见"。实质上，在职权主义诉讼模式下，法官为查明案件事实或者澄清分歧有权聘请专家对模糊的专业问题进行解释。

第三，在其功能上，立法仅仅将当事人聘请有专门知识的人作为法庭程序的一项制度，其目标着力于保障当事人对鉴定意见的质证权。即使当事人聘请有专门知识的人未能澄清鉴定意见的争议或者就专业问题提出意见未被法院接受，但程序正义得到了体现，当事人的程序权利得到了

---

① 参见 2012 年 5 月 2 日《最高人民法院关于审理因垄断行为引发的民事纠纷案件应用法律若干问题的规定》（法释〔2012〕5 号）第十二条规定："当事人可以向人民法院申请一至二名具有相应专门知识的人员出庭，就案件的专门性问题进行说明。"

保障。

第四，在《刑事诉讼法修正案（草案）》审议过程中，尽管有学者"建议……有专业知识的人作为证人出庭，就鉴定人作出的鉴定意见提出意见，或对案件中的某些专业问题发表意见"，但这种规定最终未被立法机关采纳。即使在民事诉讼中，立法采用司法解释规定的当事人可以聘请专家辅助人就"专业问题提出意见"的规定，却将当事人聘请有专门知识的人质疑鉴定意见作为主要任务，将后者放在次要的位置上，体现了专家辅助人补充鉴定制度的附属地位。

就其刑事诉讼法和民事诉讼法的规定而言，有专门知识的人作为专家辅助人在诉讼活动中主要有以下作用。

一是从程序的视角而言，专家辅助人基于其专门知识对案件中涉及鉴定意见或者"专业问题"进行说明、质证、询问，有助于协助当事人就涉案的专门性问题进行充分的说明，有利于增强当事人在专门性问题上的举证和质证能力，体现程序的正当性。

二是从实体的角度来看，专家辅助人基于其专门知识对鉴定人进行询问，有利于弥补当事人专门知识的不足，保障其诉讼权利进而维护其实体上的合法权益，避免"鉴定错了，裁判就会发生错误"①的悲惨结局，有利于发现事实真相及查明案件事实，保障司法实体公正的实现。

三是从庭审改革的视野来解释，专家辅助人出庭强化了庭审功能，实现双方当事人在诉讼能力上的平衡与公平对抗，有助于实现审判模式从职权主义向当事人主义的转变，使法官在查明案件专门性问题方面更加公正有效，也使庭审更富有意义，有利于"审判中心主义"的实现、法官裁判的中立性以及权威性的树立。

四是从制度的层面来分析，专家辅助人制度在一定程度上弥补了鉴定制度的不足，保障鉴定人出庭制度的落实，因专家辅助人出庭质疑鉴定意见可以促进鉴定人提高鉴定质量，增强鉴定意见的可靠性与可信性，有利于推进司法鉴定制度改革的深化。

我国《刑事诉讼法》和《民事诉讼法》确立专家辅助人制度作为一项创新制度，必将促进我国审判制度呈现出新的变化以及在利用专家上出现新的程式，其立法的进步意义是值得肯定的。然而，立法上过于简疏，尽管为司法实践提供了更多的创新空间，但也留下了一些争议，特别是专

---

① ［法］勒内·弗洛里奥：《错案》，赵淑美等译．法律出版社2013年版，第137页。

家的诉讼角色定位、诉讼地位的定性以及制度的定型，出现了自说自话、各行其是的局面。

二、立法表达的模糊立场与理解上的分歧

专家辅助人制度的确立与实施不仅有利于维护当事人的合法权利，澄清鉴定意见的异议，保障当事人诉讼权利充分有效地行使，而且也有助于协助法官发现鉴定意见存在的瑕疵或者错误，保障法官在专门性问题上获得较为深刻的认识与准确的理解，有利于司法公正的实现。由于立法对此规定得相当简略，尤其是《刑事诉讼法》规定的"适用鉴定人的有关规定"，极易使人们在此问题上的认识与理解产生歧义，再加上立法机关对该条款解释为"主要是为了解决其出庭的诉讼地位等程序性问题，如回避、询问等"问题[1]，这些类似立法性解释不仅加深了理论界和实践界对此不同理解与认识的程度，而且在适用上还陷入矛盾之中甚至卷入无所适从的两难境地，致使需要"在实践的基础上继续完善"[2] 的专家辅助人制度在实践中仅就"称谓"这一术语就莫衷一是、分歧不断。

由于专家辅助人制度的实施集中在审判阶段，尽管《民事诉讼法》未像《刑事诉讼法》将其规定在审判程序中，但因民事诉讼作为法院审判的操作规程，在"证据"一章对此进行规定也是限于审判程序，能够扩大或者延伸其适用的空间值得探讨。在司法实践中，虽然出现所谓的各省法院在专家证人或者专家辅助人适用上的"第一例"，但就其真正的制度意义而言，仅具有形式上的创新意义，其在制度意义上的创新并不明显，况且在实际运行中规范意义也无具体的章法可言，其制度运行处于混乱的状态。如被认为是新刑诉法实施后内江首例"专家辅助人"出庭答疑的四川内江中院开庭审理一起故意伤害案。[3] 在该案中，检察机关指控被告人刘某某将其妻周某某按在地上，用胸部压迫周某某口鼻致其窒息死亡。辩护律师认为，刘某某的行为不可能造成周某某机械性窒息死亡，并申请内江法医学专家荣某出庭提出意见。合议庭审慎研究认为，该案死亡机制非常罕见，确需法医学专家出庭，遂通知内江市知名法医学专家荣某出庭。在

---

① 王尚新、李寿伟主编：《〈关于修改刑事诉讼法的决定〉解释与适用》，人民法院出版社2012 年版，第 192 页。

② 郎胜主编：《中华人民共和国刑事诉讼法释义》，法律出版社2012 年版，第 417 页。

③ 参见李嘉、余力：《专家辅助人出庭 当场释疑死因》，载《四川法制报》2014 年 3 月13 日。

庭审中，出庭的专家对鉴定人进行了询问，并接受了控辩双方的交叉询问及法庭补充发问。荣某从法医学的角度对机械性窒息死亡机制的有关知识进行了介绍，并结合周某某尸检报告进行了具体分析，认为公安机关对周某某的死因所作鉴定意见，符合机械性窒息死亡的法医学原理。休庭后，合议庭吸纳了专家辅助人的意见，采信了公安机关鉴定意见作为定案依据。然而，荣某有关机械性窒息的有关知识是由鉴定人解释还是有专家辅助人说明，其角色扮演以及分工是否存在边界等问题仍是纠缠不清的。

　　基于此种原因要求"专家证人"出庭的案件还有 2013 年 6 月四川金牛区检察院公诉部门办理的被告人白某、谢某非法行医案。该案当事人向法院提出通知两位具有法医学专门知识的人出庭就涉案法医学鉴定意见作出说明的申请。此案被认为由法医作为专家证人出庭支持公诉，是该市检察机关在修改后的《刑事诉讼法》实施以来办理的首例有专门知识的人出庭质证案件。在该案件审查过程中，被告人对涉案法医学鉴定意见提出异议，质疑为何会有两份法医学鉴定意见，以及两份法医学鉴定意见是否矛盾。针对上述情况，金牛区检察院技术科干警及时与成都市检察院技术处取得联系，聘请法医学专业技术人员对以上问题进行解答。针对该案而言，从检察院作为公诉方申请专家的必要性来看，该案根本不需要申请什么专家辅助人，需要申请的应是对鉴定人出庭就作为证据的检验报告的科学性予以说明、解释或者接受询问。因为当事人对作为鉴定意见的检验报告有异议，按照《刑事诉讼法》一百八十七条第三款的规定，属于申请鉴定人出庭作证的情形，而非聘请有专门知识的人出庭就专业问题提出意见。这种使用专家辅助人的案例就其实质而言，是对鉴定人与专家辅助人在适用上的混淆，在一定意义上属于对专家辅助人制度的误识。① 而且还会造成不具备鉴定能力的鉴定人转求专家辅助人出庭替代其发表鉴定意见，以其遮蔽鉴定人的能力不足，导致鉴定人在鉴定技术问题上不断寻租。在上述案件中，专家究竟扮演何种角色，是证人、鉴定人、辩护人还是其他角色？专家辅助人与申请方究竟存在何种关系？这些问题有待于理论予以解释，更需要在法定术语的含义上予以澄清。否则，我国专家辅助人在实践中就会成为时而具有鉴定人身份，时而具有专家证人色彩抑或专家辩护人，时而二者兼而有之的不伦不类的"专家怪物"。在上述案件中，专家辅助人被误解为"有专门知识的人"即为"专家辅助人"，指在某一

---

　　① 有关此案件的报道，可参见黄燕：《金牛区检察院办理全市首例专家出庭质证案件》，载《成都日报》2013 年 7 月 4 日。

专业领域方面具有专门的知识或经验，为了充分保护当事人的合法权益，依据自身的专业知识，就诉讼中涉及的专业性问题作出自己的判断，发表自己的见解，帮助审判者对案件事实进行准确认定的人员。① 这种认识仅仅是将专家辅助人制度视为英美法系国家的专家证人制度，出现术语形式与术语内容的背离与疏远，甚至出现词不达意的窘态。

　　大陆法系国家的司法鉴定制度具有较为浓厚的国家主义色彩和诉讼职权主义色彩，法律明确规定哪些人具有鉴定人资格或哪些机构具有鉴定权，只有具有鉴定人资格的人或具有鉴定权的机构才能向办案机关提供鉴定意见，并非任何具有专门知识的人都可以成为鉴定人，且鉴定的启动与鉴定人的选择都由办案人员决定。尽管我国《民事诉讼法》规定了当事人可以协商选择鉴定人，但最终的决定权还是在于办案机关即法院，尤其是回避制度对鉴定人具有强制力。这种模式有时会导致当事人在证明活动中难以得到专业人员的直接协助；在鉴定人不出庭的情况下，鉴定意见难以得到有效的质证，不利于审判人员对涉及专业问题证据的实际审查。② 然而，上述被称为所谓"首例"的专家辅助人的案件中，专家辅助人出庭仅仅是对鉴定意见的解释与说明，实质上替代了应当出庭的鉴定人。本来专家辅助人制度是促使鉴定人出庭制度的，反而导致鉴定人出庭制度未能得到执行，事与愿违。在这些案件中，也表现出质疑鉴定意见方面的功能明显不足，为鉴定人在技术方面的寻租提供了空间。这种做法，不仅与设置专家辅助人防止错误鉴定意见作为定案根据的预防功能未能发挥，还会加剧法官选择与适用鉴定意见认定案件事实的风险，甚至走向反制其制度功能发挥的方向，出现阻止鉴定人出庭的障碍。这些问题不仅受制于立法表达的模糊立场，还受制于对专家辅助人制度解读的误识。因此，需要把此制度放置在鉴定制度的背景下进行多视角的诠释，使专家辅助人作为一项制度的建立符合立法的目的，发挥该制度在整个诉讼制度中的基本功能。

第三节　专家辅助人的制度解读

　　对专家辅助人的认识、理解与诠释，需要以我国《刑事诉讼法》和

---

　　① 参见李嘉、余力：《专家辅助人出庭　当场释疑死因》，载《四川法制报》2014 年 3 月 13 日。

　　② 参见张立平、杨丹：《民事诉讼专家辅助人的法律定位及其制度完善——以法条与司法解释的逻辑解读为基点》，载《湘潭大学学报（哲学社会科学版）》2014 年第 1 期。

《民事诉讼法》对当事人可以申请人民法院通知有专门知识的人出庭规定作为研究的逻辑起点，契合司法实践中其生成与发展的需要，应当遵循解释该制度的法理方法，归纳与提炼出在整个诉讼制度中应有的且体现个性品格的术语；同时还要考虑在建构我国专家辅助人制度时尽可能地降低新设制度在概念或者术语上的重叠与交叉，避免在使用中出现一些歧义，从而维护其与其他制度之间的兼容并凸显其本质区别。

对专家辅助人从作为新制度的意义上可作以下几个方面的解读。

一、对法条"有专门知识的人"的法理解读

对"有专门知识的人"进行法理解读不仅需要对现有法律规定的内容进行诠释，还需要对其在法条中所处的位置以及与其他法条和相关制度之间的关系进行认识，厘清它们之间的内在关系，以免机械的法条主义解释导致对其作出狭隘的理解或者解释上的"专制主义"，使该制度在建设之初就受制于其他制度，从而难以发挥有效的作用。由于专家辅助人制度是对英美法系国家专家证人制度的吸收，在理解这一制度时也需要考虑其在国外的功能。基于这一制度，源于司法实践以及我国存在明确的立法规定，对其进行法理解读，还需要从我国诉讼制度的架构层面进行，以便对其的定位符合立法设置与追求的中国模式。

（1）对于"有专门知识的人"首先应从法律条文所运用的语言来说明法律规定的基本含义，按照法律条文字面的通常含义来解释其内容，即采用文本解释。文本解释属于优先考虑的解释方法，在解释体现中具有优先性。这种解释应当按照法学术语的共识进行，一般要考虑专业术语的特定含义。从条文的表述来看，当事人申请法院通知有专门知识的人出庭是针对存在有异议的鉴定意见或者存在着"专业问题"，对这些问题提出意见是基于当事人质证与举证的诉讼需要，属于协助当事人在质证鉴定意见与对专业问题提出意见时的辅助，法律将其启动定位为当事人申请充分体现了这一特性。"有专门知识的人"在制度层面上属于鉴定人制度的一部分，可以说是对鉴定人制度的补充、完善，体现对当事人权利的维护，而非针对的是法院，或者说主要不是为法院解决难题而设立。尽管这种质证鉴定意见或者就专业问题提出意见的人同英美法系中的专家证人一样发挥着辅助当事人进行诉讼活动的功能，属于当事人质证权的延伸，但不同于英美法系国家的当事人化的专家证人。"有专门知识的人"和专家证人虽然都

是针对专业性知识，但证明范围相差甚远，前者仅针对鉴定人做出的鉴定意见或专业问题，而后者的证明范围不限于此，一切超出法官知识和经验范围的专业性问题均可。即使在不存在鉴定意见的情况下就专业问题提出意见，也仅限于专业原理与术语解释等问题，一般不涉及可以鉴定的专门性问题。即使属于专门性问题，也是属于无法鉴定或者在鉴定成本过高的情况下不得已的选择。如《法院刑诉法解释》第八十七条规定："对案件中的专门性问题需要鉴定，但没有法定司法鉴定机构，或者法律、司法解释规定可以进行检验的，可以指派、聘请有专门知识的人进行检验，检验报告可以作为定罪量刑的参考。"其作为不得已措施体现了该制度的从属地位。该制度在司法实践中运行亦是如此。如四川自贡地区首例当事人申请专家辅助人出庭的案件在富顺法院民事审判一庭公开开庭审理的案件。①

死者王某系富顺县某乡镇医院职工，退休后返聘回该单位继续担任某科室主任。2013年3月29日凌晨5点左右，王某赶往医院的途中不慎跌倒，被诊断为蛛网膜下腔出血，于同年5月5日死亡。同年8月，王某的丈夫曾某将该乡镇卫生院告上法庭，要求医院赔偿因王某产生的死亡赔偿金、精神损害抚慰金、医疗费等共计40余万元。在案件审理过程中，被告医院请求对死者死因进行鉴定，因死者已火化、CT照片不全等因素，鉴定机构无法做出鉴定，致使案件一度陷入僵局。为保证案件顺利进行，富顺法院依法准许华西医科大学法医学鉴定中心人员出庭，并作为首次引入专家辅助人参与庭审就死因等专业问题提出意见。质证过程中，双方当事人在承办法官的指引下对专家辅助人进行询问，并对专家辅助人提出的意见发表了自己的观点，当事人对专家辅助人参与庭审均表示认同。

"有专门知识的人"作为鉴定人制度的一部分，其提出的意见是否影响法庭，在一定程度上决定了鉴定意见能否被采信，但不排除通过间接方式作用于法官对案件事实的认定；而专家证人直接针对专业问题发表意见，属于证据的一部分，其意见属于证据（意见证据）直接影响法官对整个案件事实的认定。两者还体现了职权主义和当事人主义的不同背景下在证明对象和证明效力方面的差异性。基于以上简单的分析，可以得出专家辅助人制度是当事人权利的延伸和能力的弥补，是为了保障当事人质疑鉴定意见的能力而设计的，对于当事人来说具有辅助制度的性质。

（2）对"有专门知识的人"需要放置在整个法律体系中来理解，通

---

① 参见罗倩茹、梁鹏：《民事案件陷僵局富顺法院引入"专家辅助人"参与庭审》，载《华西都市报》2014年1月6日。

过前后法律条文和法律的内在价值与目的来明晰其基本含义。"有专门知识的人"制度的出现是因为我国鉴定制度存在不足和缺陷,在诉讼中似乎不需要具有独立的法律地位,作为鉴定人制度补充制度而存在的,相对鉴定制度具有从属地位。从《民事诉讼法》第七十六条至第七十九条的逻辑结构来看,其规定的内容与有关鉴定的规定组成一个完整的体系即鉴定制度。《民事诉讼法》第七十六条规定了鉴定人制度的启动程序,即由当事人申请或由法院委托;第七十七条规定了鉴定人的权利,即有权了解案件材料,有权询问当事人、证人;第七十八条规定了对鉴定意见有异议,可经当事人申请或由法庭决定鉴定人出庭;第七十九条则进一步规定了可由当事人申请专家出庭就鉴定意见或专业问题发表意见。这种制度是对鉴定制度的丰富与完善,共同构筑了相对完整的鉴定制度。这一特点在《刑事诉讼法》中的规定更为显著。《刑事诉讼法》不仅将其与鉴定人出庭在同一条款中规定,其规定"公诉人、当事人和辩护人、诉讼代理人可以申请法庭通知有专门知识的人出庭"没有像"当事人和辩护人、诉讼代理人有权申请通知"的"有权通知",仅仅是"可以申请"。它不仅作为质疑鉴定意见的制度,而且还不同于申请通知新的证人到庭、调取新的物证、申请重新鉴定或者勘验。基于"有专门知识的人"在法条上的逻辑,可以发现,它是鉴定制度不可或缺的协助其发挥作用的辅助性制度,按照法条设置的体系将其作为鉴定制度的补充制度顺理成章。从将有专门知识的人作为一个法律术语或法律概念放置在整个制度体系中来看,诉讼法是以鉴定人制度为核心的,对"有专门知识的人"进行简约式规定充分反映出其辅助性的非核心地位。

(3)从"有专门知识的人"制度的发展历程来看,有专门知识的人是鉴定人制度对英美法系国家专家证人的吸收与借鉴。英美法系国家强调当事人的诉讼对抗性,建立在此基础之上的专家证人制度必然是当事人的诉讼工具,其作为工具也必然服务于甚至服从于当事人,并为其所用。然而,我国的鉴定制度基于职权主义诉讼模式,其服务对象主要是办案机关,不仅如此,还为鉴定人设置回避制度,强调专家的中立性。从发现事实真相和实现司法公正的原则考虑,专家辅助人和鉴定人一样,均应保持独立性和中立性,忠实于科学,协助法官发现、认识专门性问题。针对专家证人而言,由于一方当事人为专家证人支付酬金,其提供的专家意见难免对该方当事人带有一定的倾向性,不可避免地会打上党派烙印,在实践中无法有效地抑制其带有偏向性的倾向。另外,英美法系国家对专家证人的要求并不像大陆法系国家对鉴定人的要求一样必须具有相应的执业资格，法律对何种人以何种资格才能作为专家证人事先未有规定，这使专家证人不可避免地会卷入当事人的"党派之争"，甚至沦为当事人的"科技辩手"或者"枪手"。大陆法系国家的鉴定人制度主要是在法官的主导下进行，其功能是穿白衣站着的法官，属于法官的协助人；鉴定人的选择通常也是在法庭主持下由双方共同选择，以此防止其对一方当事人的倾向性，进而影响其科学性。我国《民事诉讼法》第七十六条规定："当事人可以就查明事实的专门性问题向人民法院申请鉴定。当事人申请鉴定的，由双方当事人协商确定具备资格的鉴定人；协商不成的，由人民法院指定。""当事人未申请鉴定，人民法院对专门性问题认为需要鉴定的，应当委托具备资格的鉴定人进行鉴定。"

（4）对"有专门知识的人"从立法解决的问题进行认识。"由于鉴定工作的专业性较强，仅凭其他诉讼参与人自身的知识也难以发现鉴定中存在的问题，很难对鉴定意见进行质证，当事人对鉴定意见有异议的往往只能通过重复鉴定来解决；同时，由于鉴定意见中所涉及问题专业性较强，仅听一面之词，法官往往难以作出正确的判断，法院的判决如果总是被鉴定意见左右最终也会损害司法的权威"[1]。立法的目的是通过有专门知识的人出庭提出鉴定意见，解决专门性问题上知识的难度与认识上的隔阂。一般来说，在法官依职权主导诉讼的情况下，当事人的诉讼能力受限于办案机关，倘若鉴定人垄断专业问题的事实判断不利于案件事实的查清，尤其是鉴定意见存在争议或者存在不同鉴定意见时，法律允许作为专家的"有专门知识的人"出庭辅助当事人质证，可以澄清对专门性问题认识的分歧与裁判上的不信任。鉴定制度和专家证人制度都是利用专家证据解决专业问题而设置的，立法目的是为了弥补法官和当事人在专门性问题或者专业问题认知和能力上的不足，从而使其对专门性的认识与理解尽可能地接近于案件事实。从更深层面分析，公正和效率是司法追求的基本目标，但程序公正和程序保障在当事人诉讼权利目标上具有优先性。专家证人制度之所以在英美法系国家的制度中不断成长，在于其程序侧重于权利的平等保障，尽管这种平等是以牺牲效率为代价的。尤其是专家证人资格审查的不严谨、专家证言的"党派性"等偏向性等因素都会使法官迅速对专家证言无法作出判断，有时反而会使案情更加扑朔迷离甚至引入科学争议的

---

① 郎胜主编：《中华人民共和国刑事诉讼法释义》，法律出版社2012年版，第417~418页。

迷宫，不仅影响了案件审理的效率，而且有可能妨碍公正的判决，但这一责任可借助于举证责任推卸于当事人。鉴定制度则相反，鉴定人的权威性很多时候等同于司法的权威性，程序上不能保证当事人更多地参与到鉴定中，即使要求鉴定人到庭接受询问，因没有"有专门知识的人"参与，当事人也很难对鉴定意见提出有效的意见，因而影响诉讼效力。在原来的法庭上，由于我国鉴定人不出庭，仅仅有公诉人或者法庭宣读鉴定意见，无须有专门知识的人进行质证；即使法律允许有专门知识的人质疑，因质疑面对的是公诉人或者法官而不是同侪的鉴定人显得意义不大，法庭往往放逐其提出的意见。2012 年修改的《刑事诉讼法》和《民事诉讼法》规定鉴定人出庭作为鉴定意见成为定案根据的必要条件，从而也为"有专门知识的人"出庭质疑鉴定意见提供了空间，其辅助当事人质证才使鉴定人出庭具有实质性意义。这种制度不仅可以平衡程序在权力与权利之间的失衡，而且还可以防止不必要的"重新鉴定"或者重复鉴定等影响诉讼效率的问题。因此，在鉴定人出庭作证的背景下增加此项制度更有利于实现司法公正的价值，这种辅助功能会增强法庭审理中心的实质性意义，在法庭上解决鉴定意见的争议或者专业问题。

（5）从司法实践的状态来看，在我国诉讼中，因法官过于依赖鉴定意见进行事实判断，鉴定意见极大地影响了法官对案件事实的认定，甚至决定了案件最终的处理结果。如果对鉴定意见不能进行质证或者不能有效地进行质证，则会给法院正确认定案件事实带来风险或者埋下隐患，出现鉴定错了案件必然错误的毁灭性灾难。为避免大陆法系国家法官过于依赖鉴定意见的弊端，防止错误的鉴定意见未有任何阻拦地作为定案根据，我国诉讼法的修改引入了英美法系专家证人的质证方式，设立了"有专门知识的人"作为辅助人制约鉴定，继而可以促进鉴定质量的提高，避免错误的鉴定意见作为定案根据。但是，这种借鉴与吸收并不改变其作为从属于鉴定制度或者作为补充鉴定制度的辅助人制度的本质属性。也就是说，无论是我国《刑事诉讼法》还是《民事诉讼法》，仍是在职权主义模式下设置这种制度，在专门性问题上采用鉴定制度，其"有专门知识的人"出庭参与诉讼仅仅作为鉴定制度的补充，通过法庭上专家在专门知识上的博弈来辨识鉴定意见能否作为定案根据。就此而言，我国确立的所谓的"专家证人"也并非具有英美法系国家专家证人法律地位与享受专家证人的待遇，不是严格意义上的专家证人，也不宜称为专家证人；相反，在司法实践中体现出更多的辅助人特征。

通过以上的法理解释可以发现，我国诉讼法规定的"有专门知识的人"是作为鉴定制度的补充制度而设置的，相对于鉴定制度而言仅仅具有制度的补充性和使用上的从属性，属于保障当事人权利和增强当事人质证能力的有专门知识的人。这种专家由当事人申请启动，具有当事人能力延伸的功能，就其实质而言，主要是当事人的辅助人。不可否认，这种专家也间接地辅助法官澄清对专门性问题的认识以及对存在异议鉴定意见的艰难选择，体现了对法官选择鉴定意见作为证据以及认定案件事实的辅助功能。因此，对作为专家的"有专门知识人"赋予其"专家辅助人"的称谓或者提炼为"专家辅助人"作为法定术语更符合其产生的根源、法律设置的逻辑以及程序的功能，以此界定其诉讼地位更有利于其制度在诉讼制度中的发展与完善。

二、对有专门知识的人进行术语上的理论定位

在鉴定人出庭问题上，《民事诉讼法》第七十八条规定："当事人对鉴定意见有异议或者人民法院认为鉴定人有必要出庭的，鉴定人应当出庭作证。经人民法院通知，鉴定人拒不出庭作证的，鉴定意见不得作为认定事实的根据。"《刑事诉讼法》也规定："经人民法院依法通知，鉴定人拒不出庭作证的，鉴定意见不得作为定案的根据。"而在证人出庭的问题上，最高法院对《刑事诉讼法》第五十九条规定的"证人证言必须在法庭上经过公诉人、被害人和被告人、辩护人双方质证并且查实以后，才能作为定案的根据"作了变通性规定。《法院刑诉法解释》第五十八条规定："未出庭证人的证言宣读后经当庭查证属实的，可以作为定案的根据。"也就是说，对待鉴定人未有像证人那样可以不出庭而直接宣读书面鉴定意见经当庭查证，而我国"有专门知识的人"作为专家辅助人的出现在一定程度上是源于鉴定人的出庭作证强硬性规定与对鉴定人传闻规则的绝对排除。而作为鉴定制度的补充制度的"有专门知识的人"在诉讼中的地位仅是当事人针对鉴定意见的质证辅助人或者辅助当事人对专业问题进行解释与提供意见，其设立目的在于完善与弥补我国鉴定制度的不足，有利于准确理解或者认识对定案具有关键性意义的专门性问题，更有利于借助于科学知识或者专家提出意见来协助来法院实现司法公正。"有专门知识的人"的称谓应当反映其这一本质要求，对其术语表达更应当能够一目了然而不产生歧义地体现这一目的。结合上述对"有专门知识的人"的法理解释，

还需要从极易误解或者不宜采用的术语的方面对其进行分析并作出评价。

对理论上提炼的相关术语或者概念的评价

"有专门知识的人"在理论上存在"诉讼辅助人"或者"诉讼辅佐人"、"专业技术人员"、"技术顾问"以及"专家证人"等不同称谓或者术语表达。对以上术语应当作以下分析。

1. 有关"诉讼辅助人"或者"诉讼辅佐人"称谓的分析与评价

将"有专门知识的人"称为"诉讼辅助人",在一定程度上体现了诉讼参与人的特征以及在诉讼中的从属地位,但从字面上看,却未能体现有携带专门知识的"专家"特征,在诉讼中极易与诉讼代理人和日本的辅佐人等概念相混淆。也就是说,未能完全反映有专门知识的人的专家属性。所谓"诉讼辅佐人",是指由当事人申请,经法院许可,随同当事人、法定代理人或诉讼代理人在期日里一起出庭,辅佐其为诉讼行为,以尽攻击或防御能事之诉讼关系人。在大陆法系国家德国、日本以及我国台湾地区的"民事诉讼法"中对辅佐人均有规定。如《日本民事诉讼法》第六十条第一款规定:"当事人抑或诉讼代理人,得到法院之准许,辅佐人可与之一同出庭。"对于辅佐人的称谓同样存在作为诉讼辅助人的缺点,无法与提供法律协助的诉讼代理人严格予以区别,这必然会带来无须或者无法作为一项新制度予以建设的问题。

2. 有关"专业技术人员"称谓的分析与评价

从字面上理解,将"有专门知识的人"界定为专业技术人员尽管体现了专家的特点,但不能体现其作为辅助人的特征,极易与专家证人和鉴定人的概念相混淆。因为专业技术人员是指依照国家人才法律法规,经过国家人事部门全国统考合格,并经国家主管部委注册备案,颁发注册执业证书,在企业或事业单位从事专业技术工作的技术人员及具有前述执业证书并从事专业技术工作的人员。将"有专门知识的人"定义为专业技术人员,则需要限定于国家执行资格并具有专业技术执业证书的人员,不利于扩大"有专门知识的人"参与诉讼的范围,也不符合"有专门知识的人"不受资格限制的趋势,否则与通用的专业技术人员的含义不相一致,甚至会出现理解上的分歧。况且,这种"有专门知识的人"在法庭上所提出的意见不仅仅限定在技术上,还涉及实践中获得的特殊经验以及相关专业术语的解释等问题,仅仅以专业技术人员称之会出现专门知识范围限缩的问题。

3. 有关"技术顾问"称谓的分析与评价

技术顾问一词明显有移植《意大利刑事诉讼法典》上的概念之嫌。《意大利刑事诉讼法典》第二百二十五条第一款、第二百三十三条第一款和第三百五十九条第一款规定，对于当事人（主要包括被告人、被害人和刑事案件中的民事当事人），在法官决定鉴定之前和决定鉴定之后均可任命自己的技术顾问。然而，这种技术顾问的范围明显比我国的"有专门知识的人"的范围广泛，且适用范围不限于法庭。仅从技术顾问概念的形式上来理解，这一称谓不仅包括为诉讼当事人或者法院提供技术咨询建议，而且还扮演着鉴定监督人和法庭质证辅佐人的角色。在英美法系国家，技术顾问虽然由当事人聘请，但术语中，主要指不准备在审判中作为证人的专家，常被称为"不作证的专家"，这种不出庭的内容与我国规定的"有专门知识的人"出庭的规定相左。在两大法系下，技术顾问有着不同的内涵。在英美法系是指除专家证人之外的为诉讼活动提供技术性帮助的专家，在其他国家是指不含鉴定人的为聘请方提供技术帮助的顾问专家。基于国外对此概念还存在不同含义的背景，不宜采取这种称谓。一方面，由于在不同法系中对此存在不同的含义，采用此称谓会带来与其他国家进行法律制度比较运用上的困难；另一方面，也与我国"有专门知识的人"的诉讼地位不符。如果采用此称谓，还会导致"有专门知识的人"即"专家辅助人"制度在我国建立之初就生长在分歧与争议之中，进而影响该制度在我国的发展与完善。

4. 有关"专家证人"称谓的分析与评价

《民事诉讼法》第七十九条规定："当事人可以申请人民法院通知'有专门知识的人'出庭，就鉴定人作出的鉴定意见或者专业问题提出意见。"由于该条未明确"有专门知识的人"在诉讼中的法律地位，造成有论者认为，该条标志着专家证人制度在我国确立，这种"有专门知识的人"属于不同于鉴定人的专家证人。尽管"有专门知识的人"出庭与国外的专家证人一样均是由当事人申请的，但据此认定"有专门知识的人"就是专家证人仍存在依据不足的问题。从上述解释的角度分析，"有专门知识的人"只是当事人针对鉴定意见的质证辅助人，其设立目的仅在于弥补鉴定人制度的不足，与专家证人制度具有明显区别。然而也有论者将其理解为英美法系专家证人制度，将其当事人主义化，并认为，专家辅助人参与诉讼的目的就在于帮助己方当事人赢得诉讼。这种观点是对法条的误解。尽管法条未明确规定法官的干预职权，但参与诉讼或者出庭的决定权仍在职权机关，而非当事人。这种理解与认识类似制度以国外制度作为寻求解决问题的一贯思维是改革效果不佳的主要问题，因为"在寻求解决问题之新路径时，法学家们几乎只关注外国制度设置的规范层面，试图探明这些制度是否优于现行的国内法。这种有害的职业习惯尽管可以理解但并非没有代价"①。如果简单移植国外的制度而又试图凌空蹈虚地从自身以外获得其意义，最后可能不仅仅会丢掉了自己，还会搅乱原有的制度，出现得不偿失的悲情。

5. 有关"专家辅助人"称谓的分析与评价

我国法律规定的"有专门知识的人"与"专家证人"中的"专家"不同含义的是，"有专门知识的人"是以辅助人的身份独立出现在诉讼中的，而非提供证据的证人，其提出意见充其量作为定案参考。"专家辅助人"这一概念的内涵不能仅从"专家"角度去理解，而"辅助人"这一限定词揭示了其在诉讼中的作用、地位以及其权利义务关系。"专家辅助人"作为"有专门知识的人"的法定术语可以体现其在诉讼中发表的意见而不体现当事人意志的特征，符合其辅助在专业技术上的独立地位，可以说符合法律创设的独立诉讼参加人的立法目的。我国诉讼法规定的"有专门知识的人"，除鉴定人和勘验活动等专家外，在制度上将其界定为专家辅助人的理由，可以从以下三个方面来理解。

（1）从其所从事的职业来理解，他们从事的专业是办案人员尤其是法官作为普通人难以认识或者理解的鉴定意见或者专业问题，是在科学技术或者其他专业方面具有特殊的专门知识或特殊经验的人，但他们不是法律方面的专家，以此与法官的职业区别开来。诉讼中所涉及的专门性问题非常广泛，既可能是自然科学方面的，如医学、生物、化工、冶金、建筑、环境、水利、机械、金融、财会、计算机、网络、通信等方面的专业技术问题，也可能是社会科学方面的，如民情、风俗、习惯、哲学、宗教、经济学等某些概念和内容的理解等。这些专门知识未必都已经或者均能够利用科学技术进行鉴定。特别是非自然科学方面的专门性问题大都无法通过鉴定或现代化仪器设备来解决，但需要专家进行解释、说明，即对鉴定意见或者专业问题提出意见需要专业人士即专家，而专家辅助人的"专家"限定词则体现专家的特征。

（2）从其在诉讼中的地位和所起的作用来理解，他们是作为当事人的

---

① ［美］米尔吉安·R·达马斯卡：《比较法视野中的证据制度》，吴宏耀等译，中国人民公安大学出版社2006年版，第231页。

辅助人出现的，即他们是就专门性问题辅助当事人进行诉讼的人，其陈述的专家意见仅是替补一方当事人对案件涉及的专业问题的说明与解释，但他们与诉讼代理人不同，需要法官决定是否需要，不完全取决于当事人的意志。因此，在是否需要作为专家出庭上具有选择性，并非是诉讼必需的诉讼主体，主要基于有异议鉴定意见的鉴定人出庭或者无法鉴定、不需要鉴定的专业问题而出现，在诉讼中体现从属地位的辅助性。

（3）专家辅助人发表的意见具有专门性、独立性、中立性，并不是当事人意志的自由体现，其提出的意见要尊重科学和自然的规律以及经验法则，保持客观性，恪守科学规律，但不能因此否定其参与诉讼的独立诉讼参与人的诉讼地位。专家辅助人作为诉讼参与人，也是指在诉讼中享有一定诉讼权利、负有一定诉讼义务的除国家专门机关工作人员以外的人。[①]从其特征上看，诉讼参与人是依法参加刑事诉讼的人，这是诉讼参与人构成条件中的首要条件；诉讼参与人是享有一定诉讼权利、承担一定诉讼义务的人，这是诉讼参与人构成条件中的关键条件；诉讼参与人是国家司法机关及其工作人员以外的人，这是诉讼参与人构成条件中的排除条件。[②]根据这一界定，专家辅助人显然可以被归入诉讼参与人之列。我国《刑事诉讼法》第一百九十二条第四款规定："第二款规定的有专门知识的人出庭，适用鉴定人的有关规定。"既然《刑事诉讼法》第一百零六条将鉴定人列为诉讼参与人，那么，根据《刑事诉讼法》第一百九十二条第四款规定，也"适用鉴定人"诉讼地位，在出庭过程中享有与鉴定人作为专家的类似诉讼权利、负有鉴定人的诉讼义务，适用鉴定人的规定作为诉讼参与人当然也在解释范围之中。

由于我国立法对专家辅助人的规定简单而不完善，即使进行如此界定其含义仍会存在以下一些弊端或者不足[③]。

其一，专家辅助人是由双方当事人聘用的，那么专家辅助人实际上就是帮助聘请他的一方当事人进行诉讼，这一地位决定了他们在法庭上的陈述难免具有党派性，在法庭上有可能出现选择性地运用专业知识或者专业经验，尽可能向法庭陈述有利于该方当事人的意见，意见的偏向性在所难免，凸显英美法系国家的专家证人特征。

① 参见陈光中主编：《刑事诉讼法》（第5版），北京大学出版社、高等教育出版社2014年版，第71页。
② 参见许江：《论刑事诉讼参与人范围的完善》，载《南京大学学报（社会科学版）》2008年第5期。
③ 参见李浩：《民事证据制度的再修订》，载《中外法学》2013年第1期。

其二，由于当事人聘请的专家均从各自当事人的角度提出专家意见，其结果会出现与作为专家的鉴定人不同的专家意见，尤其是从正反两个方面对同一专门性问题提出不同意见，还会导致在专门性问题上更多异议；相反，也会使裁判者难以对专门性问题作出判断[①]，致使专门性问题趋于复杂化甚至有治丝益棼之嫌。

其三，专家辅助人参与诉讼必然会增加诉讼的成本。一方当事人聘请辅助人后，另一方当事人一般也需要聘请自己的辅助人，否则在诉讼中可能处于不利地位，也无法做到双方当事人的平等对抗。即使当事人不申请专家出庭，法庭基于庭审的需要也会建议其聘请，以此来减轻法庭对鉴定意见或者专业问题认定的压力。这样一来，必然会转移办案机关的办案成本，带来当事人诉讼成本的增加，从而加重了当事人的诉讼负担。

其四，按照司法实践操作，当事人与专家辅助人实际上形成了服务合同关系，如果辅助人在履行合同的过程中存在过错，未能尽到辅助人的职责，给当事人造成了损失，当事人会要求他们承担违约责任，在一定意义上还会出现一些新争议。这样的纠纷在美国已经发生。我国实行专家辅助人制度后，将来也可能会出现这样的纠纷。专家辅助人掌握专业的知识或者特殊经验，因此他能在质疑鉴定意见的同时，对鉴定意见提出最有力、有效的质证意见，但不排除有反向作用的可能。

在制度设计上，由当事人申请法院通知专家辅助人出庭究竟是由当事人申请后由其委托还是由法院通知就等同委托，尚不明确。其身份既不同于鉴定人，也不同于专家证人，还不同于辩护人、诉讼代理人，其相对独立的诉讼参与人的地位如何确定亦是问题？解读这一概念的内涵不仅要从"专家"的角度进行分析其诉讼地位与功能，还需要从"辅助人"的角度来把握其在诉讼中的地位及作用。设置专家辅助人是为了帮助当事人对鉴定意见或者专业问题提出意见，提高当事人的质证能力，进而否定鉴定意见的证据效力，或者说服法官拒绝接受鉴定意见或者从正面增强鉴定意见的证明力，间接地辅助法官审理案件、判断证据、查清事实。同时，在程序上可以保障当事人对诉讼的有效参与，体现我国借鉴英美法系国家的专家证人制度保障当事人诉讼权利的意蕴。因此，对于"有专门知识的人"概念的归纳，可以采用抽象化的方式从专家中提取出来的反映其独有特性的思维单位，并对其特征组合形成知识单元，体现专家证人制度的中国化

[①]　［美］斯特龙主编：《麦考密克论证据》，汤维建等译，中国政法大学出版社2004年版，第41页。

特征。既然如此，我们在界定"有专门知识的人"时，在程序的考量上不应当离开英美法系国家"专家证人"的"专家"阈限，又要体现其非证人在程序中保障当事人有效对抗的直接辅助当事人且间接辅助法官的功能特征，尤其从其提供意见未能归入我国法定证据种类的视角来分析，将其界定为"专家辅助人"相对较为适宜。采用专家证人的概念不仅不能体现我国司法改革中国化的趋势，存在对中国制度不自信的嫌疑，而且对其意见作为证据又与我国现行证据制度相冲突，况且还难以与英美法系国家的专家证人做法疏离，造成概念使用上的认识分歧。我们的观点与地方司法机关的规定也基本吻合，如浙江省高级人民法院《关于专家辅助人参与民事诉讼活动若干问题的纪要》定义的"专家辅助人即为《中华人民共和国民事诉讼法》第七十九条中的'有专门知识的人'，是指受当事人委托，出庭就鉴定意见或者案件涉及的专门问题提出意见的人"。也与2014年10月8日最高法院在审判360诉，腾讯滥用市场支配地位纠纷，二审将法庭上称"专家证人"而判决书称"专家辅助人"相一致。①

另外，将"有专门知识的人"在制度上表述为"专家辅助人"并非没有任何疑问，也存在这种"专家"是何种诉讼主体的辅助人，或者"辅助人"是否辅助专家即专家的技术助理抑或"帮助法院认定某个证据问题的法院辅助者"等问题。这些问题无论在理论上还是司法实践中不仅能够区别，比如"帮助法院认定某个证据问题的法院辅助者"在大陆法系国家为鉴定人，而且借助于该术语的外在形式也能够区分开，与采取其他术语相比，仍是一个较适宜的选择。

第四节　专家辅助人制度的价值

对专家辅助人制度而言，无论是司法实践的摸索还是诉讼制度的增设，这种颇具创新意义的制度均为理论探讨预留了思考与研究空间。这种制度无论是作为审判实践的经验总结，还是立法对英美法系国家专家证人吸收与借鉴，均体现出我国在立法方面面向司法实践和富于创新的改革精神，对于规范和控制审判权，保障当事人诉讼权利，对推进司法改革和法治国家建

---

① 参见2014年10月8日中华人民共和国最高人民法院民事判决书（〔2013〕民三终字4号）。但是，最高法院前后不一致的做法确令人对其作为最高法院的地位失望。

设具有积极的制度创新意义①。其制度价值主要体现以下几个方面。

一、有助于诉讼制度的现代化

我国创立的专家辅助人与仅有的鉴定人作为专家以及其他专家参与诉讼制度共同构筑了我国多层次或者多元化的"专家"制度。这种多层次的专家制度不仅能够有效地弥补英美法系国家专家证人制度与大陆法系鉴定人制度中的不足，而且还能为诉讼现代化的发展奠定坚实的制度基础。我国的专家辅助人制度借助于鉴定制度体现出专家在专业问题上的客观、公正、中立的立场，在一定程度上可以消弭专家证人的"偏向性"。而作为鉴定制度的有效补充，专家辅助人制度也能够更全面、更充分地保护当事人行使诉讼权利，对鉴定人的鉴定行为形成制约关系，防止一些假借科学之名或者存在错误的鉴定意见进入法庭并被作为定案根据，"从而为法官甄别鉴定意见、作出科学的判断、提高内心确信提供参考，是兼听则明的科学调查方式在刑事审判中的具体体现"②，有利于促进鉴定质量的提高和诉讼制度的现代化水平的增强，也有利于诉讼制度与现代化的科学技术专家以及专门知识的利用提供现代化的渠道。"能够建立在对专业人才充分运用的基础上，具备广泛的科学性和充分的客观性，保证案件判决的公正、合理。"③

二、有助于弥补鉴定制度的不足

我国专家辅助人制度是在吸取与批判了英美法系国家专家证人制度与大陆法系国家鉴定人制度的优缺点而设置的一项具有创新意义的制度。这种以鉴定人制度与专家辅助人制度并存并以后者作为前者补充的专家制度，能够减弱办案机关对鉴定意见的过分依赖，增加办案人员发现鉴定存在问题的信息来源，降低办案人员利用鉴定意见的风险。在对抗制下建立起来的专家证人制度，始终贯彻着当事人双方"武器平等"的原则，法官以裁判者的中立姿态出现，但因当事人主动申请并出资聘请专家证人，在经济利益上依赖于当事人，使其不可避免地存在着一定的倾向性，甚至沦

---

① 参见邓继好、成欣悦：《专家辅助人弱当事人主义化刍议》，载《江淮论坛》2013年第6期。

② 郎胜主编：《中华人民共和国刑事诉讼法释义》，法律出版社2012年版，第418页。

③ 王胜明主编：《中华人民共和国民事诉讼法释义》，法律出版社2012年版，第178页。

为当事人的技术辩手。而作为裁决者与审理者的法官与陪审团成员，大多不具有相关专业知识的人，该制度尽管有相关机制尤其是对抗机制制衡，但制约机制发挥的作用仅仅降低这种倾向性带来的风险，而不能减少积聚的偏向性本身。大陆法系国家中的鉴定人制度在发现专业问题的事实及鉴定人保持中立方面与专家证人相比更具有优势。由于鉴定人是由当事人双方协商确定或是由法庭指定且适用回避制度，相对独立于任何一方当事人，能更加明显地体现出公平、客观、中立的立场。但在审判实践中，当事人在专业问题上使用证据程序不如英美法系国家发达，使法庭在查明案件事实的过程中过分依赖于鉴定意见，从而使鉴定人在某些时候成为案件的主导者，相对弱化了法官的独立性，影响了程序凸显的正义。我国在鉴定制度的基础上增添了具有当事人意义的专家辅助人制度，尤其强调专家辅助人的中立和职业操守，并借助于该程序体现其作为专家的专业能力与水平，在一定程度上弥补了仅有鉴定制度的缺陷与不足，降低了法官对鉴定意见的过分依赖，在专家制度建设上，鉴定制度不仅未因此削弱，相反起到了完善与发展鉴定制度的作用。

三、有助于保障当事人诉讼权利的实现

鉴定意见在知识上体现严格的专业壁垒，导致当事人及其律师等作为法律人无法进行富有成效的质证，专家辅助人出庭则能够解决鉴定人出庭作证中质证的不充分问题。专家辅助人的出现确能扭转当事人、律师等在专业知识上不足的局面。从司法实践分析，专家辅助人制度的主要功能在于给当事人提供质证鉴定意见的机会和能力，有利于避免鉴定意见在一方当事人主导下直接决定判决结果而造成在此方面辩护意见的非实质化。程序正义的最基本要求是，与诉讼结果有利害关系或者可能因该结果蒙受不利影响的人，都有机会参与到诉讼中，并得到提出有利于自己的主张和证据以及反驳对方提出的主张和证据的机会。专家辅助人制度"有利于依法保护被告人的合法权益，保证案件的公正审理"[①]。程序正义不仅限于此，还在于保障当事人有能力提出反驳不利于己的证据和意见并能发生实际效果，而专家辅助人制度正是给予诉讼利害关系人有效参与到诉讼活动中的机会，帮助当事人排疑解惑、发表专业意见，减少当事人之间及当事人与鉴定人之间以及

对专业问题因无端猜疑或者不理解而引起的不必要的争执，从而提高司法裁判的公信力，实现司法公正。如浙江宁波海事法院受理的原告韩进海运公司与被告某化工公司海上货物运输合同火灾损害赔偿纠纷案。[①]

2007年1月，韩进海运公司承运化工公司托运的一个集装箱共计20吨过一硫酸氢钾复合盐（PMPS）从宁波运至法国福斯港，并签发了全程清洁提单。2005年12月21日，集装箱在新加坡转船运输，同月28日下午，船舶航行至红海海域时，货物所在的2号货舱起火发生火灾，造成船上部分货物、集装箱等损坏及其他损失。韩进海运公司遂以化工公司违反危险品托运规范，其托运货物PMPS引发船舶火灾造成其损失500万美元为由向宁波海事法院提起诉讼。双方各自委托专家出具了观点截然相反的火灾原因分析报告。为查明火灾原因，宁波海事法院依双方当事人的申请，传唤中、外专家辅助人出庭。韩进海运公司委托的英国专家邦德先生提出火灾事故系化工公司托运的高危易自燃货物PMPS所致，而化工公司委托的国内某危货运输研究中心薛工程师认为是积载于PMPS下的罐装一缩二乙二醇单丁醚（DGME）在运输过程中产生有机过氧化物达到自燃着火点而引发了火灾，双方针锋相对的观点使火灾成因成为庭审的争议焦点。在法庭的引导下，双方专家还进行了相互发问，指正彼此分析意见中的疑点，论证各自分析报告的合理性。宁波海事法院经审理后认为，本案被告已依照海上危险货物运输的有关规定对托运的PMPS危险货物进行了妥善的包装和装箱，并将其正式名称和性质以及应当采取的预防危害措施如实告知了原告，同时也获得了行政主管机关的审核准许，在危险货物托运的整个过程中并无过错；而原告自始至终未能举证证明被告方在托运环节存在过失、火灾系被告托运的危险货物自热分解所造成以及自身遭受的损失详情，据此，海事法院依法驳回了原告的诉请。该案上诉后，浙江省高级人民法院二审后作出维持一审判决。

然而，专家辅助人在对鉴定意见提出意见或者提供专门知识的同时，也随之带来了当事人在诉讼经济成本上的沉重负担，甚至会因为经济问题造成新的不公平，即富人和穷人在现实中获得技术保障的权利不公平，致使无力承担巨额费用的当事人只是享受了一个纸面上的权利，在另一方存在专家辅助人的情况下会陷入更为糟糕的境地。这些问题是制度设计需要关注的，也是司法实践需要考虑的，更需要警惕制度自身风险之所在。

---

① 参见王舜毕：《海事法院审结一起跨国索赔案》，载《宁波日报》2008年11月10日。

第二章

专家辅助人诉讼地位

　　专家辅助人在诉讼中的地位如何不仅影响到该制度的实施效果以及立法目标的实现，而且还关系到专家辅助人制度的完善与发展。专家辅助人的诉讼地位属于该制度的基础性问题，只有明确专家辅助人的诉讼地位，才能解决专家辅助人在诉讼中的程序规则、诉讼权利义务以及承担的职责等问题。从前一章有关专家辅助人的术语界定与含义的探讨可以得出，专家辅助人在诉讼中的地位与鉴定人、证人以及诉讼代理人存在明显差距，不属于也不宜由其他诉讼法律关系的主体替代。这一具有基础性质的问题需要理论研究予以厘清并作出解释。从专家辅助人的诉讼地位的视角来观察，理论研究需要关注以下问题：①专家辅助人在诉讼中处于何种诉讼地位，是专家证人还是其他诉讼参与人？其扮演的角色是代理人还是"枪手"抑或"证人"？②确定专家辅助人诉讼地位需要基于何种法理依据？③如何界分专家辅助人与鉴定人在诉讼程序上的关系？④专家辅助人、专家证人、鉴定人以及参与现场勘查等活动的专家在诉讼中的地位存在何种异同？上述内容有些属于研究专家辅助人必须探讨的问题，而有些问题从形式上看与专家辅助人诉讼地位无直接关系，因其影响专家辅助人诉讼地位的确立，对其进行厘清有利于专家辅助人诉讼地位的准确定位，基于此，本章一并作为问题予以研究。

第一节　专家辅助人诉讼地位的争议

　　专家辅助人的诉讼地位是专家辅助人制度的核心理论问题，也是构建和发展专家辅助人制度的理论前提和制度基础。我国学者对专家辅助人制度在诉讼活动中的地位进行了有益的探讨，但在此问题上不仅未能达成共识，而且还存在一些分歧，即使是司法实践部门对其诉讼地位存在不同的看法与做法。由于专家辅助人诉讼地位的确定涉及专家辅助人的诉讼地位应当如何的"应然性"问题，只有在理论上廓清了专家辅助人的诉讼地位，采用合理的路径来确定其诉讼地位，才有可能在司法实践中解决专家辅助人的资格、权利义务以及参与诉讼程序等一系列问题。

专家辅助人诉讼地位的定位对其制度的构建和完善具有统帅性作用，是构建与完善专家辅助人制度首先需要解决的问题。[①] 对专家辅助人在诉讼中应当处于何种诉讼地位，学界存在不同的观点。有论者认为："法律应当赋予专家辅助人独立的诉讼地位，……其独立的诉讼地位表现在其工作的辅助性和专家身份的独立性。"[②] 也有论者认为，法官委托的鉴定人相对于双方当事人具有一定的中立性，而当事人自行委托的鉴定人和专家证人属于一方当事人的证人；专家辅助人的身份具有二重性：一方面，具有当事人的证人身份，审判人员和当事人可以对出庭的具有专门知识的人员进行询问。经人民法院准许，可以由当事人各自申请的具有专门知识的人员就有关案件中的问题进行对质。另一方面，又具有类似于当事人的律师身份，这特别体现在，"具有专门知识的人员可以对鉴定人进行询问"。[③] 虽然专家辅助人在诉讼活动中，既有帮助当事人和办案人员发现、查明案件事实真相的因素，又有为当事人和办案人员提供专业支持的因素，就其实质而言，专家辅助人的诉讼地位既不同于证人也不同于诉讼代理人，仅仅是帮助委托的当事人和办案人员审查鉴定意见或者就专业问题提出意见的辅助人；其工作方式主要是通过自己的专业知识对鉴定意见进行评判和在法庭上就鉴定意见有关的事项对鉴定人及其他辅助人进行质询。由于其要么是帮助当事人共同行使当事人在法庭对鉴定意见的质询权，要么是帮助司法人员完成对鉴定意见的审查权，因而决定了他在诉讼活动中不享有独立的主体地位，仅是一种附属性的诉讼参与人，作为诉讼代理人。[④] 综观以上观点可以发现，对专家辅助人存在独立诉讼参与人和依附性参与人的观点。独立诉讼参与人又有专家证人、专家辅助人、特殊

---

① 参见刘广三、汪枫：《论我国刑事诉讼专家辅助人制度的完善》，载《中国司法鉴定》2013 年第 2 期。
② 黄敏：《建立我国刑事司法鉴定"专家辅助人制度"》，载《政治与法律》2004 年第1 期。
③ 常林：《司法鉴定与"案结事了"》，载《证据科学》2009 年第 5 期。
④ 参见卢建军：《解决司法鉴定结论使用中存在问题的根本途径——兼论我国诉讼专家辅助人制度的建构和完善》，载《证据科学》2010 年第 6 期。

证人、当事人的辩护人等不同观点；依附性参与人包括诉讼代理人、法官助手、当事人的枪手等不同观点。以下就专家辅助人的不同观点作出分析并进行简要的评述，以便为清晰地认识以及确定专家辅助人的诉讼地位提供立体型的探索视角，从制度上探知其在诉讼结构中本有的意蕴。

一、"有专门知识的人"是英美法系国家的"专家证人"抑或专家辅助人

无论是在诉讼立法还是司法解释中，对"有专门知识的人"的性质、定义及在诉讼中的地位均未明确规定，以至于对其术语解释存在"专家证人"的观点。有论者认为，我国 2012 年修改的《刑事诉讼法》第一百九十二条第二款作为新增加的条款，"确立了专家证人出庭制度，这是对我国刑事司法中的重大突破"[①]。在民事诉讼法学界，也有观点认为，专家辅助人意见应视为一种证据，在法庭上以证人证言的审查方式对其进行质证与认证，并倾向于将专家辅助人定位为专家证人。[②] 还有论者认为，民事诉讼法修改增加了专家证人出庭的规定，明确了"当事人可以申请人民法院通知"有专门知识的人"出庭，就鉴定人作出的鉴定意见或者专业问题提出意见"[③]。甚至有论者认为，从严格意义上说，修改后的《民事诉讼法》及"民事证据规定司法解释"创设的仅仅是专家辅助人制度，在性质上属于当事人的专家证人，并不是真正意义上的专家证人制度，但其毕竟为专家证人制度在我国民事诉讼中的运用及其未来发展提供了法律空间。[④]

从《刑事诉讼法》第一百九十二条第二款和《民事诉讼法》第七十九条规定的"有专门知识的人"的表述来看，尤其是程序安排上，的确与英美法系国家中专家证人的描述存在相似之处。基于这种相似之处极易使人们产生"在性质上属于当事人的专家证人"的观点。其相似之处主要表现在以下方面。

① 宁林、潘星明：《专家证人制度特征及其价值刍议》，载《人民论坛》2014 年第 2 期。
② 参见关仕新：《2013 年民诉法年会聚焦修改后民诉法的理解与适用》，载《检察日报》2013 年 11 月 25 日。
③ 参见周斌、蒋皓：《专家谈民诉法修改：应建证人强制出庭作证制度》，载《法制日报》2012 年 9 月 12 日。
④ 参见宋健：《专家证人制度在知识产权诉讼中的运用及其完善》，载《知识产权》2013 年第 4 期。

（1）"有专门知识的人"和专家证人不仅具有技术专家的特征，在 19 世纪之前英美法系国家称之为"有特殊知识的证人"（skilled witnesses），[①] 而且其进入诉讼程序的途径均是基于当事人的主动申请。二者都是在当事人主动申请并进行聘请后参与到诉讼之中的，主要为当事人提供专业知识方面的诉讼支持，其相应费用由当事人承担，他们获取相应的报酬也源于当事人，与当事人之间存在委托合同关系。

（2）有专门知识的人和专家证人能否进入诉讼之中，均是由法庭决定。在程序上，英美法系国家"专家证人"与我国法律的"有专门知识的人"能否出庭协助当事人质证并接受法官的询问，虽然由当事人提出申请，但最终决定权属于法庭。如果法庭经审查认为没有出庭的必要，有权驳回其申请。在这一点上，专家证人的当事人主义似乎不明显，与职权主义下的"有专门知识的人"存在程序上的相似性。

（3）"有专门知识的人"和专家证人在法庭上的活动表现形式与一般证人的活动相类似。如对有专门知识的人员询问、当事人双方申请的具有专门知识的人互相对质，与相关法律、司法解释中询问一般证人和证人对质的程序具有通用性。专家证人或"有专门知识的人"在出庭时，均是从专业的角度对专门性问题的表述、判断进而提出专业意见，其意见是对专业问题推测，而有专门知识的人体现更多的是一种质疑或者反驳、责难。

（4）"有专门知识的人"和专家证人均在鉴定意见或者专业问题上履行协助当事人进行诉讼活动的职能。从其存在的必要性来看，他们在诉讼中的职能是帮助当事人就有关专门性问题提出专业意见，或对鉴定意见进行质证并提出自己的意见，协助法庭查明案件事实的功能是制度的一种延伸。

（5）"有专门知识的人"和专家证人在提出意见时均存在一定倾向性。"有专业知识的人"的产生来源于当事人的聘请，在一定程度上会带有一定的当事人倾向性，成为当事人完成诉讼活动的辅助人。一方当事人对鉴定意见不服，在申请了鉴定人出庭的同时，另一方申请了"有专门知识的人"出庭辅助其对鉴定意见进行质证，但因其受聘于当事人，在进行质证时难免出现一些倾向性，甚至在诉讼中扮演了当事人的辩护人、代理人的角色。这也是浙江省高级人民法院《关于专家辅助人参与民事诉讼活

---

　　① 参见王进喜：《美国〈联邦证据规则（2011 年重塑版）条解〉》，中国法制出版社 2012 年版，第 213 页。

动若干问题的纪要》以及最高法院在起草民事诉讼法适用解释中将其提出的意见视为当事人陈述的原因之一。

"有专门知识的人"与"专家证人"的相似之处仅仅是相似，且其相似多是表层的或者是一种表象，而我国的"有专门知识的人""在性质上不属于当事人的专家证人"，更"不是真正意义上的英美法系国家的专家证人"。就其本质而言，两者存在着实质性的差异。其差异主要表现如下。

第一，"有专门知识的人"和专家证人的功能不同。"有专门知识的人"在诉讼中的功能仅仅是协助当事人就专业问题提出意见或者对鉴定意见进行部分或全部质证，回答法官和对方当事人及其聘请的人（包括辩护人、诉讼代理人、专家辅助人）的提问，其主要功能是增强当事人在专业问题上的说明能力和在专门性问题上的质证能力，而为法庭查明事实或者为法官理解专门性问题的功能仅仅是间接的。而专家证人的功能是双重的，他在诉讼过程中既要为法庭查明案件事实提供帮助，因为在实体上是为法庭提供证据；又要辅助当事人进行诉讼，因为在程序上属于当事人的委托，但是，作为证人为法庭提出证据却是主要的、基本的功能。如英国《民事诉讼规则》35.3 规定："（1）专家的职责是就其专业知识范围内的事项为法庭提供帮助；（2）这种职责优先于其对聘请他或向他支付报酬的人的责任。"《美国联邦证据规则》第七百零二条规定："在下列情况下，因知识、技能、经验、训练或者教育而具备专家资格的证人，可以以意见或者其他的形式就此作证……"可以看出专家证人的功能主要是为法庭提供证据，其功能更接近于我国的鉴定人，不同的是不适用回避制度，无须保持完全的中立性。

第二，"有专门知识的人"和专家证人的制度意义不同。我国在诉讼制度上坚持了以鉴定人为主和以专家辅助人为辅的制度来解决专门性问题，但在有些情况下，已经难以满足科技进步给知识产权审判带来的挑战，所以，有学者认为知识产权诉讼应当引入专家证人。① 由于我国已经设立了鉴定人制度，如再设立专家证人制度将出现法律制度叠床架层的内在冲突，所以这种鉴定人以外的"有专门知识的人"不是专家证人，否则在不同制度背景下的功能会发生重复，导致制度出现异化。专家证人制度起源于英美法系国家，主要用于解决诉讼中产生的技术争议，可以说是与大陆法系专家鉴定制度相对应的制度设计。英美法系国家的专家证人尽管与事实证

---

① 参见江伟主编：《中国证据法草案建议稿及立法理由书》，中国人民大学出版社 2004 年版，第 549 页。

人相比较存在特殊性，但其诉讼地位仍然归属于证人范畴，遵循适用于所有证人作证的共同规则。根据《民事诉讼法》和司法解释中有关证人作证的规则，我国的证人制度并不允许证人表达意见证言，证人"体验性"陈述也不具有意见的性质。这些规则与英美法系国家对事实证人的要求是一致的。这种对证人的要求显然与 2012 年修改的《民事诉讼法》关于"有专门知识的人"要求"适用鉴定人的规定"是不相容的。因此，将"有专门知识的人"视为专家证人的观点存在偏颇，它势必导致"概念称谓上的混乱，理解上的不统一"，也势必影响该项规定在审判实践中适用的效果。

近年来，随着社会的进步和科技的发展，在司法实践中尽管出现了许多专门性问题。比如，医疗事故、商业秘密侵权中的技术秘密、涉农案件问题等，法官对这些专业知识和技术尤其是前沿性技术发展与进步基于司法场域活动范围的限制了解甚少，"有专门知识的人"出庭在这些专业问题上答疑解惑，有利于法庭对案件事实的审理，但是这种答疑解惑是在帮助当事人对专业问题借助于专门知识进行解释、说明或者提出自己的意见，而不是向法庭作证，也非作证意义上的证人。仅仅以程序上相似，将我国"有专门知识的人"视为专家证人难以自圆其说。对此项制度而言，"主要的问题不是法律的起源，而是法律的目标。如果根本不知道道路会导向何方，我们就不可能智慧地选择路径"①。然而，无智慧选择的路径仅仅是平移别国的制度，而不会有创新，这恰恰是制度创新应当避免的。

二、"有专门知识的人"是"证人"抑或特殊的证人

有论者认为，"有专门知识的人""可以不具有鉴定人的法律地位，而具有证人的身份"②。不可否认，"有专门知识的人"出庭可以弥补当事人一方在专门性问题认识上的不足，有助于促进法庭审判中对鉴定意见的质证效果，并会影响法庭对鉴定意见的采信，从制度性功能和价值上看，该制度可与证人出庭作证制度相提并论。③ 然而，我国"有专门知识的人"与证人存在以下区别：①对当事人的影响力不同。证人是由案件本身决定的，具有不可替代性和不可选择性，因此当事人是不能自己决定证人的。"有专门知识的人"和证人不一样，当事人可以选择"有专门知识的

---

① [美]本杰明·卡多佐：《司法过程的性质》，苏力译，商务印书馆 1998 年版，第 63 页。
② 陈瑞华：《论司法鉴定人的出庭作证》，载《中国司法鉴定》2005 年第 4 期。
③ 汪建成：《刑事审判程序的重大变革及其展开》，载《法学家》2012 年第 3 期。

人"，所以他是可以被选择或者替代的，具有不特定性。②其资格要求不同。证人不需要有专门知识，他具备正确表达事实或者辨别是非的能力就可以作证。但是"有专门知识的人"必须有与涉案专门性问题有关系的专门知识，其是否拥有专门知识是其能够真正成为专家辅助人的关键。③参与诉讼的原因不同。证人因为了解案件的具体事实，所以参与到诉讼中，需要到庭陈述。法庭可以传唤证人到庭作证，当事人也可以向法庭申请证人出庭。"有专门知识的人"之所以能够参加到诉讼中，利用自身专业知识发表意见，是因为当事人本身缺乏专业知识，法庭同意当事人聘请专家的申请。如果将"有专门知识的人"定位为证人，不仅会使这些本质上的区别不断淡化，还会抹杀不同制度之间的不同功能，甚至会给我国的证人制度、鉴定制度乃至证据制度带来很多无法解决的冲突和问题。① 也就是说，"有专门知识的人"作为证人或者具有证人身份会产生以下问题：

（1）"有专门知识的人"作为证人与我国现行的证人制度存在冲突。《刑事诉讼法》第六十条规定："凡是知道案件情况的人，都有作证的义务。生理上、精神上有缺陷或者年幼，不能辨别是非、不能正确表达的人，不能作证人。"从其概念所包含的内容来看，并不包括作为专家的鉴定人，也不包括作为专家的"有专门知识的人"。根据这一规定，我国《刑事诉讼法》中的证人仅指事实证人，即就自己所感知的有关案件事实进行陈述的人②，"证人的猜测性、评论性、推断性的证言，不得作为证据使用"③。如果将"有专门知识的人"定位于证人，与我国有关证人的法律界定不相吻合，与司法实践的要求也不相一致。可以预见，将专家辅助人定位于证人，很容易导致英美法系专家证人概念的泛化和模糊化，从而使专家证人、鉴定人以及"有专门知识的人"三者被混为一谈④，导致难以分清哪些意见是证据，哪些意见不是证据，对于这种意见如何质证，人为地给司法实践造成审查证据的困难与权利义务享承上的混乱。

（2）"有专门知识的人"作为证人与我国现行的鉴定人制度相冲突。对"有专门知识的人"的身份定位不能仅仅局限于"有专门知识的人"

---

① 参见赵珊珊：《制度建构的进步与立法技术的缺憾——刑事诉讼法修正案证人制度评述》，载《证据科学》2011年第6期。

② 陈光中主编：《刑事诉讼法》（第4版），北京大学出版社、高等教育出版社2012年版，第197页。

③ 参见《法院刑诉法解释》第七十五条第二款。

④ 参见王戬：《"专家"参与诉讼问题研究》，载《华东政法大学学报》2012年第5期。

本身，而应着眼于司法鉴定制度整体的定位和协调。① 如果将"有专门知识的人"定位于证人，就会出现鉴定人制度与专家证人制度交叉共存的局面。尽管没有充分的实践证明鉴定人制度与专家证人制度交叉共存导致的混乱状态的现实，但是意大利等国家在修改诉讼法时没有简单地移植英美法系专家证人制度作为司法改革的内容却能从另外一个层面反映其共存的担心与疑虑。其原因不仅在于两大法系在司法理念、文化传统、诉讼模式等方面存在巨大差异，而且还在于鉴定人制度与专家证人制度之间一旦并存则会在制度内产生紧张关系。也就是说，二者在功能上有交叉重叠之处，如果引进了专家证人制度，原有的鉴定人制度就会显得多余，有叠床架屋之嫌，加之专家证人在聘请程序上简便易行，当事人均可按照自己的需要自主选择有利于自己的专家，其实施的结果必然会导致鉴定人制度的边缘化，甚至被完全架空。② 如果将"有专门知识的人"定位于证人，必然导致《刑事诉讼法》第四十八条规定的鉴定意见被归入证人证言，不再成为与证人证言相提并论的一种独立的证据种类。然而，在《刑事诉讼法》第四十八条关于证据法定种类的规定中，鉴定人就案件专门性问题作出的鉴定意见，是与证人证言并列的法定证据种类之一，立法并没有将鉴定意见归入证人证言的范畴。其立法却采用了相反的规定，即"有专门知识的人出庭，适用鉴定人的有关规定"，③ 而非规定适用证人的规定。如果就案件专门性问题进行鉴定的鉴定人都未被立法者列入证人之列，那么，仅就鉴定意见提出意见的专家辅助人就更不应当被归入证人之中。因为从案件事实的贴近程度上说，与鉴定人相比，专家辅助人距离案件的事实显然要更远——专家辅助人并不能够直接就案件的专门性问题提出意见，而只能就鉴定人作出的鉴定意见提出意见。

（3）"有专门知识的人"与证人存在本质上的差异。比如，证人具有人身不可替代性，当证人角色与其他角色发生冲突时，证人身份具有优先性，而"有专门知识的人"则是可以替代的。比如，证人参与诉讼是其对国家应尽的法定义务，而专家辅助人参与诉讼则是基于其与委托人之间的委托关系④；再如，证人适用"意见排除规则"，而"有专门知识的人"

---

① 汪建成：《司法鉴定模式与专家证人模式的融合——中国刑事司法鉴定制度改革的方向》，载《国家检察官学院学报》2011 年第 4 期。
② 郭华：《司法鉴定制度与专家证人制度交叉共存论之质疑——与邵劭博士商榷》，载《法商研究》2012 年第 4 期。
③ 参见《刑事诉讼法》第一百九十二条第三款。
④ 参见周长春：《刑事诉讼中的专家辅助人制度》，载《中国司法鉴定》2008 年第 4 期。

参与诉讼恰恰是为了提出意见①,等等。从立法的目的来看,我国 2012 年修改的《刑事诉讼法》在该条上的几次变动正是为了避免将"有专门知识的人"定位为证人。如在《刑事诉讼法修正案(草案)》"一审稿"规定了"公诉人、当事人和辩护人、诉讼代理人可以申请法庭通知有专门知识的人作为证人出庭,就鉴定人作出的鉴定意见提出意见"。这种表述明确将专家辅助人定位为证人。但是在"二审稿"中,一方面删除了"作为证人出庭"的规定;另一方面在增加的"有专门知识的人出庭作证,适用鉴定人的有关规定"这一条款中又出现了"出庭作证"这一字眼,并没有完全去掉"有专门知识的人"的证人身份。2012 年修改的《刑事诉讼法》第一百九十二条删除了所有与"证人"或者"出庭作证"相关的字眼,从字面上彻底将"有专门知识的人"与证人区分开来。② 也就是说,立法上的修改反映了立法者在此问题上观点、立场的变化,也标明了在适用鉴定人规定上与鉴定人出庭作证的不同,在制度上体现了"有专门知识的人"不是证人的立法意图。

三、"有专门知识的人"是"诉讼代理人"抑或是当事人的"枪手"或者"喉舌"

有论者认为,"有专门知识的人""在行使辅助询问职责的场合下,其身份应当为当事人的诉讼代理人,因为他在当事人的委托下展开诉讼活动"③;"设置专家辅助人制度的目的就是协助控辩双方针对鉴定这一专业事项更有效地参与诉讼,因此专家辅助人根本没有独立的诉讼地位,只是控辩双方委托的代理人"④,其诉讼地位相当于一方当事人的"技术代理人"。诉讼代理人说的主要依据是,"有专门知识的人"与当事人双方之间存在委托合同关系,旨在实现其有效协助当事人能够有能力参与诉讼的目的。"有专门知识的人"对作为委托人的当事人只能唯马首是瞻,无须保持独立性,因为他们属于当事人的科技"辩手"甚至"枪手"。

我国"有专门知识的人"与日本民事诉讼法上的诉讼辅助人非常相似。在日本民事诉讼法上,诉讼辅助人是指"随同当事人、法定代理人或

---

① 参见杜国明:《专家在诉讼中的地位选择》,载《中山大学学报论丛》2006 年第 3 期。
② 郭华:《刑事鉴定制度修改的背景、争议及解读》,载《证据科学》2012 年第 2 期。
③ 樊崇义、郭华:《鉴定结论质证问题研究(下)》,载《中国司法鉴定》2005 年第 3 期。
④ 赵珊珊:《制度建构的进步与立法技术的缺憾——刑事诉讼法修正案证人制度评述》,载《证据科学》2011 年第 6 期。

诉讼代理人在期日里一起出庭，进行口头陈述的人"①。其口头陈述的内容即是对当事人及代理人的陈述进行补充。由于诉讼辅助人只是法庭审理过程中的"附加人员"，因此他不能在法庭审理之外从事有关的诉讼行为。②　法律通常对这种诉讼辅助人的资格没有特别的限制，能否成为诉讼辅助人需经过法庭的许可。而我国《刑事诉讼法》、《民事诉讼法》规定的"有专门知识的人"在法庭上的活动，同样是以对有关专业问题进行说明或者解释，旨在弥补当事人及辩护人、诉讼代理人在专业问题上的能力不足，其活动范围也仅限于法庭审理中与专业问题有关的活动，法律和司法解释对其资格没有提出特别的要求。因为其是否具有满足协助当事人就鉴定意见或者专业问题提出意见、进行有效质证，主要是当事人在委托时应当考虑的问题。可见，将"有专门知识的人"理解为诉讼辅助人具有一定的合理性，符合立法和司法解释的本意和"有专门知识的人"存在的意义，在存在委托关系和帮助委托人进行诉讼这一点上确实具有共性。尽管"有专门知识的人"与诉讼代理人都是当事人聘请的，但是诉讼代理人在代理期间所发表的观点或者提出的意见不都是针对鉴定意见或者专业问题的，即使诉讼代理人具备专门知识，在诉讼中也不得以自己的名义就专业问题提出意见，需要以委托人的名义进行活动。这一点是"有专门知识的人"与诉讼代理人的原则性区别，却与辩护人有点相似。

"有专门知识的人"与诉讼代理人最根本的区别在于以谁的名义进行诉讼活动问题，代理人应当以当事人名义，而"有专门知识的人"则需要以自己的名义。他们之间的区别主要有以下几个方面。

（1）诉讼代理人是在委托人授权范围内以委托人的名义进行诉讼，不能有自己独立的意志或主张。尽管"有专门知识的人"需要经过当事人的委托才能进入诉讼，但其一旦参与诉讼，对鉴定意见或者专业问题就有权独立发表意见，无须当事人的特别授权③，其意志就应当独立于当事人的个人意志④，以自己的名义提出意见⑤，绝不能无原则地迁就委托人，强

---

① 参见［日］中村英郎：《新民事诉讼法讲义》，陈刚等译，法律出版社 2001 年版，第72 页。

② ［日］高桥宏志：《民事诉讼法制度与理论的深层分析》，林剑锋译，法律出版社 2003 年版，第 201 页。

③ 参见徐超：《浅议"有专门知识的人"的独立诉讼地位》，载《江苏法制报》2013 年 1 月 7 日。

④ 参见李江：《刑事诉讼专家辅助人制度若干问题探讨》，南京师范大学 2012 年硕士论文，第 10 页。

⑤ 参见常林：《司法鉴定专家辅助人制度研究》，中国政法大学出版社 2012 年版，第192 页。

词夺理，甚至违背基本的科学原理和科学方法提出意见。① 在此意义上，"有专门知识的人"与委托代理人的基本立场存在较大的差异。如果将"有专门知识的人"定位于诉讼代理人，不仅会与委托代理人的内在特征发生法律冲突，还会在实践中促使专家辅助人走向非中立性道路，成为当事人诉讼的专业知识喉舌，甚至成为当事人的职业化的技术"枪手"或者诉讼的搅局者。

（2）"有专门知识的人"与当事人存在委托合同关系与其独立性之间并不必然存在矛盾。在刑事诉讼中，辩护律师与委托人之间也存在委托合同关系，但不能因此否认辩护律师的独立意志，其责任依然是"根据事实和法律，提出犯罪嫌疑人、被告人无罪、罪轻或者减轻、免除其刑事责任的材料和意见"②，甚至发表不同于被追诉人的辩护意见。以存在委托关系作为依据将"有专门知识的人"视为委托代理人的理由明显不足。如果将"有专门知识的人"作为当事人的诉讼代理人，其活动必然带有一定的倾向性，而"对专家证人最经常的批评是他们经常变得有倾向性，变成当事人的代言人而不是科学的客观发言人"。"有专门知识的人"也会成为当事人及其律师的"诉讼助手"，忠于其当事人，失去独立性，甚至失信于科学。而这些问题是我国设置专家辅助人需要避免的。如原告奇虎360诉被告腾讯滥用市场支配地位纠纷案。审理该案件的法官认为，专家证人虽然是奇虎、腾讯双方各自邀请的，代表双方来发表对案件事实的观点，但专家必须基于自己的专业（认知），来诚信地给出自己的专业意见。③从司法实践的基本立场来解读，"有专门知识的人"也不同于诉讼代理人。

（3）如果"有专门知识的人"以委托代理人身份展开活动，必然会放弃其作为专家所应有的独立性，那么，对鉴定意见的质证活动或者就专业问题提出的意见就很难坚守科学的底线，法官借助于该制度查明事实的立法初衷也就难以实现。如果将"有专门知识的人"定位为委托代理人，在实践中很可能会出现专家的专业论战甚至出现专家内部的"同室操戈"，成为当事人的"发言人"或者"枪手"，法庭就会成为鉴定人与专家辅助人专门知识较量的战场，查明案件事实因专家基于利益的争论，在公正与利益的博弈中，最终公正有可能会被利益所击败。

---

① 参见陈斌、王路：《论我国刑事诉讼中的专家辅助人及其制度构建》，载《湖北社会科学》2011年第1期。

② 参见《刑事诉讼法》第三十五条的规定。

③ 参见高凌云、谢睿、海鹏飞：《360诉腾讯垄断案今日开庭　互联网专家出庭作证》，载《南方都市报》2014年4月18日。

然而，最高法院和有的地方司法机关将"专家辅助人在法庭上就鉴定意见或者专门性问题发表的意见视为当事人陈述"①，实质上是将专家辅助人与当事人的诉讼地位混同，导致专家辅助人当事人化，无法体现其忠于科学的专家特征。主要问题是，一方面，遇到当事人与专家辅助人意见不同将出现难以解决的问题；另一方面，导致专家辅助人作虚假陈述，其意见的偏向性成为必然，其问题比英美法系国家的专家证人则有过之而无不及。例如，现实中出现的"司法鉴定黄牛"，有的鉴定机构存在超范围鉴定现象，有的鉴定机构甚至与"司法黄牛"、"诉讼掮客"结成利益同盟，这在交通事故、工伤等涉人身损害赔偿案件中表现得尤为明显。受害人一住院就上门包揽鉴定，甚至参与残疾赔偿金的提成。对此种问题应当借助制度予以节制，否则专家辅助人就会泛化甚至给司法鉴定秩序带来的不良结果。②

四、"有专门知识的人"是当事人的"辩护人"抑或独立于当事人的辩手

有论者认为，专家辅助人的地位如律师，担任辅助人的角色，具有相对特殊的权利义务，不宜定位为证人。③ 也有论者认为，"有专门知识的人"在诉讼中发挥的作用与辩护人相似，因此可以将其定位于辩护人。从形式上来看，将辩方委托的"有专门知识的人"定位于辩护人具有一定的合理性。因将辩方委托的"有专门知识的人"定位为辩护人，就可以根据《刑事诉讼法》第一百零六条关于辩护人为诉讼参与人的规定，赋予辩方的"有专门知识的人"以诉讼参与人的诉讼地位。从"有专门知识的人"在诉讼中发挥的作用角度看，尽管辩方的"有专门知识的人"与辩护人有所不同。前者负责鉴定意见能否作为证据使用问题或者专业问题，属于证据辩护问题；而后者不仅负责案件中的法律问题，也对案件的证据进行辩护，但两者的目标是一致的，都是为被追诉人的合法利益进行辩护。从这个角度看，赋予"有专门知识的人"以辩护人的诉讼地位并非没有任何合理之处。如果将辩方委托的"有专门知识的人"定位为辩护人，那么，辩方的"有专门知识的人"就有了独立于委托人的自由意志，可以避免诉讼代理人所带来

---

① 参见浙江省高级法院《关于专家辅助人参与民事诉讼活动若干问题的纪要》第十五条的规定。
② 参见郭华：《治理我国实践中司法鉴定失序的正途》，载《中国司法鉴定》2014 年第 4 期。
③ 参见关仕新：《2013 年民诉法年会聚焦修改后民诉法的理解与适用》，载《检察日报》2013 年 11 月 25 日。

的过分当事人化的问题。但是，这种定位仍会存在一些难以解决的问题。

在刑事诉讼中，如果被告方的"有专门知识的人"是辩护人，那么控方的"有专门知识的人"应当如何定位？如果辩方申请鉴定，而控方聘请的"有专门知识的人"出庭提出意见并将其定位为辩护人，将导致理论上的困境，在实践中也无法运行。因为诉讼参与人的诉讼地位是根据其身份确定的，而非根据不同的委托人而定。根据《刑事诉讼法》第三十二条关于非律师辩护制度的规定，除律师外，人民团体或者被追诉人所在单位推荐的人以及被追诉人的监护人、亲友有权被委托为辩护人。如果将辩方的"有专门知识的人"定位为辩护人，从逻辑上讲，则会增加第三十二条"非律师"的辩护人范围，不再仅限于人民团体或者被追诉人所在单位推荐的人以及被追诉人的监护人、亲友。这与我国强调律师辩护以及缩小其他非职业人员作为辩护人的改革方向不相吻合。实质上，"有专门知识的人"在分工上明显不同于辩护人，法律赋予了各自不同的权利义务。"有专门知识的人"仅对鉴定意见或者专业问题提出意见，而辩护人还可以对其他证据提出意见。这意味着如果将"有专门知识的人"定位为辩护人，就势必要对现有的辩护人权利义务进行大规模的调整或者重新归类。

以上问题的存在使将"有专门知识的人"定位为辩护人具有不适宜性。同时还因为辩护人是一个相对固定作为犯罪嫌疑人或者被告人委托的人，以此限定"有专门知识的人"的诉讼地位必然缩小其适用的范围，甚至在民事诉讼、行政诉讼上也难以通用，这种观点不可取。

五、"有专门知识的人"纳入"鉴定人"的范围作为特殊的鉴定人抑或鉴定证人

由于鉴定人和专家辅助人在术语上统称为"有专门知识的人"，况且法律已经通过拟制的形式赋予其与鉴定人并列的法律地位[①]，如2012年修改的《刑事诉讼法》第一百九十二条第四款规定的"第二款规定的有专门知识的人出庭，适用鉴定人的有关规定"。这里说的仅仅是在"出庭"上适用鉴定人的有关规定，而非具有鉴定人的诉讼地位，在理论上有些学者将两者混淆，实质上，两者之间的区别是相当明显的。

（1）两者参与到诉讼中的原因不同。法院对专业性的问题认为需要鉴

---

① 参见刘水华：《刑事诉讼专家辅助人制度的程序构建》，载《人民检察》2013年第13期。

定的，交给有资格的鉴定人进行鉴定，办案机关有权直接决定鉴定，不受当事人的意志的影响，但需要回避的例外；而"有专门知识的人"是因为当事人申请才参与到诉讼中来。

（2）两者在诉讼中的作用不同。因为鉴定人利用专门知识或者专门的科学技术旨在提供作为证据使用的鉴定意见，即鉴定人参与到诉讼中来是针对案件的专门性问题出具结论性意见，以便当事人证明案件事实以及法官查明事实真相；"有专门知识的人"参加诉讼是利用他掌握的专门知识或者长期积累下来的特殊经验，针对案件有争议的鉴定意见或者专业问题进行说明、解释或者提出意见，主要是为当事人的诉讼权利充分行使提供支持，以至于可以避免办案机关对鉴定意见的误用或者对专业问题产生误解。

（3）两者提出的意见在诉讼中的效力不同。根据我国《刑事诉讼法》、《民事诉讼法》的规定，鉴定意见作为专家意见属于法定证据的形式之一，具有证据的效力，属于质证的对象；而"有专门知识的人"在法庭上对鉴定意见或者专业问题提出意见，仅仅起到对某一专门性问题进行解释或提出意见，是对质证对象的质疑，两者处于不同的层次。

从应然的角度来讲，对专门性问题的解决已经规定了由鉴定人解决，如若将"有专门知识的人"再行定位于鉴定人，就会出现扮演角色上的重合与重叠，会造成制度上的浪费以及功能上的丧失。因此，对两者作出界分是必要的，将两者混同使用的结果只能造成秩序的混乱。由于有关专家辅助人与鉴定人的区别在理论界讨论得较为充分，其研究成果相对丰富①，这里不再展开讨论。

六、"有专门知识的人"是法官的助手抑或法庭之友

我国"有专门知识的人"出庭究竟是法官的得力助手，还是当事人赢得官司的干将？是忠于科学捍卫司法公正的斗士，还是喋喋不休、故弄玄虚的伪科学的吹牛家？有的司法实务者认为，"在有各方专家出庭的情况下，专家会秉持科学良知和专业知识，客观、公正和中立地发表专家意见，协助法庭查明技术事实"。也有论者认为，专家辅助人辅助的最终主体是裁判主体，辅助的目的是法院对于包括鉴定意见在内的涉及专门性问题的案件事实的正确认定，辅助的法律性质是裁判辅助，其法律定位应为

---

① 参见汪建成：《专家证人模式与司法鉴定模式之比较》，载《证据科学》2010 年第 1 期。

裁判辅助主体。这种观点将"有专门知识的人"视为法庭之友。毋庸置疑，法庭聘请的鉴定人会对法庭负责，而当事人聘请的专家究竟是对当事人负责还是对法庭负责，这不仅是一个实践问题，更主要是一个制度问题。但是，无论从"有专门知识的人"就鉴定意见还是专业知识提出意见还是从其作出解释、说明与质疑，作为一项制度与"法庭之友"制度存在不同。

"法庭之友"制度是指对正在审理的案件，允许包括法律学者在内的案外机构与个人向法院提供证据事实和发表法律意见的制度。根据其与争讼案件关系的不同，"法庭之友"制度可分为中立的"法庭之友"、与案件有利益关系的"法庭之友"和准当事人地位的"法庭之友"。在美国，联邦、州政府机构可基于公共利益的原因，并以政府"法庭之友"身份提交意见，其扮演的角色具有中立性，在程序上不需要征求当事人意见，也不需要经过法院批准。如果个人、社会组织、利益集团等非政府机构作为"法庭之友"向法院提交意见，应当事先获得双方当事人的一致同意或者获得法院的特别批准。"法庭之友"在提供的书状或者报告中必须明确说明提交者与当事人之间的关系、是否为当事人的律师所书写、是否收取了相应的经费。这种"法庭之友"制度与我国的专家辅助人制度存在明显差异，尽管专家辅助人在某些特殊类型的案件就专业问题提出意见时，如在反不正当竞争中的"滥用市场支配地位"存在专家的解释性报告，但其涉及专业问题而未有像"法庭之友"提出意见的范围那样广泛，也不能像"法庭之友"那样主动向法院提供专家报告，因此不能将其与"法庭之友"混淆。

七、专家辅助人是依附于当事人的诉讼参与人抑或独立的诉讼参与人

2012年修改的《刑事诉讼法》将"有专门知识的人"引入刑事诉讼程序，但该法第一百零六条关于本法用语含意的说明中未将"有专门知识的人"纳入刑事诉讼参与人的范畴，实属立法上的一大缺憾。有论者认为，应当在2012年修改的《刑事诉讼法》第一百零六条中增加诉讼参与人的规定，不应将其作为一个封闭的概念把"有专门知识的人"排除出诉讼参与人的范围，而应赋予"有专门知识的人"具有与鉴定人、翻译人并列的独立诉讼地位。① 也有论者认为，专家辅助人与鉴定人、证人、诉讼

---

① 参见徐超：《浅议"有专门知识的人"的独立诉讼地位》，载《江苏法制报》2013年1月17日。

代理人在刑事诉讼程序中进行的活动和承担的职责虽有交叉，但更有不同。[①] 因此，专家辅助人不应定位于上述四种诉讼参与人中的任何一种，其理应属于其他诉讼参与人的范畴[②]，只能作为独立的诉讼参与人存在。[③] 鉴于此，有论者主张，在《刑事诉讼法》第一百零六条关于诉讼参与人范围的规定中，应增列专家辅助人。[④]

也有论者提出不同观点，认为专家辅助人非独立诉讼参与人的诉讼地位和他从事辅助工作时的独立性是两个层面上的问题。诉讼参与人在诉讼中的地位是由其参与诉讼的目的及其在诉讼中发挥的功能和所起的作用决定的。就其实质来说，专家辅助人仅仅是帮助当事人双方审查鉴定意见的辅助人，对鉴定意见进行质疑评价和对鉴定人进行质询辩论，其在诉讼中的作用决定了专家辅助人不享有诉讼主体的地位，仅是一种附属性的诉讼参与人。就专家辅助人独立性而言，其应当尊重科学，维护公正，在科学、客观的前提下独立地提供专家意见，没有必须支持聘请方当事人主张的责任，只有对案件中的鉴定意见在其专业领域内发表意见的义务[⑤]，不应具有独立诉讼参与人的诉讼地位。我们认为，"有专门知识的人"是否作为独立于当事人或者法院的诉讼参与人还存在以下问题需要研讨。

（1）随着社会分工的不断细化与科学技术的日新月异，为了帮助当事人或者法庭查明案件事实，除了专家辅助人之外，未来很可能还会有其他专业人员参与到诉讼中来。从这个角度来看，赋予专家辅助人以独立的诉讼地位，并无不可。对于《刑事诉讼法》第一百零六条规定的"诉讼参与人"不能作机械的理解和解释，也不宜将其作为一个完全封闭的概念，如诉讼中的"勘验人"、"见证人"等也属于其他诉讼参与人，在诉讼中享有诉讼权利，承当诉讼义务，其关键是是否需要独立，为何要独立，其独立意义在何。

（2）专家辅助人作为诉讼参与人是否独立还在于其是否存在依附的人员，而作为独立的诉讼参与人可以充分肯定其与专家辅助人与证人、鉴定人、辩护人和诉讼代理人等诉讼参与人的不同，为立法进一步确立其特有的规则提供制度基础。如果强行将其定位于依附于鉴定人、辩护人、诉讼代理人或者鉴定人、证人等诉讼参与人，很可能会产生概念上的混乱、理

---

①　参见周长春：《刑事诉讼中的专家辅助人制度》，载《中国司法鉴定》2008 年第 4 期。
②　参见左宁：《我国刑事专家辅助人制度基本问题论略》，载《法学杂志》2012 年第 12 期。
③　参见黄敏：《建立我国刑事司法鉴定专家辅助人制度》，载《政治与法律》2004 年第 1 期。
④　参见王戬：《"专家"参与诉讼问题研究》，载《华东政法大学学报》2012 年第 5 期。
⑤　李苏林：《我国刑事诉讼专家辅助人制度探析》，载《广西政法管理干部学院学报》2013 年第 5 期。

解上的偏差，最终导致法律适用上的困难。相反，将专家辅助人定位于独立的诉讼参与人，只需要在现行立法的基础上增加相关内容，可以避免与既有的立法规定发生冲突或者矛盾。从立法变动的成本和修改的难度上看，将专家辅助人定位为独立的诉讼参与人不失为一个较优的选择。

（3）专家辅助人提出的意见具有依附性，一般情况下需要以对鉴定意见存在异议或者专业问题的存在为前提。相对鉴定意见而言，其具有依附性的特点，即使不存在鉴定意见仅就专业问题提出意见，相对于鉴定制度而言，也存在一定辅助性地位或者从属性。然而，这种从属的地位是其产生的根源，就像刑事诉讼的辩护人那样，没有犯罪嫌疑人、被告人也就不复存在，不能因此认定其诉讼地位具有从属性。也就是说，只要当事人对鉴定意见存在异议或者存在专业问题就应当有专家辅助人，其专家辅助人是因案件情况而存在，而不属于其他诉讼参与人的从属人员，可以说，具有与其他诉讼参与人相对独立的诉讼地位。独立的诉讼参与人地位可以较好地体现专家辅助人意见与鉴定意见之间的不同，有效区分专家辅助人与鉴定人各自的诉讼地位，并在一定程度上有助于专家辅助人与鉴定人在法庭上处于平等的地位。[①]

（4）将专家辅助人作为独立的诉讼参与人进行定位，有助于帮助法官查明真相。专家身份的独立性是专家辅助人独立诉讼地位的重要表现。尽管专家辅助人是由当事人双方聘请并在一定程度上服务于当事人，甚至与当事人之间存在委托合同关系，但专家身份的独立性要求其在诉讼活动中只是根据自身所掌握的专业知识，以科学为依据，客观中立地对鉴定意见展开质证，不受申请人的利益左右[②]，也不受任何机关、团体、企事业单位和个人的干扰。[③] 独立的诉讼参与人定位有助于专家辅助人独立性的发挥，体现专家的中立品格。从实践角度看，将其定位为独立的诉讼参与人，必然对法官查明案件事实大有助益。但是，其存在基于当事人的委托，其独立性的存在却不是法官放松对其所提出的意见可信性审查的理由，对此仍需要保持高度的警惕性与严格的审视。

（5）强调专家辅助人的独立性并不意味着其提出意见具有当然的正确性。独立与中立的视角不同，地位上的独立不等于在实践中不受利益的影响，观点上的中立也不代表其意见的正确。由于专家辅助人受委托于当事

---

① 常林：《司法鉴定专家辅助人制度研究》，中国政法大学出版社 2012 年版，第 192 页。
② 朱华、王绩伟：《赋予"有专门知识的人"独立诉讼地位》，载《检察日报》2013 年 1 月 16 日。
③ 参见黄敏：《建立我国刑事司法鉴定专家辅助人制度》，载《政治与法律》2004 年第 1 期。

人一方，而当事人双方都不可能将不利于自己的专家辅助人意见展现在法庭之上，因此，专家辅助人的意见在实践中不可避免地会产生立场倾向问题。① 为了保护专家辅助人与委托人之间的职业信任关系，专家辅助人应当像意大利的技术顾问那样，在保持独立性的前提下只能从有利于当事人的角度②就鉴定意见提出意见。强求专家辅助人保持中立不仅不具有现实性，而且也很容易导致专家辅助人与委托人之间职业信任的丧失，从长远来看，也会使专家辅助人制度被虚置。从这个意义上说，一些学者所主张的要"通过法律规范的形式固化专家辅助人的中立性"③。这仅是完善与发展专家辅助人制度的努力方向。

基于上述分析，独立的诉讼参与人说相对于依附说可能更有说服力。专家辅助人应当以独立的诉讼参与人身份来参与诉讼，这是应然性的基本趋势。这就需要在未来的法律修改或者相关司法解释中沿着此种方向予以明确，以保障我国建立起来的专家辅助人制度保持中国的特色，具有中国模式的鲜明特征。

对于我国诉讼法规定的"有专门知识的人"作为专家辅助人可以从以下方面予以认识与理解，即"根据当事人申请，由办案机关审查决定，参与诉讼就案件中的鉴定意见或某些专业问题进行阐释说明或提出专家意见的有专门知识的人"。专家辅助人具有以下主要特征：一是专家最重要的责任是客观地协助当事人质疑存在问题的鉴定意见或者针对当事人或者法官不能理解或者理解存在分歧的专业问题利用专家拥有的专门知识、特殊经验或者专长提供意见；二是专家在形式上的服务对象是当事人，在实质上协助办案机关查明案件事实，而非当事人雇用的"专业战斗士"或者办案机关查明案件事实的替代者；三是专家并非替某一方进行辩护或者辩解，而是在协助当事人有效行使诉讼权利，是保障案件处理专门性问题上的程序正义的维护者以及合法权利的捍卫者。也就是说，专家辅助人应当保持客观中立的态度，运用其专业知识与特殊技能帮助当事人办案机关寻找事实真相，从而实现司法的实体正义。"如果专家证人在出具专家意见时不能保持客观中立，则会招致法庭的不信任，从而使其专家意见失去说服力。"④ 可以说，我国诉讼法对专家辅助人的客观中立性的要求，决

---

① 参见王戬：《"专家"参与诉讼问题研究》，载《华东政法大学学报》2012年第5期。
② 参见刘广三、汪枫：《论我国刑事诉讼专家辅助人制度的完善》，载《中国司法鉴定》2013年第2期。
③ 常林：《司法鉴定专家辅助人制度研究》，中国政法大学出版社2012年版，第192页。
④ 参见齐宁：《香港证监会专家证人初探》，载《证券法苑》2014年2月25日。

定了其诉讼地位的独立性，使之成为独立的诉讼参与人。这一问题将在本章第二节予以重点阐述。

第二节 专家辅助人诉讼地位的界定

专家辅助人诉讼地位是专家辅助人制度构建的基础。只有在理论上明确了专家辅助人的诉讼地位，关于其资格、权利义务、相关程序以及法律责任等问题才能得到相应的确定。我国设立的专家辅助人制度是在吸取英美法系国家专家证人制度的基础上形成的，架构了"以鉴定人制度为主"和"以专家辅助人制度为补充"的专家制度模式。专家辅助人作为新型的诉讼参与人，其地位的辅助性和身份的独立性决定了其诉讼地位的特殊性。这种特殊性除了前文讨论的与证人、鉴定人和辩护人、诉讼代理人等其他人员的区别外，重点表现在专家辅助人作为专家与当事人以及办案人员、主要是与法官之间的关系上，尤其是在这些关系上发生的功能，是确认专家辅助人诉讼地位是否独立不得不考虑的问题。因为基于功能的考量能够为更好地确立专家辅助人制度在诉讼制度中角色扮演提供支撑，有利于专家辅助人制度的完善与发展。

一、专家辅助人诉讼地位的功能主义考量

我国的"专家辅助人"作为一项制度是基于司法实践的需要而产生的，可以说，它是实践理性的产物。然而，其诉讼地位的确立却需要在司法实践中的需求与立法预设的制度功能之间保持融合，沟通其在诉讼中的实然性与立法的应然性之间的关系。因此，从功能主义立场出发来对其进行探讨，透视其内在功能与外在作用所能够解决的现实问题，才有可能对其诉讼地位的确定给予架构上的正当理由与解释上的合理根据。

我国不同类型的专家参与诉讼在立法中并非是同时架构的，是基于司法实践的需要在不同修改时期渐自增加的，体现了司法实践与相应立法之间的互动关系，致使建立的不同类型的专家承载着不同的价值与功能。基于功能对专家辅助人的诉讼地位进行探索，既应遵循"参与目的决定制度功能"、"法律效果契合制度功能"以"程序身份分置实体意义"的基本原理，还应透过法律文本对专家辅助人的规定以及结合司法实践中该制度

的运行情况，阐释专家辅助人参与诉讼不同制度间的相互关系，尤其是协调化的革新路径来确定其在整个诉讼制度与证据制度中应然性诉讼地位。因为我国在诉讼制度发展与司法体制改革过程中应该追求更多的共同问题，而不是更多的特殊问题，尤其是不能人为地任意设计和编造特殊问题①，否则，这一特殊的制度安排会与其他制度不协调或者相冲突，最终导致其在程序的运行中出现紊乱的现象。

我国立法机关在确立专家辅助人制度时，认为这一制度具有以下功能。

（1）协助法官解决异议鉴定意见的专家意见能否作为证据的问题。鉴定意见是对活动中涉及的专门性问题进行鉴别和判断形成的专家意见，对于案件的事实认定具有直接影响。由于鉴定工作的专业性较强，仅凭其他诉讼参与人自身的知识难以发现鉴定中存在的问题，很难对鉴定意见进行质证，当事人对鉴定意见有异议的往往只能通过重新鉴定来解决；同时因鉴定意见中所涉及问题专业性较强，仅听一面之词，法官往往难以作出正确判断，法院的判决如果总是被鉴定意见左右最终也会损害司法的权威。因此，《刑事诉讼法》修改时增加规定，可以通知"有专门知识的人"出庭。② 也就是说，建立专家辅助人制度的目的在于减少法官在鉴定意见上可能的偏见，保障法官对鉴定意见的"正确判断"③。有专门知识的"专家"提供的关于专门知识的意见是法官获取案件信息的一个渠道，从而为法官内心确信的形成提供足够的正当化资源。④

（2）"有专门知识的人"出庭有利于提高诉讼效率。"有专门知识的人出庭"这一制度设计在客观上会进一步加强鉴定人的责任意识，从而对其鉴定意见产生正面的促进作用，增强鉴定意见的科学性，同时，这样也会在一定程度上减少重复鉴定的发生，还能够节约诉讼资源，提高审判工作的效率，促进案件的尽快判决⑤，以免因鉴定意见的争议导致诉讼的拖延，出现"迟到的公正"带来的不公正问题。据浙江金华中级法院统计，

---

① 李晓辉：《理性认识"中国问题"：从比较法出发的考察》，载《比较法研究》2012 年第 2 期；全国人大常委会法律工作委员会刑法室：《〈中华人民共和国刑事诉讼法〉释义及实用指南》，中国民主法制出版社 2012 年版，第 366 页。

② 全国人大常委会法律工作委员会刑法室：《〈中华人民共和国刑事诉讼法〉释义及实用指南》，中国民主法制出版社 2012 年版，第 366 页。

③ 参见章礼明：《评"专家辅助人"制度的诉讼功能——借助于新〈刑事诉讼法〉实施之后司法首例的分析》，载《河北法学》2014 年第 3 期。

④ 刘水华：《刑事诉讼专家辅助人制度的程序构建》，载《人民检察》2013 年第 13 期。

⑤ 全国人大常委会法律工作委员会刑法室：《〈中华人民共和国刑事诉讼法〉释义及实用指南》，中国民主法制出版社 2012 年版，第 366 页。

2013 年全市法院共委托鉴定案件 1995 件，其中涉及二次鉴定的案件 401 件，前后两次鉴定意见不一样的有 151 件之多，占近 4 成。①

（3）专家辅助人制度具有保障当事人充分、有效行使诉讼权利的功能。"为了充分保障当事人的诉讼权利，维护当事人的正当权益，有助于法官居中裁决和对事实的正确认定，在总结经验的基础上，这次修改民事诉讼法新增加了本条规定，明确当事人可以申请有专门知识的人出庭参加诉讼。"②

从上述可以发现，专家辅助人的功能是借助于程序的力量来实现司法的实体公正，其功能主要积聚在程序上。其程序功能不仅仅是提高当事人对诉讼参与的深度，更主要是保障当事人参与诉讼的有效性，解决因鉴定意见争议或者在专业问题上分歧影响诉讼效率而最终影响司法公正问题，体现了效率与公正之间的制约关系。在一定意义上说，这种增加诉讼参与人的诉讼成本投入，其立法确定该制度主要解决的是诉讼拖延问题，该制度将实践中涉及鉴定的"案外案"通过诉讼程序得以解决。而司法实践认为，"专家辅助人"制度的创设可以帮助诉讼当事人客观把握纷争焦点，合理认知自身权益与责任；使法官从专业技术问题的困扰中摆脱出来，得以专注于法律的准确适用，提高审判效率；可以摒弃传统的向专业部门单方面咨询的职权化色彩，充分发挥双方当事人诉权的主动因素。"有专门知识的人出庭，就鉴定人作出的鉴定意见发表意见，为公诉人、当事人、诉讼参与人等提供专业辅助，一方面，可以为审判人员审查判断鉴定意见提供参考，有利于其作出科学的判断，且能够在一定程度上减少重复鉴定的发生，节约诉讼资源，提高审判工作的效率；另一方面，有专门知识的人出庭，就鉴定人的鉴定意见进行对抗，能够增进对鉴定意见的审查，防止鉴定人的错误鉴定对法官裁判造成影响，从而更好地维护当事人的合法权益，增强刑事诉讼的人权保障功能。"③

在专家辅助人的功能问题上，理论界存在不尽相同的观点。有论者认为，专家辅助人出庭提出意见具有双重功能：其一，对鉴定意见进行质疑，否定鉴定意见的证据能力或者削弱其证明力，说服法官拒绝采纳鉴定意见；其二，对鉴定意见进行强化，巩固鉴定意见的证据能力、增强鉴定

---

① 参见林常丰、李茜、李娜：《金华中院建立鉴定专家库杜绝司法黄牛揽生意来》，载《都市快报》2014 年 2 月 28 日。

② 王胜明主编：《中华人民共和国民事诉讼法释义》，法律出版社 2012 年版，第 176 页。

③ 参见江必新主编：《最高人民法院关于适用〈中华人民共和国刑事诉讼法〉的解释理解与适用》，中国法制出版社 2013 年版，第 215 页。

意见的证明力，说服法官采纳鉴定意见。针对有异议的鉴定意见而言，专家辅助人制度的直接功能在于它能够防止法官仅仅听取鉴定人的单方意见而带来的偏见，进而保障鉴定意见得到全面审查与验证，减少误判的风险，但由于专家辅助人质疑方式以及鉴定意见审查判断的特点，它无法保证法官对鉴定意见获得完全正确的判断。其间接功能是，通过专家辅助人对鉴定意见的质疑，使鉴定意见中可能存在的问题予以暴露，并经由这种方式，反复冲击鉴定人提出的意见，促使鉴定人清醒地认识到自身的责任意识和专业能力的不足。就此而论，这属于专家辅助人的效应而非功能。由于实现其累积效应制度的目的不同于制度的功能，目的是主观期望，功能是实际作用，主观上的目的能否转化为客观上的功能，受到有些学者的质疑。有论者认为，诉讼法增设了专家辅助人制度，这项制度无法保障鉴定意见的质量提高，而且专家辅助人制度不仅不能减少"重复鉴定"，反而有可能诱发更多的"重复鉴定"，损害司法效率，进而出现它的负面功能。这项研究给我们带来这样的启示：一项制度的建立，它所产生的功能并不如我们想象的那样简单，它既可能产生正面的功能，也可以发生负面的功能，即使是正面的功能也是有限度的，甚至，我们预期的正面功能恰好却是它的负面功能。[①] 也就是说，专家辅助人制度在保障当事人诉讼权利的同时，也会存在当事人滥用专家辅助人制度的危险，因其倾向性的质疑意见以及质疑鉴定意见的简易方式而给鉴定意见带来更多的分歧意见，有可能导致有些鉴定意见（如"多因一果"的鉴定可能原因未能一一罗列）更加不充分，进而对诉讼效率产生较大的负面作用，给认定案件事实带来更大的现实风险。作为一项制度，专家辅助人出庭无论是质疑鉴定意见还是就专业问题提出意见，均会给诉讼带来一定的风险，甚至导致鉴定意见或者专业问题更加扑朔迷离。然而，就其产生风险的性质而言，制度上认为法官能够对这一风险进行控制，因为法官对其提出的意见具有审查判断以及裁决权。

由于我国现行法律对该制度的规定过于简单笼统，缺乏操作性，因此这一制度的推广会遭遇各种尴尬，运行现状远没能达到预期效果。[②] 不可否认，专家辅助人出庭无论是质疑鉴定意见提出意见还是就专业问题提出意见均与鉴定人提出的作为证据的鉴定意见不同，但其保障程序权利的功

---

① 参见章礼明：《评"专家辅助人"制度的诉讼功能——借助于新〈刑事诉讼法〉实施之后司法首例的分析》，载《河北法学》2014年第3期。

② 参见陈岚：《"专家辅助人"诉讼地位应尽快明确》，载《浙江法制日报》2013年11月21日。

能却是永恒的。也就是说，即使专家辅助人参与诉讼未能在实体上发挥作用或者其实体意义的功能不明显，其保障当事人诉讼权利的程序功能却是存在的，不宜仅从可能产生的负面效应或者有可能带来的风险来否定其在程序上发挥的保障诉讼权利功能。从专家辅助人制度的功能来看，可从以下四个方面予以考虑。

一是从程序意义上来说，专家辅助人制度不仅保障了当事人的程序参与权和对作为证据的鉴定意见的质证权，而且还能够使保障的质证权利获得有效性和实质化。在刑事诉讼中，对辩方而言，这种保障可视为对有效辩护权的重要维护。"程序正义的最基本要求是：与诉讼结果有利害关系或者可能因该结果蒙受不利影响的人，都有机会参与到诉讼中，并得到提出有利于自己的主张和证据以及反驳对方提出的主张和证据的机会。"当事人通过聘请具有专业知识或者特殊经验、技能的人参与诉讼，能够辅助其对鉴定意见进行实质性的质证，并通过专业人员的说明来有效完成己方的证明义务，进而真正保障其参与权、质证权、辩论权等各项程序性权利的行使，切实维护当事人的程序主体地位。[①] 专家辅助人制度正是给予了诉讼利害关系人有效参与到诉讼活动中的能力，满足了诉讼程序正义的基本需要，具有彰显程序正义的功能。

二是从实体意义上来说，专家辅助人参与诉讼活动，就鉴定意见与鉴定人进行面对面的交锋或者就专业问题与同侪对质，既能对鉴定起到一定的监督作用，又能帮助当事人对鉴定意见进行有效的质证以及表达专业的意见。对法院而言，通过质证揭示鉴定意见的实质信息以及相关专业争议点，帮助裁判者对鉴定意见的证据能力和证明力进行准确的认定，有助于查明案件事实，保障庭审的科学性和公正性，实现"审判中心主义"。同时，可以扭转办案机关过度依赖鉴定意见并赋予其当然证明力的错误做法，通过允许专家辅助人参与诉讼，保证全面地判断和甄别鉴定意见的客观性和有效性。从这个意义上讲，专家辅助人制度解决的是鉴定意见中的鉴真问题，而不是鉴定意见的证据能力问题。[②]

三是针对鉴定意见作为证据而言，由于专家辅助人是针对鉴定意见或者专业问题提出意见，作为证据或者事实辩护的内容之一。专家辅助人在此方

[①] 韩静茹：《专家参与民事诉讼的类型化分析——以我国民事证据立法的最新动向为背景》，载《西部法学评论》2013年第2期。

[②] 韩静茹：《专家参与民事诉讼的类型化分析——以我国民事证据立法的最新动向为背景》，载《西部法学评论》2013年第2期。

面的作用主要体现在两个方面：①对鉴定意见或者专业问题进行解释与说明。从正面说明鉴定意见的生成过程或者揭示专业问题的本质，解释专业的科学原理、方法和技术手段以及与待证事实的相关性，对鉴定意见或者专业问题提出自己的看法与观点。这种情形仅在特殊情况下发生。②对鉴定意见或者对方同侪提出观点的质疑和评价，从反面质疑鉴定意见或者专家意见的可信性和可靠性，通过质证评价鉴定意见的证据能力和证明力，对鉴定意见提出自己的意见，借助于质证意见强化或者削弱鉴定意见的证明力，保证选择作为定案根据的鉴定意见更具有科学性和可靠性，或者通过对同侪的观点进行分析与质疑，避免其错误观点对办案机关产生不利影响。

　　四是从专家辅助作为一项诉讼制度来看，专家辅助人的参与诉讼既可以有效监督鉴定人的鉴定质量，发挥潜在的威慑和制约作用，又可以弥补鉴定制度在适用范围方面的局限性，还可以避免当事人因无力质证而无端怀疑鉴定意见的正确性所引发的一些无意义的重新鉴定。[①] 可以说，专家辅助人作为一项诉讼制度属于鉴定人制度的补充，是鉴定出庭制度得以有效实施和落实的重要组成部分。《民事证据规定》第六十一条规定专家辅助人制度在民事诉讼实践中的运行情况并非理想，其主要制约原因是鉴定人出庭制度未能得到真正落实。因鉴定人出庭制度"若无专家辅助人制度配合实施，一方面，鉴定人不出庭的难题恐怕无法得到真正解决；另一方面，即使鉴定人出庭，也未必有利于辩方对鉴定意见的质证"[②]。如果鉴定人出庭制度能够得到有效的落实，在法庭上裁判权能够对诉权表现出足够的尊重，那么专家辅助人出庭作证就有了一个前提性的保障。同时，专家辅助人制度在一定层面也是缓解我国鉴定制度在职权主义诉讼模式下办案机关垄断鉴定启动权的方式，成为矫正办案机关的职权与救济当事人诉讼权利的平衡器。同时，在有些专业问题不需要鉴定时，可提出专业意见帮助法官和当事人认识、理解专业问题，弥补鉴定制度的不足。因为"法院之判决几乎以各种鉴定机构之鉴定结果作为认定事实之依据，故鉴定制度设计是否周全，直接影响司法机关之审判品质，并可深刻强化对人民诉讼权利之保障"[③]。

　　基于功能主义考量，保障当事人程序权利的有效行使是专家辅助人制

---

　　① 韩静茹：《专家参与民事诉讼的类型化分析——以我国民事证据立法的最新动向为背景》，载《西部法学评论》2013 年第 2 期。

　　② 高通：《论专家辅助人意见——以刑事辩护为视角的分析》，载《证据科学》2013 年第 4 期。

　　③ 朱富美：《科学鉴定与刑事侦查》，中国民主法制出版社 2006 年版，第 8 页。

度在诉讼中的基本功能，这也是建构专家辅助人制度所要坚持的基本立场或者架构其制度的主线，但其中立性尤其是作为专家的专家性——忠于科学与事实品性，也是架构专家辅助人制度需要考虑的。因为它可以降低其参与诉讼提出意见的偏向性，减少诉讼中涉及专业问题的不必要争执，也可有效避免我国吸收专家证人制度带来的英美法系国家克服不掉的弊端。从制度的预设功能方面来看，无论是《刑事诉讼法》还是《民事诉讼法》，均将"有专门知识的人"的职责界定为"对鉴定意见提出意见"、"对专业问题提出意见"、"询问鉴定人"等问题，其参与诉讼的主要目的是利用自身具有的专业知识或长期积累的实践经验或者训练的特殊技能，辅助当事人对案件中涉及的专业问题进行分析说明或对鉴定意见进行质疑，体现该制度对鉴定意见反驳的检验功能，似乎主要在证伪上发生作用。即使是对专业问题不存在鉴定意见的情况下，仍是采取当事人双方聘请专家辅助人对质来实现的，在一定程度上还是存在证伪的成分。可以说，专家辅助人在参与目的、服务对象、选任机制以及功能发挥上均不同于作为专家的鉴定人的证实功能，但却因鉴定制度而存在，作为鉴定制度的制度补充的功能较为显著。专家辅助人作为"有专门知识的人享有对专业问题发表意见、询问鉴定人、与对方当事人的专家辅助人进行对质的权利以及接受审判人员和当事人询问的义务，这使其区别于以当事人名义参与诉讼活动的诉讼代理人和因亲历或知悉案件事实而参与庭审的普通证人，构成了一种相对独立的诉讼地位"①。而专家辅助人在司法实践中要么是帮助当事人共同行使在法庭对鉴定意见的质询权或者对专业问题的发表意见权，要么是帮助办案人员完成对鉴定意见或者专业问题的审查权，这是否决定了他在诉讼活动中不享有独立的主体地位，仅是一种附属性的诉讼参与人呢？对此问题仍需要进一步进行探讨，但其程序上的独立功能却是显而易见，甚至是毋庸置疑的。

二、专家辅助人诉讼地位的三维解读

专家辅助人作为受聘于当事人且在性质和诉讼地位上不同于英美法系专家证人或诉讼代理人的"有专门知识的人"，其基本功能在于协助当事人进行有效检验和质疑鉴定意见的可靠性、客观性，同时对建筑、机械、

---

① 韩静茹：《专家参与民事诉讼的类型化分析——以我国民事证据立法的最新动向为背景》，载《西部法学评论》2013年第2期。

金融或者网络等领域专业词汇如何理解①，或者涉及技术含量不高而不必要启动鉴定的事项以及尖端技术难度大、成本高尚无法鉴定的事项予以说明或者提出意见，以弥补鉴定人制度的局限性，借助于专家辅助人提出意见在客观上促进、规范鉴定人的鉴定行为，从而提高鉴定质量，保障鉴定意见采信的理性和可信性。在刑事诉讼中，被告人和辩护人相对于公诉机关而言，因不享有初次鉴定的启动权，在程序中引入专家辅助人针对鉴定意见发表质证意见，则可以弥补当事人在鉴定程序上的劣势，这种借助于专家辅助人的"弹劾意见"证明鉴定意见瑕疵或者错误也能够保障当事人诉讼地位的提升，进而实现控辩双方在司法鉴定问题上的权利平衡。特别是在我国侦查机关还存在内设鉴定机构的情况下，专家辅助人制度的出现使辩方在申请鉴定难以启动的背景下，可依靠专家辅助人参与诉讼来弥补职权主义保障当事人在鉴定方面的诉讼权利不足。因此，对专家辅助人的诉讼地位的思考还有必要从以下视角进行解读。

（一）法庭视角下的专家辅助人：基于信息对称与成本控制的思考

专家辅助人是由当事人向法庭或者办案机关申请并经其允许而聘请的，其参与诉讼当然会维护作为委托人的当事人利益，借助于程序权利的保障澄清专业问题或者对鉴定意见的异议，为办案人员倾听不同专业的意见提供"兼听则明"的法定途径与有效空间，办案机关在不付出诉讼成本的情况下由当事人支付经济代价来获得在专门性问题上的正反两个方面的信息，为检验与判断鉴定意见或者专业问题奠定了基础。基于我国诉讼法规定的专家辅助人由当事人申请和法庭决定的程序安排，更需要从法庭或者法官之间关系来解读专家辅助人，以保障其制度的构建与实施符合立法的预期。专家辅助人与法官之间的关系可从以下两方面来理解。

一是专家辅助人对法官的制约作用。专家辅助人参与到诉讼中后，可以从自身专业知识出发对鉴定意见或者专业问题提出自己的看法、观点，就鉴定意见能否作为证据进行实质性的质证，并提出专家意见。而法官对专家辅助人提出的意见必须予以倾听、分析与衡量，基于一定标准对专家辅助人提出的意见作出回应。也就是说，法官不能无视专家辅助人提出的意见，或者对其提出的意见视而不见，专家辅助人提出的意见对法官有一定的约束力。这种意见影响法官对鉴定意见的采纳和对专业问题的认识与

---

①　王胜明主编：《中华人民共和国民事诉讼法释义》，法律出版社 2012 年版，第 179 页。

理解，影响法官对鉴定意见的采信，增强裁判将鉴定意见作为定案根据与否的理性，在一定程度上促进了法官采信鉴定意见的可靠性，有利于裁判获得公正性与权威性。这种制约作用因源于不同信息渠道以及获得对同一问题的不同信息，纾解了法官对鉴定意见或者专家意见的过度依赖，降低采信鉴定意见的风险，同时节制了法官在采信鉴定意见的任意性与非理性，也为事后追究判案责任提供材料。

二是专家辅助人对法官的协助作用。专家辅助人在诉讼中对专门性问题的解释、说明与提出意见，可以弥补了法官专门知识的欠缺与理解专门性问题上的困难，为法官做出正确的审查判断鉴定意见和其他证据提供了专业性的智力支持，有利于法官全面、透彻地分析案情，从而作出公正的裁判。专家辅助人对专业问题的说明、询问和对质，可以为庭审提供智识支持，弥补法官获得信息的单方性缺陷，从避免信息不对称给法官裁判案件带来的风险。因为增加程序的公开性与参与性可以保证案件实体的公正，最大限度防止法官"暗箱操作"，防止专横擅断及司法权的滥用。

基于以上分析，法官在法庭上需要考虑专家辅助人诉讼地位问题如下。

第一，在专业问题上，基于法官与专家之间专业信息的不对称性，法官应当保障专家辅助人的独立地位来获得客观的信息。如果专家辅助人提供的专业知识不是很复杂，法官可以认识与理解，且提出的意见能为双方当事人所接受，此时，专家辅助人的智识支持就是充分、有效的。不可否认，在实践中也存在专家智识支持不充分的情况，法官在此种情况下需要考虑诉讼成本的增加，借助于其他智力支持来解决专业问题。也就是说，当司法公正与诉讼成本存在冲突的时候，需要优先保障司法公正，其诉讼成本的支出应当服从于司法公正，因为这种诉讼成本支出属于必要的制度代价，但仍需要衡量以下问题：

（1）当事人所申请的专家辅助人对专业问题的观点有分歧且存在疑问时，法官仍需要通过其他途径咨询专家来甄别其可靠性，需要额外支出信息搜寻或者成本付出，如庭外进行必要的专业咨询，但其程序仍应公开，以免影响当事人诉讼权利的有效性。

（2）当事人申请专家辅助人时，考虑到专家辅助人立场的潜在偏袒性，不可因为其提出意见偏颇而中止其发表意见的机会，要保障其质证的充分性，但与鉴定意见或者专业问题无关的质疑需要予以节制。这一问题即使影响了诉讼效率甚至未能达到越辩越明的目标，其程序成本支出也是无可指责的。尽管这种偏向性的意见影响了诉讼效率或者造成诉讼拖延，甚至增添了诉讼的额外负担，但是程序权利得到了保障。例如，毛玉萍等操纵"上海地产"案。2002年7月至2003年4月期间，毛玉萍等人涉嫌串谋经纪、亲友等12人，通过43个账户交叉买卖在港交所上市的上海地产股票，买卖股数逾27亿股，涉及金额达20.6亿港元。其中，132宗交易中有128宗涉及"托市"行为，以制造股票交投活跃的假象。2003年12月初，毛玉萍因涉嫌操纵公司股价和盗用公司款项，被香港廉政公署提起诉讼，当时以500万港元现金保释。香港廉政公署认为，在2002年7月至2003年4月间，由于毛玉萍等"造市"，导致上海地产在香港交易所内交投活跃的虚假或具误导性的现象。① 在法庭上，当事人聘请的专家陈某某是一位金融投资方面的公众人士。他曾经在电台、电视节目担任主持人，为股票交易提供参考意见。他在法庭上称，普通投资者并不会因成交量活跃而去买卖股票，因此，毛玉萍等人在多个账户之间频繁交易，由此产生的交投活跃，并不会影响到普通投资者的判断。但是，有资料显示，他曾经多次在公开场合，以成交量活跃或成交量萎缩为理由而推荐投资者买入或卖出某只股票。因此，法官认为，尽管他有在证券专业领域的学历和经验，但是在此案中他做出这样的专家意见是不适当的。② 其专家庭上庭外观点差异令人生疑。为了确保专家证人的独立性，香港证监会规定，发现案件线索的市场侦查人员以及案件调查人员，都不能在自己所承担的案件中出任专家。对此问题更需要咨询其他专家获得专业与智力支持。

（3）即使双方当事人对专业问题达成了一致，法官也不能不加分析或者不与其他证据进行比较直接采信作为证据，仍需要其他证据或者专业信息搜索，这种成本付出也是一种必要的司法成本支出。

第二，在诉讼成本问题上，职权主义诉讼模式下法官与专家辅助人是不平衡的，当事人对实体正义的诉求超过程序正义，以至于我国法官在诉讼中不惜牺牲中立性来保持司法的能动性，旨在保障司法的实体公正。根据《刑事诉讼法》、《民事诉讼法》的规定，法官对专家辅助人出庭具有控制权，旨在防止当事人滥用诉讼权利。但是当法官对专业知识不了解，且该专业知识又会影响最终判决时，其理性选择则是听取专家意见，借助于由当事人付出成本由专家辅助人提出意见，为法庭提供信息。相对法官

---

① 参见《毛玉萍等操纵上海地产案 造市导致股价虚假繁荣》，载《证券时报》2010年10月31日。

② HKSAR against Mo Yuk-ping（DCCC000367B/2004），pp. 297 – 304.

获得信息而言，在法庭上获得专家辅助人对鉴定意见或者专业问题的意见，即使是偏颇的，因能够接受同侪的专业质疑，也比法官通过其他方式单方搜寻有关专业的信息，如庭外的专家咨询，显得更理性。基于此，这种获得信息的渠道是法庭应当为之付出的诉讼成本，而能够利用当事人申请的专家辅助人且费用由当事人支付，法庭更不宜武断地予以限制，相反，有职责保障专家辅助人独立地提供有关专业问题上的信息资源。

基于以上信息对称与成本控制的思考，专家辅助人如果能够客观、中立地基于自己的专门知识提出专家意见，更有利于法官付出较少的成本，更能为法官提供较多的有效信息，对专家辅助人拥有独立于当事人的诉讼地位必然是法官所希望或者追求的。因为司法公开就像一座架设在法院与当事人以及其他诉讼参与人之间的立交桥，能够保证各种相关信息在其间充分流动，维持着各主体间信息的平衡，从而实现司法领域的信息对称，保障裁判具有权威性。

（二）当事人视角下专家辅助人：基于公开对抗与"平等武装"反思

当事人的诉讼地位平等或者控辩平等作为现代诉讼一项基本的价值追求，对于维系公正的诉讼程序具有非常重要的作用。控辩平等的功能在于控辩双方能在法庭审判的过程中进行公平的对抗，而不允许任何一方享有超越对方更多的程序权利，更不允许任何一方在诉讼中享有特权。这种控辩平等需要在诉讼权利上"平等武装"。这种平等武装并非是诉讼权利的均等，而是基于其诉讼地位作出的诉讼权利的合理配置。在此方面，意大利和俄罗斯的诉讼制度改革具有参考价值。意大利和俄罗斯为适应本国刑事诉讼模式的转变，增强辩方质证和对抗追诉的能力，在传统鉴定制度的基础上，构建了具有自身特色的"技术顾问制度"和"专家制度"。

从专家辅助人与当事人关系的视角来看，专家辅助人保障了当事人诉讼权利在技术上的平等，实现了程序上的有序对抗。但是，专家辅助人不是当事人的诉讼代理人或者辩护人，其作为专家在其领域内对案件中所涉及的鉴定意见或者专业问题的质疑与解释、说明必须在科学的前提下进行，在充满敌意的诉讼中通过发挥其专门知识来维护委托人一方的合法利益。一方面，专家辅助人通过自己的专门知识维护当事人的合法权益；另一方面，在法律允许的框架内，以科学为依据提出意见，从而充分有效地发挥其专门知识发现真相的作用。专家辅助人一旦失去科学上的中立性，也就丧失其保障当事人合法权益的制度意义，转化为扭曲制度的外在力量，导致引入专家辅助人需要解决问题不仅未能解决，相反会因为参与失去科学性将需要解决的问题引入歧路，从而走向制度的反面。如 2012 年 4 月 20 日浙江海盐法院立案受理原告诉医院医疗损害责任纠纷一案。①

2012 年 2 月，原告入住当地医院，剖宫产术分娩一巨大婴儿，后因宫缩乏力导致产后出血不止，直至子宫被切除。原告诉诸海盐法院，要求医院赔偿 30 余万元损失。医院对此次医疗损害申请鉴定。鉴定认为医院在剖腹产的选择、剖腹产手术过程中的处置得当，在针对产后出血的后期治疗过程中未充分履行注意义务，存在不当；子宫全切除术的手术时机把握不严格；未充分履行告知义务和转医义务，存在过错。同时认为，患者的自身因素与本次产后出血以致最终子宫切除之间存在因果关系。在案件审理过程中，被告对医疗损害鉴定报告提出异议，申请鉴定人出庭接受质询，质询后仍存异议。被告向海盐法院申请两位市级医院的临床主任医师作为专家辅助人出庭。考虑到医疗损害鉴定所涉问题较为复杂且专业性极强，秉承公平公正原则，海盐法院批准被告申请。庭审中，合议庭告知专家辅助人，出庭发表意见必须尊重事实，阐释的意见需要体现专业性、科学性、独立性和中立性，同时向双方当事人阐明了专家辅助人出庭的意义和作用，明确专家辅助人参与审理的地位不同于证人。两位专家辅助人从相对客观的专业角度对此次鉴定报告提出意见，同时对其专业性见解进行解释和说明，使之对鉴定人的质询意见更具可比性，实现了原被告双方在司法鉴定程序中地位和权利的平等。在该案中，专家辅助人制度使法官从专业技术问题的困扰中摆脱出来，使合议庭对于鉴定报告中所涉专业性问题的理解更加清晰化，对于案件事实有更为全面的把握，对于鉴定意见的最终采纳与否更为明确。

在实践中，如果当事人对专家辅助人费用的支付能力存在较大差距或者无力支付，就会造成当事人之间诉讼能力的差异，进而破坏公平对抗的格局，其形式平等在一定程度上就会遮蔽实质上的不平等，造成诉讼权利保障上新的不公平。例如，在自然人与金融机构发生纠纷时，如果财力雄厚的金融机构聘请了阵容强大的专家辅助人，自然人往往在涉及金融原理等经济问题方面难以提供有力的对抗，导致金融知识资源利用上的另外一种不公平。如果专家服务的价高，在一定程度上会限制专家辅助人制度的适用范围，影响当事人之间所谓的"公平对抗竞争"。美国法律服务协会

---

① 参见王春、彦明：《浙江海盐法院首引专家辅助人参与医疗损害责任纠纷》，载《法制日报》2013 年 5 月 27 日。

2001 年的调查报告显示，专家证人一小时的出庭费用相当于普通居民一天的收入或者更高，权威专家的收费标准会更高，出现了超过 3/4 的当事人会因专家的高额收费而望而却步。如果案件所涉专业知识，且双方对专家服务的支付能力相当，专家辅助人制度可以满足庭审的专业智识要求，否则，专家意见不中立和不充分的弱点将展现出来。因此，"为公平正义服务永远是法庭专家的工作指南，在这一原则下，我们构建了法庭专家的所有工作框架"①。也就是说，基于公平对抗与"平等武装"的反思，专家辅助人作为相对独立的诉讼参与人，使之具有独立诉讼参与的诉讼地位尤其具有中立性的基本立场，是架构专家辅助人制度所企盼的，也是维护当事人专门知识利用上实质平等的希冀。因此，在特殊情况下，法官有必要通过正当程序来维护当事人在此方面的公平，专家辅助人具有中立的诉讼地位更显得必要。

（三）专家视角下的专家辅助人：基于"同室操戈"与"统一战线"的展开

专家辅助人作为专家应当保持专家应有的中立性，尊重科学，其提出意见"力求客观"；在诉讼过程中，保持专家形象，不受任何机关、团体、企事业单位或者个人的干扰，也不应受聘请当事人不正确意见或者不当利益的左右。从诉讼功能上看，专家辅助人提出的意见属于个人的独立意见，而非当事人的意见。尽管当事人和专家辅助人之间的关系存在服务合同关系，在形式上具有"统一战线"的意蕴。而这种"统一战线"在一定程度上具有放大了抗辩制的优点以及延长了当事人在专门知识上的能力，使当事人有能力向法庭充分揭示专业问题的意义或者充分表达对鉴定意见的异议。一般而言，持与当事人相同观点的专家辅助人在一定程度上更易于被当事人聘请。在实践中，也不乏以此作为主要收入的机构或者专家。② 这种专家提出的意见更会倾向于满足当事人这种要求，维护与当事人之间在专业问题上的统一战线。实质上，这种专家有可能会失去专家中立性的品性，在不同案件对相似的鉴定意见或者专业问题根据不同的当事人发表不同意见，最终必然被另外的当事人或者专家辅助人所揭露，造成

---

① ［美］菲利普·坎德利斯等：《法庭伦理学与专家证人》，杨天潼译，中国法制出版社 2013 年版，第 46 页。

② 在我国，目前存在提供专家辅助人的机构以及网络媒体。如浙江省天平鉴定辅助技术研究院，为鉴定有关的案件担任专家辅助人和推荐专家辅助人、律师、代理人、鉴定人提供技术支撑和服务。

专家辅助人之间专业对峙或者相互攻击，出现"同室操戈"的现象。

专家辅助人与当事人之间在意见上的统一战线，势必发生鉴定人与专家辅助人或者专家辅助人之间"同室操戈"的现象，在专业问题上将"争斗的当事人"替换为"同室操戈"的专家辅助人。2009 年轰动海内外的已故香港华懋集团主席龚如心"2006 年遗嘱"的千亿港元遗产案就是例证。① 在这场世纪争产案中，最大焦点之一就是"2006 年遗嘱"的真伪，其中遗嘱中的 2 名遗嘱见证人——王永祥及吴崇武均否认曾在遗嘱上签名。陈振聪早前的笔迹专家盖勒"倒戈"，指"2006 年遗嘱"中龚如心及见证人王永祥的签名均非真实。陈振聪急忙撤换笔迹专家证人，申请加入澳大利亚笔迹专家保罗·韦斯特伍德力证"2006 年遗嘱"的真实，但因其早期的"倒戈"而导致效果明显不佳。因此，在考虑专家辅助人的诉讼地位时，应当力求避免专家之间"专业混战"以及专家与当事人之间在专业问题上的统一战线，努力克服英美法系国家专家证人的固有缺陷或者负面价值，特别是因与当事人的统一战线造成专家"同室操戈"的专业上的混战。从专家的视角来看，对专家辅助人诉讼地位的确定给予专家保持中立性制度以及控制专家风险的程序，其诉讼地位的相对独立是不可缺少的，也是风险在程序上能得到控制所需要的。

通过上述的解读，我们不难发现，专家辅助人制度是 2012 年修改的《刑事诉讼法》、《民事诉讼法》以英美法系国家的专家证人为蓝本改造而来，它不仅通过质疑鉴定意见具有保障鉴定意见的合法性、科学性和可靠性的功能，也具有保障当事人程序权利得以有效行使的作用，更具有补充鉴定制度不足的价值，使鉴定意见获得可信性的意义。那么，如何体现该制度的优势以及避免其风险或者降低其负面效应，已经成为确定其诉讼地位需要特别关注的问题之一。在对此问题进行解读时，应当看到我国专家辅助人出庭与其他大陆法系国家在制度安排上的不同。大陆法系国家基于审判中心主义的诉讼模式，鉴定人是通过提供鉴定意见而成为法官"科学上的辅助人"和"帮助法官认识活动的人"。当鉴定人直接向法官负责而不再与控方存在隶属关系被当事人怀疑其倾向性时，从一定意义上来说，程序强化其对抗性的意义相对弱化，也就无须强化作为对抗对象的专家辅助人，这是专家辅助人制度在其他大陆法系国家不发达的原因之一。我国之所以建立鉴定人与专家辅助人并存的专家制度，不仅是因为我国尚须在

① 参见《龚如心遗产争夺战打响 四大悬念成定夺关键》，载《新闻晨报》2009 年 5 月 12 日。

"推进以审判为中心的诉讼制度改革"中逐渐完善，而且在刑事诉讼中还存在控方即公安机关、检察机关自设的鉴定机构，架构的专家辅助人制度不仅需要有效地避免英美法系专家证人制度带来的弊端即消除专家证人制度中的专家意见的"倾向"性，还需要消除我国鉴定制度与大陆法系鉴定人制度不同带来的问题，需要发挥专家辅助人制度作为鉴定人制度的补充保护当事人行使诉讼权利的优势，对鉴定人滥用鉴定行为形成制约机制。

因此，确定专家辅助人的诉讼地位，既要考虑我国审判实践创新这一制度所解决的问题和经验的承继性，还要体现对英美法系国家专家证人制度保障当事人权利的借鉴性，更应体现出我国在立法方面总结实践经验确立该制度的创新性。根据"有专门知识的人"即专家辅助人工作的辅助性及专家身份的独立性，我们认为，应当赋予其独立诉讼参与人的地位。其理由在于以下几个方面。

（1）"有专门知识的人"作为专家辅助人的出庭目的是为了辅助公诉人、当事人和辩护人、诉讼代理人对鉴定意见展开质证，根据专业知识对鉴定意见是否科学、正确提出自己的意见，与证人、鉴定人出庭所承担的任务有着本质的区别，侧重于证伪。

（2）"有专门知识的人"作为专家辅助人虽然是依公诉人、当事人和辩护人、诉讼代理人的申请并经法庭通知而参与到诉讼中来的，但其专家的身份具有独立性，要求其在庭审中只能根据自身所掌握的专业知识，以科学为依据，客观中立地对鉴定意见展开质证，不受申请人的不正当利益左右，不属于公诉人、当事人、辩护人、诉讼代理人的"代言人"或者"枪手"。

（3）尽管我国《刑事诉讼法》第一百零六条中没有将"有专门知识的人"纳入诉讼参与人的范畴，但不能因此否认其"诉讼参与人"的角色扮演，况且这一概念可以兼容这一主体。如作为诉讼参与人的勘验人、见证人等则是实证。随着司法实践的发展，刑事诉讼中将会有更多的参与人加入，不能以法律没有明确规定而否认"有专门知识的人"作为诉讼参与人，更不能否定其独立的诉讼地位。同时，从"有专门知识的人出庭，适用鉴定人的有关规定"这一立法的本意也可以看出，立法者有意将"有专门知识的人"作为与鉴定人并列的诉讼参与人，属于对庭审起辅助作用的特殊诉讼参与人。同时还有必要在刑事诉讼中将专家辅助人扩张到侦查程序中告知犯罪嫌疑人、被害人，从其鉴定之日起，公诉人、当事人和辩护人、诉讼代理人有权委托专家辅助人对鉴定活动予以监督，从而弥补当事人在鉴定权上的不足。

　　基于以上的分析与探讨，我国诉讼制度需要将专家辅助人纳入诉讼参与人的范围，赋予专家辅助人即"有专门知识的人"具有与鉴定人、翻译人相同的诉讼地位，体现其在诉讼中的独立诉讼地位。也有论者认为，专家辅助人非独立诉讼参与人的诉讼地位和他从事辅助工作时的独立性是两个层面上的问题。诉讼参与人在诉讼中的地位是由其参与诉讼的目的及其在诉讼中发挥的功能和所起的作用决定的。专家辅助人就其实质来说仅仅是帮助控辩双方审查鉴定意见的辅助人，对鉴定意见进行质疑评价和对鉴定人进行质证辩论，其在诉讼中的作用决定了专家辅助人不享有诉讼主体地位，仅是一种附属性的诉讼参与人。就专家辅助人的独立性而言，其应当尊重科学维护公正，在科学、客观的前提下独立地提供专家意见，没有必须支持聘请方当事人主张的责任，只有对案件中的鉴定意见在其专业领域内客观发表意见的义务。因此，专家辅助人在法庭审理中的诉讼地位是非独立的诉讼参与人。① 我们认为，恰恰是后者决定了专家辅助人的诉讼地位，因为后者的尊重科学才体现其应有的功能，基于功能的分析，得出的结论则是独立的诉讼地位。

第三节　专家辅助人诉讼地位的架构

　　针对我国专家参与诉讼的具体方式和途径尤其是功能而言，在诉讼进程中引入各类型专家，如何安排其在诉讼中的不同角色是建立其制度的关键所在。能否通过专家的类型化来明晰其各自的性质、确定其功能及厘清其相互之间的关系？如何从规范和实践两个层面对目前零散或者碎片化的立法甚至界限模糊的制度设置进行系统化整合？对上述问题有必要作理论上的分析与制度设计上的回应，因为这样有助于明晰各类不同专家在诉讼中的不同作用及实现立法预设的功能，避免界限模糊造成一些混乱的认识、观点上不必要的分歧以及实践做法上无意义的纷争，有助于架构的实体规范性规则和程序实施性规则更科学。在上节对专家辅助人诉讼地位的多视角分析的基础上，还需要借助于理论勾勒出满足诉讼实践需要和符合诉讼结构的应然性地位。

---

　　① 参见李苏林：《我国刑事诉讼专家辅助人制度探析》，载《广西政法管理干部学院学报》2013 年第 5 期。

一、确立专家辅助人诉讼地位需要考虑的因素

研究与探讨专家辅助人制度需要将着力点放在专家辅助人的诉讼地位这一问题之上，这是因为对专家辅助人的身份进行定位是设计一系列与之相关制度的前提和基础。① 诉讼地位是指办案机关、当事人、共同诉讼人、诉讼中的第三人、辩护人、诉讼代理人及其他诉讼参与人在诉讼中所处的法律地位。在诉讼中，诉讼法律关系的主体由于在诉讼中的职能或者功能、作用、与案件的关系以及参与诉讼的目的不同，在诉讼中扮演不同角色，其诉讼地位存在差异。不同的诉讼角色定位，客观上要求其资质、程序规则、权利义务等方面有所不同。专家辅助人在诉讼中的功能影响其诉讼地位的确立，诉讼结构直接决定其诉讼地位的形成，其与鉴定人、当事人、其他诉讼参与人的关系制约着诉讼地位的建构。一般来说，对于任何一个诉讼法律关系主体而言，确立其应然性的诉讼地位在立法与司法实践中需要考虑以下几个因素。

一是在诉讼中是否具有可替代性，即在诉讼中能否具有独特的、其他诉讼法律关系主体不可替代的功能。对此问题的考量关键是看他是否在诉讼中与其他诉讼法律关系的主体存在类似或者重叠的作用。如果存在作用上的重叠，则无须赋予其独立的诉讼地位。就专家辅助人制度的设置而言，从解决专门性问题或者专业问题的视角来判断，其作为鉴定制度补充制度在其活动的目标指向和作用对象仍存在一定差异。因为专家辅助人参与诉讼是为了协助当事人双方针对鉴定意见提出意见或者就无须鉴定或者不能鉴定的专业问题提出专业意见，而鉴定人参与诉讼主要针对专门性问题提出鉴定意见作为认定案件事实的证据，尽管均涉及专门性问题或者专业问题，但解决问题的路径存在不同。同时，办案机关无论在何种诉讼程序中基于查明事实遇到专门性问题，均可依职权聘请或者委托鉴定人进行鉴定，为自己认识、理解与判断专门性问题提供证据。而当事人因受制于职权主义诉讼模式的限制，在此方面的程序权利如果得不到有效的保障，鉴定制度的功能也就难以充分发挥，而专家辅助人恰恰弥补了这一制度的缺陷。专家辅助人制度是鉴定人制度的补充而非附庸，专家辅助人也非是鉴定人的协助人或者办案机关的"助手"，与证人、鉴定人、诉讼代

---

① 参见汪建成：《司法鉴定模式与专家证人模式的融合——中国刑事司法鉴定制度改革的方向》，载《国家检察官学院学报》2011 年第 4 期。

理人以及辩护人制度在功能上存在不同，基于其功能发挥的视角来看，法律有必要赋予专家辅助人独立的诉讼地位。

二是在诉讼中是否对诉讼制度实施制约性，该主体是否能够满足诉讼中某一特定的需要，能否解决诉讼中其他诉讼主体不能解决或者不宜解决的特定问题。从相反的方面进行探讨，如果这一主体不存在，是否影响相关制度的有效实施或者危及其相关制度的基本意义？我国立法设置鉴定人作为解决案件中的专门性问题以及提出的意见作为证据，是因为这一证据能够证明案件的关键性事实。证据需要经过质证才能作为定案根据，鉴定人提出意见作为证据必然触及鉴定人出庭作证，鉴定人出庭制度也就成为制度发挥功能的必然途径。《民事诉讼法》第七十八条规定："当事人对鉴定意见有异议或者人民法院认为鉴定人有必要出庭的，鉴定人应当出庭作证。经人民法院通知，鉴定人拒不出庭作证的，鉴定意见不得作为认定事实的根据；支付鉴定费用的当事人可以要求返还鉴定费用。"那么，在保障鉴定人出庭作证制度有效实施时，需要专家辅助人出庭对鉴定意见提出意见，因为它是鉴定人出庭制度发挥作用不可或缺的制度。如果鉴定意见作为证据不需要鉴定人出庭作证，仅仅由法官或者当事人宣读书面意见即可，鉴定意见作为证据就成为不同于其他证据的"特殊证据"，其功能也不再是成为定案的根据，而是一种超越证据的专业问题裁判。也就是说，专家辅助人出庭是鉴定人出庭制度的必然延伸，尽管其在出庭程序上似乎依附鉴定人制度，实质上，它是鉴定人制度得以有效发挥作用的重要制度。因为当事人对有异议的鉴定意见要求鉴定人出庭，而没有专门知识的当事人面对鉴定人无法有效质疑鉴定意见，鉴定人出庭作证的实质效果不可能得到发挥。从鉴定人出庭作证来看，专家辅助人是鉴定人制度不可缺位的主体，鉴定人的诉讼地位决定了专家辅助人的诉讼地位，同时专家辅助人的诉讼地位也影响着出庭鉴定人的诉讼地位。赋予专家辅助人独立诉讼地位更有利于鉴定人制度发挥作用。

三是从诉讼制度设置专家辅助人作为一项诉讼制度解决的实体问题的意义来看，在立法上如果需要赋予某一主体以特定的诉讼地位，还要考虑是否是制度的使然。从我国 2012 年修改的《刑事诉讼法》和《民事诉讼法》增加其作为一项诉讼制度来考虑，增加这种制度无疑会在形式上增加诉讼成本。但是，这一成本的付出对于缓解重复鉴定尤其是防止错误鉴定意见作为定案根据以及解决法官判断鉴定意见的困难来看，却是必要的诉讼成本付出，是诉讼制度使然。因为防止"鉴定错了，裁判不必然错误"

需要这一制度配合。增加这一制度尽管增大了诉讼成本，但却能够有效防止错误鉴定意见作为定案根据，可以说，这种成本属于一种必要的成本支出。不仅专家辅助人制度对于案件的实体问题具有一定的积极影响，而且还对当事人有效行使自己的程序权利具有深刻影响，从一定意义上讲，有必要赋予专家辅助人独立的诉讼地位。

同时也应当承认，我国基于职权主义模式构建的鉴定制度存在着对抗性不高、透明度不足、周期过长以及法官过分依赖鉴定意见等问题。况且，并非所有的技术争议鉴定都能解决或者都有必要解决，有些案件涉及的技术含量不高，法官只需要专家对技术问题提供参考意见帮助理解和判断即可，无须启动鉴定程序；有些案件则涉及尖端技术，技术难度高，耗资巨大，缺乏鉴定的可行性，有专家辅助人制度作为鉴定制度补充就能够完成鉴定制度无法完成的任务。由于专家辅助人是"诉讼法修改的一个创新之处，可在实践的基础上继续完善"①。完善专家辅助人制度在此种背景下更不能使其诉讼地位缺位，否则会造成该项制度在司法实践不能有效地实施，进而会殃及鉴定人出庭制度的有效实施，最终导致诉讼法在此方面修改的成效不显著。基于此，也有必要明确专家辅助人的诉讼地位。

二、专家辅助人诉讼地位的架构程式

诉讼程序设计应当寻求解决诉讼中出现问题的手段，为当事人以及办案人员可能遭遇的各种情况提供可资利用的制度。以鉴定人为主和以专家辅助人为辅的鉴定制度是为解决诉讼中遇到的难题而设计的制度。"当事人、公诉机关或者人民法院，对于案件中的专门性问题，可以聘请具有专门知识、技术、经验的专家证人，在诉讼中，可以向法庭提出专家意见陈述书、鉴定意见或者法律规定的其他形式。"② 专家辅助人制度作为鉴定制度的补充在很多方面有其不可替代的地位，以至于有论者认为，我国的专家辅助人制度应当承袭大陆法系的传统，认为证据法应当规定专家鉴定

---

① 郎胜主编：《中华人民共和国刑事诉讼法释义》，法律出版社 2012 年版，第 417 页。
② 参见江伟主编：《中国证据法草案建议稿及立法理由书》，中国人民大学出版社 2004 年版，第 549 页。

制度和特殊类型的专家证人制度。① 然而，鉴定制度和专家证人制度作为两大法系各自用来查明专门性问题或者技术争议的不同模式，其差异的本质不在于它是镶嵌在职权主义还是当事人主义之上，而是不同诉讼模式解决相同问题的不同方式。在解决此问题方面，两者之间的差异不断缩小。这种缩小不单单是职权主义向当事人主义逼近，还存在当事人主义向职权主义的吸收。改革专家证人制度越来越多地倾向于职权主义，以保障专家的中立性。在英国和美国的诉讼规则中均有法庭聘请专家证人的有关规定，如《美国联邦证据规则》第七百零六条的规定。② 尽管在实践中这一制度的使用率并不高，从根本上也未能改变英美法系国家当事人聘请专家证人的总体方向③，但已暗示着英美法系国家专家证人的角色正在慢慢向法庭辅助人的方向发展，带有职权主义中立鉴定人制度的色彩。那么，这是否意味着在我国职权主义诉讼上已经镶嵌当事人主义的专家证人制度，在此种背景下专家证人制度与其职权主义的鉴定制度能够并存发展且能够有效生长？这一架构思路必然会影响到专家辅助人的诉讼地位是按照英美法系国家的专家证人予以安排还是按照我国特色的"有专门知识的人"的相对独立诉讼地位予以设计。在探讨这一问题之前，需要对以上架构路径进行分析，并对以下问题进行探讨。

（一）鉴定制度与专家证人制度能否并存共生

在一些大陆法系国家，有些国家诉讼法的修改吸收了英美法系国家专家证人保障当事人质证能力的规定，使参与诉讼的专家带有了专家证人的意蕴。④ 然而，对此规定的理解却出现了不同的解读。有论者认为，采用

① 参见肖建国、章武生："《民事证据法》（建议稿）"第7条规定："本法所称证据，是指能够用以证明案件事实的信息的载体。本法所称证据方法，包括当事人的陈述、证人陈述、专家证人陈述（含鉴定结论）、法律规定的司法人员及公务员依职权所做的勘验报告和工作记录等职务证据、书证、视听资料（含电子数据等）、物证等。"载"中国民商网"，访问时间2014年5月8日。

② 《美国联邦证据规则》第七百零六条a规定："法庭可以自行决定或根据当事人的申请，作出一项指令以说明为什么不能指定专家证人的原因，也可以要求当事人提名。法庭可以指定经当事人同意的任何专家证人……"

③ 英美法国家之所以如此，正如曾任英国上诉法院院长的丹宁勋爵法官在1962年的判决中说法院之所以不行使该项权力的根本原因，在于当事人会认为法院将高度重视法院指定的专家的报告，从而不愿意把案件的决定权放在指定的专家的手中。如果法院指定的专家证人的报告对其中的一方不利，则该方必将请来自己的专家进行反驳。此时，另一方为维护自己的利益，也请来自己的专家。其结果是双方将各自请来专家，而对法院指定的专家证人人不加重视。

④ 参见《日本民事诉讼法》第二百一十七条规定，《日本民事诉讼法》，白绿铉编译，中国法制出版社2000年版；《德国民事诉讼法》第四百一十四条规定，《德意志共和国民事诉讼法》，谢怀栻译，中国法制出版社2001年版；我国台湾地区"民事诉讼法"第三百三十九条规定。

专家鉴定制度的地方也并不必然排斥专家证人的存在，专家证人制度和专家鉴定制度具备共生的空间。如《法国民事诉讼法》第二百三十二条规定："法官得委派其挑选的任何人，通过验证、咨询或鉴定，以查明应有技术人员协助才能查明的某个事实问题。"但是，这些提供验证或咨询意见的专家虽然需经回避程序，验证或咨询意见均与当事人见面，法官不受该意见或结论的约束，但表明的角色却是法院辅助人，而不是当事人的辅助人①，故该专家意见不具有明显的证据属性，专家亦非英美法系国家专家证人，仅仅是借助于程序权利的保障降低鉴定意见的争议以及可能出现的错误。虽然在一些大陆法系国家在职权主义诉讼模式中镶嵌了专家证人制度的一些因素，但其实质并非是专家证人制度。也就是说，在职权主义诉讼模式中镶嵌的专家证人制度，专家证人制度能否与鉴定人制度在职权主义诉讼模式下共同发展且互补仍是一个未经证实的悬而未决的命题。

有论者认为，在进行专家证人制度探索的实践中，有些法院对专家证人的诉讼地位问题有意回避或作了模糊处理。究其原因，主要在于难以对专家证人的身份作出认定。由于鉴定制度与专家证人制度是相互补充、相互制约的关系，因此，专家证人中不包括鉴定人。进而言之，如果有鉴定人资格的人被聘请为专家证人，那么其就不得在同一案件中再充当专家证人。② 还有观点主张把鉴定专家纳入专家证人中，用专家证人制度吸收专家鉴定制度。③ 因为在很多情况下，法院只是通过技术咨询或者引入当事人的技术论证就查明了技术事实。如果法院或者当事人聘请的专家只是专家辅助人，那么他们当庭陈述的专家意见就不在现行《民事诉讼法》规定的证据方法中，就会使法院面临两难境地：如果这样的专家意见不作为证据，法院的裁判就缺乏事实依据；如果把专家意见作为证据，又缺乏法律依据。所以，一个比较可行的方法是对现有民事诉讼的证人制度作适度的扩大解释，给专家证人制度留一定的空间，以取代目前的专家辅助人制度。专家证人制度与专家辅助人制度相比，存在着明显的比较优势。④ 也有观点认为，应当结合两种制度，建立以专家鉴定为主、专家证人为辅的

---

① 参见《法国民事诉讼法》第二百五十四、第二百六十一条、第二百四十六条。
② 参见邵劼：《论专家证人制度的构建——以专家证人制度与鉴定制度的交叉共存为视角》，载《法商研究》2011年第4期。
③ 参见江伟主编：《中国证据法草案建议稿及立法理由书》，中国人民大学出版社2004年版，第549页。
④ 胡震远：《我国专家证人制度的建构》，载《法学》2007年第8期。

"鉴定人 + 专家"制度。① 我国实践表明，无论是过去基本依赖办案机关依职权启动鉴定程序还是现在基本依赖当事人申请启动鉴定程序，由法官通过职权运作来指定鉴定专家甚至鉴定机构，都可以避免或制约鉴定专家被当事人腐蚀的可能性，这与目前我国诉讼的现实状况是相适应的。专家证人制度有其天然的生存环境，即强调完全的对抗和意思自治。正因为如此，专家证人制度也就存在着一些先天的弱点——奢侈性、烦琐性和倾向性。这些问题也是法官难以解决的，甚至有可能会将法官带入一个比专门性问题更难解决的在技术上的专家争议，英美法系国家借助于法官指定专家的方式来缓解这一矛盾，虽然其一直力图克服，却始终成效甚微。假设我们全盘引入专家证人制度，其上述弱点将被一同移植过来。英美法系国家难以克服的问题恐怕在职权主义诉讼模式下也会成为难题，造成诉讼的不公和拖延；如果将此与专家鉴定制度相并列，不仅鉴定制度与专家证人的冲突难以解决，其作为弥补现有鉴定制度不足的制度设计反而可能成为制度打架或者对接缝隙被利用的根源，无疑增加了新的问题，这种新的问题也会殃及我国已经展开的司法改革以及依法治国的推进。

我们认为，英美法系专家证人制度的存在是当事人主义对抗制的产物，其负面的影响在对抗制的控制下可以被抑制。其主要特征包括：诉讼当事人及其律师对诉讼进程和证明过程的控制和支配作用；专业裁判者即陪审团进行事实裁判，而法官的主要职责是对证据进行筛选并对案件作出法律裁判；集中型审判。② 在当事人主义诉讼模式下，法官和陪审团处于被动、消极的地位，并不主动对证据进行调查，诉讼由当事人及其律师主导进行，法官和陪审团主要是对当事人双方提供的证据进行筛选并作出裁判。正因为如此，在英美法系国家，专家证人掌握在当事人自己手中，由当事人自己选定，并按照自己的方式提出有利于自己的专家证据。这一权利是对抗制的核心内容之一，其本身的弱点因对抗制强烈对抗显现得不甚突出。而我国的诉讼模式属于职权主义，其基本理念是"探寻与决策者作出决定相关的事实的准确、完整的信息。决策者必须在客观充分的事实基础上作出决定，而不依赖于其他诉讼参与人的积极参与或是消极抵抗"。法官主导着诉讼进程，控制着诉讼证明，可以而且是经常主动地进行证据

---

① 参见徐继军：《专家证人研究》，中国人民大学出版社 2004 年版，第 254～255 页。
② ［美］米尔建·E·达马斯卡：《漂移的证据法》，李学军等译，中国政法大学出版社 2003 年版，第 5 页。

调查，主动决定鉴定，这些都是职权主义诉讼的明显特征。① 尽管我国《刑事诉讼法》与《民事诉讼法》的修改吸收了一些当事人主义的因素，如强调庭审中当事人双方的平等对抗，弱化法官的主动调查权，实行审判中心主义或者庭审中心主义，但这并不意味着我国已经建立了当事人主义的诉讼模式。从整个诉讼模式来看，仍然具有较浓的职权主义的色彩，即使是民事诉讼仍是职权主义的。鉴定制度模式的选择是以诉讼模式为基础，专家证人制度系当事人主义的产物，而我国并无当事人主义的渊源，也缺乏当事人主义诉讼模式及对抗制诉讼所需的文化氛围。更为重要的是，中国文化的非对抗制倾向必然会影响对抗制诉讼方式的全面引入；对抗制要素即使通过立法成为我国形式上的体制要素，也难以在实际行动过程中得以有效贯彻，我国近年来司法改革的效果不明显则是例证。因此，在并不具备当事人主义对抗制基础的前提下引入依赖对抗制生长并发展的专家证人制度无异于"南橘北枳"，不仅无法保证该制度在我国得到良好的运行，相反在我国现实中还会加剧鉴定的失范以及失序，造成的"涉鉴上访"等一些职权诉讼模式难以控制的不良后果。这种教训可以说是深刻的，且存在前车之鉴。例如，法国在其早期的刑事鉴定中，为了保护犯罪嫌疑人、被告人的防御权，曾仿效英国的做法，采取了"对立鉴定"的办法，允许诉讼双方分别聘请鉴定人，但这一做法最终被证明行不通。法国在 1958 年《刑事诉讼法》修改时恢复法官委托鉴定的做法可谓前车之鉴，其恢复法官委托鉴定主要基于以下原因：①对立鉴定制度难以与法国的职权主义司法制度相适应；②对立鉴定制度下当事人申请的鉴定人具有明显的倾向性，难以保证鉴定结论的客观公正；③对立鉴定制度增加了鉴定人人数，延长了鉴定程序，拖延了诉讼时间。② 法国的教训是深刻的，也是宝贵的。

从世界范围看，法庭上对质询的立法模式大致可分为两种类型：一种是作为查明事实的证据方法的对质制度，这是大陆法系国家普遍做法；另一种是以对质权为基础，通过对质权与传闻证据排除规则的结合来实现对质的要求，这是英美法系国家的典型做法。在一定意义上说，大陆法系国家法庭询问的主要目的和作用在于调查证据和确认事实，查明案件事实即

---

① 〔德〕托马斯·魏根特：《德国刑事诉讼法程序》，岳礼玲、温小洁译，中国政法大学出版社 2004 年版，第 2～3 页。
② 郭华：《国外鉴定制度与我国司法鉴定制度改革的关系》，载《中国司法》2011 年第 1 期。

旨在从正面来"查实"。在英美法系国家，由于全部证据都由当事人双方提出，并由举证方进行主询问，相对方进行反询问。举证方在进行主询问时通常是尽力引导专家证人等说出对本方有利的事实，并尽力避免其说出对本方不利的事实，因而相对方只有进行充分的质证，才能使对方专家证人等暴露出其证言的虚假或不实之处，并诱导其说出对本方有利的事实。其交叉询问的主要目的在于通过反询问和设立问题陷阱来揭示专家证人证词的矛盾和虚假，进而排除其证词，在案件事实认定上属于排除规则即借助于无法"证伪"来确认案件事实。尽管我国"审判中心主义"尤其是庭审中心进行了改革，原来的法官主导渐渐弱化，形成了所谓的控辩式庭审模式，但这种控辩式庭审并非英美法系国家中的当事人主义对抗制，实际上不过是将调查、核实证据的任务在一定程度上由法官转移给当事人而已，就当事人对质的方式总体来看，仍是采取大陆法系国家的证实性对质方法。法官在听取当事人调查、核实证据的基础上对不明确的问题进行询问，最后综合全案情况与证据形成心证。英美法系国家为了贯彻平等与对抗，当事人双方均有权聘请专家证人，专家证人与当事人一方具有隶属关系，其"专家证言"必然依赖于某方当事人的诉讼请求。然而其伴生的不良后果是专家证人中立性的丧失，为了获得胜诉结果，双方在聘请有利于己的专家证人，对专门性问题的认识转化为专家之间争斗，必然造成诉讼成本的增加以及诉讼时间上的拖延，从而导致诉讼效率的降低。我国缺乏完备的交叉询问机制，仅仅依靠法庭调查程序还不能节制专家证人制度带来的负面效果。尤其是在我国启动鉴定程序主体的多样性所导致的混乱状态尚未解决的情况下，再将专家辅助人作为专家证人，不仅会产生英美法系专家证人制度中同样的麻烦问题，导致诉讼效率低下的问题，而且还将加剧我国司法鉴定体制的混乱状态，出现专家证人制度与鉴定制度的冲突，在市场经济不健全的情况下，专家证人或者鉴定人就会成为当事人获取诉讼利益的工具，现在的"司法鉴定黄牛"的出现则成为未来难以抑制的顽症。

（二）专家辅助人诉讼地位的程式设计

我国司法鉴定体制的改革应以职权主义诉讼模式为基础，以如何协调或配合吸收其他诉讼模式优势作为改革的出发点，而不应脱离职权主义诉讼模式的基础，也不宜盲目引入英美法系的专家证人制度。这样做的结果是：要么立法设立的制度成为空中楼阁，仅仅属于纸面上的制度；要么成为损害原来制度的蛀虫，最终导致改革的失败。就诉讼模式而言，当事人主义和职权主义模式并无优劣之分，专家证人与鉴定制度也无绝对的好坏之别。前者存在较多借鉴与吸收因素，而后者也存在一些吸收与借鉴的成分，但在中西比附中更应当吸取各自制度中深邃的思想与价值取向，其借鉴的是解决相同问题不同道路的有效思路，而非简单的平移与一味对另类制度的尊宠及极度痴迷，更非所谓折中或者叠加，其叠床架屋换回来的结果只能是一种幻想的破灭。

从具体制度设计来看，我国司法鉴定体制的改革更多可参考和借鉴其他大陆法系鉴定人制度的做法，当然，在某些方面确有必要也可吸收英美法系专家证人制度中的合理因素①，而非对国外制度的部分搬运。在专家辅助人制度上，我国应当借鉴英美法系国家专家证人制度的保障当事人诉讼权利的理念，将其作为鉴定制度的补充，以保障当事人有效质疑鉴定意见或者就专业问题提出意见为主轴，形成司法鉴定制度为主和以专家辅助人制度为辅的鉴定制度结构，进而确立专家辅助人的相对独立的诉讼地位。这种制度的专家辅助人不是依附鉴定人的诉讼参与人，因其在法庭与鉴定人存在对抗关系，扮演着"准鉴定人"的角色，其诉讼地位具有准鉴定人的诉讼地位，但不高于鉴定人，也不高于其他诉讼参与人，如证人等。因此，专家辅助人在扮演角色上和诉讼法律关系主体性质上应当属于独立的诉讼参与人，对其诉讼地位应当按照"以鉴定制度为主和以专家辅助人制度为辅"的模式予以架构，给鉴定制度注入鲜活的因子，使其在同一问题上呈现色彩不同的意义与功能，但不得将专家辅助人转化为专家证人替代鉴定制度，也不需要所谓的"择优结合"使鉴定制度与专家证人制度平分秋色，否则会陷入从一个极端走向另一个极端的误区，或者陷入忽东忽西的左右摇荡的怪物，极易被当事人或者办案人员滥用成为漂流式的影子制度。

---

① 邓晓霞：《论英美法系专家证人制度的基础与缺陷——兼论我国引入专家证人制度的障碍》，载《中国刑事法杂志》2009 年第 11 期。

第三章

专家辅助人的权利义务

我国法律有关专家辅助人的规定集中在庭审程序上，如《刑事诉讼法》在第一审程序中对此进行了规定。尽管《民事诉讼法》将其规定在"总则"第六章的"证据"中，但民事诉讼活动主要是审判活动，这是否意味着专家辅助人参与诉讼的活动仅仅限于审判阶段？由于专家辅助人参与诉讼的阶段不同，其权利义务的范围也就不同，这一问题还会影响其权利义务界定的阈限。然而，在司法实践中，对专家辅助人的活动范围已远远突破审判阶段，理论上对此问题也有探讨，存在不同观点。那么，如何界定专家辅助人的权利义务以及将其权利义务限定在何种范围才能保障这一制度能够充分发挥其功能呢？基于本书前两章讨论的实然性问题，结合专家辅助人权利义务范围的应然性思考，对此问题需要作以下探讨：①专家辅助人的权利与义务源于何，即权利义务根据是什么以及确立其权利义务需要考虑哪些因素？其权利与义务与当事人（包括公诉人）与办案机关（主要是法官）之间权利（权力）存在何种关系？②专家辅助人在诉讼中应当享有哪些权利、承担哪些义务即应然性的权利义务有哪些，这些权利如何得到保障，采用何种程序才能保障其权利能够有效行使而又不被滥用？③专家辅助人应当履行何种诉讼义务，不履行义务应当承担何种责任以及确立何种程序能够保证专家辅助人正确地履行义务？以上问题作为本章重点讨论的主要内容。

第一节　专家辅助人的权利义务概述

专家辅助人要接受申请人的申请与职权机关准许参与诉讼，法律应当赋予他一定的权利，以方便其参与诉讼，同时也要规定其承担一定的义务，以防止他损害申请方的利益或者妨碍诉讼的顺利进行。专家辅助人的权利义务是其参与诉讼的前提，其不仅仅体现在实体规范方面，更为重要的是对诉讼程序的有效运行所具有的积极意义。我国《刑事诉讼法》与《民事诉讼法》仅仅从宏观层面上确立了专家辅助人出庭程序，有些实体性问题仍需要相应的制度和司法实践予以维护。基于专家辅助人作为诉讼参与人的独立、客观、中立性的特点及其对鉴定意见或者专业问题提出意见的实体要求，在确定专家辅助人的权利义务时，更需要理论尊重司法实践的尝试和以往的审判经验，结合立法规定的基本精神，并参考国外专家证人保障当事人诉讼权利的做法，对此进行有益探索，以保证确定其权利义务能够维护诉讼的正常秩序、推动专家辅助制度有效地运行以及立法目标的实现。

一、专家辅助人权利义务的不同观点与争议

我国 2012 年修改的《刑事诉讼法》和《民事诉讼法》对专家辅助人制度的确立无疑具有里程碑的意见，不仅将司法实践中的有益尝试提升为法律的规定，而且在一定程度上也催生了学界与实务部门理论研究的热情。在理论上，有关专家辅助人的权利义务讨论较为深刻，其中包括权利义务的范围以及确定权利义务理论或者法律依据，尤其是权利义务的内容在理论上还存在不同的观点，在实践中也存在不同的做法。因此，有必要对这些不同的理论观点和实务做法精心梳理，以便从实然性或者应然性中窥探出专家辅助人在诉讼中应当具有的基本权利和义务，为合理地确定其权利义务提供理论依据和实践基础。

专家辅助人的基本权利义务是指其参与诉讼活动或者进行诉讼行为不可缺少的权利和应当履行的义务。有论者认为，专家辅助人主要享有以下权利：①了解涉案专门性问题；②对专门性问题进行说明和发表个人意见，并对鉴定人进行询问；③对当事人的无理要求可以拒绝，当事人严重侮辱专家的人格和声誉时，可以解除委托关系；④获得报酬。同时承担下列义务：①应当保守在诉讼中知悉的国家秘密和当事人的商业秘密，不得泄露当事人的隐私；②不得在同一案件中担任双方当事人的专家辅助人；③对专门性问题的说明必须忠实于法律和科学事实真相；④认真履行当事人委托的事项，遵守科学准则；⑤遵守法庭纪律和服从审判长的指挥；⑥庭审中接受当事人和法官的询问。

也有论者对其权利义务进行理论上归纳，并认为专家辅助人权利主要

包括：①情况知悉权。专家辅助人有权了解鉴定人的鉴定活动，有权要求鉴定人对鉴定所依据的科学原理、方法、技术手段和鉴定过程等做出详细地说明。②解释说明权。专家辅助人有权对诉讼中的鉴定意见予以解释说明，有权就鉴定意见的有关事项发表自己的意见并阐述理由。③质询异议权。专家辅助人有权协助当事人双方就鉴定意见的真伪以及与鉴定意见有关的其他问题向鉴定人发问，对鉴定意见提出异议，有权与鉴定人进行对质和辩论。④费用请求权。专家辅助人有权向聘请其参与诉讼的一方当事人主张其在诉讼活动所产生的费用，包括差旅费、误工损失和其他费用等。⑤拒绝接受委托和参与诉讼的其他权利。专家辅助人对当事人的无理要求可以拒绝，认为鉴定意见超出其专业知识或擅长的科学技术领域也可拒绝。其义务主要包括：①遵守诉讼秩序和法庭纪律。②保守在诉讼中知悉的国家秘密和当事人的商业秘密，不得泄露当事人的隐私。③遵循诚实信用原则，保证解释说明、质询评价鉴定意见的科学性和客观性，不得违背科学的基本规范。④认真履行当事人的委托，对案件中的鉴定意见提出分析判断意见，协助当事人正确认识和妥善处理相关的专门性问题，维护当事人的合法权益。[1]

　　还有论者从国外的视角对专家辅助人的权利义务进行探讨，并认为，我国应借鉴《俄罗斯联邦刑事诉讼法典》和《意大利刑事诉讼法典》规定的有益经验，对 2012 年修改的《刑事诉讼法》第一百零六条的规定进一步进行修改，通过增设其作为"其他诉讼参与人"来明确其应享有的权利和承担的义务。专家辅助人除了拥有以上学者所述的权利义务外，还包括拒绝参加刑事诉讼的权利、向侦查阶段鉴定人提问的权利、了解侦查阶段笔录内容和提出意见的权利以及保密的义务。[2] 有论者认为，根据 2012 年修改的《刑事诉讼法》设立专家辅助人的立法精神，专家辅助人的权利应当包括以下几项：①提供咨询和建议权。专家辅助人就鉴定事项有权向委托人进行解释说明，并对是否提出、如何提出重新鉴定和补充鉴定提出建议。②调查阅卷权。专家辅助人应享有查阅、摘抄、复制鉴定意见书，就鉴定过程、检材、鉴定方法等相关问题向鉴定人和鉴定机构了解情况的权利。③参与庭前开示程序权。专家辅助人有权直接参加针对鉴定意见的

---

　　① 李苏林：《我国刑事诉讼专家辅助人制度探析》，载《广西政法管理干部学院学报》2013年第 5 期。
　　② 刘广三、汪枫：《论我国刑事诉讼专家辅助人制度的完善》，载《中国司法鉴定》2013年第 2 期。

庭前开示程序，帮助委托人辨别鉴定意见的真伪或准确度，提供是否提出异议的建议。④出庭质证权。专家辅助人有权就鉴定事项代表己方当事人出庭质证，与鉴定人和对方专家辅助人进行对质和辩论。⑤现场监督权。在重新鉴定或补充鉴定阶段，专家辅助人享有监督权，可以在不影响鉴定活动的前提下，到鉴定场所见证鉴定过程，并对其中存在的问题发表意见，制成报告。①

还有论者认为，专家辅助人的权利应包括：①在刑事诉讼中随时介入案件诉讼的权利，在侦查阶段、审查起诉阶段、审判阶段均可介入。②全程参与、监督案件司法鉴定工作的权利。③获取鉴定人据以作出鉴定意见全部相关材料的权利。④专家辅助人有出庭的权利，也有不出庭仅仅提交书面意见的权利。⑤及时发表意见的权利，在侦查阶段、审查起诉阶段、审判阶段均可独立发表自己意见。

另有论者认为，由于专家辅助人属于裁判辅助主体，需要对鉴定意见和其他专业问题进行阐释、说明和发表意见，协助法院对涉及专业问题的案件事实作出正确判断和认定。专家辅助人在资格确定上应与我国鉴定制度相适应，享有查阅案卷，向当事人、鉴定人和证人发问，要求鉴定人就其鉴定意见作出具体说明，参与法庭辩论，发表"专家意见"等诉讼权利，并承担相应的诉讼义务和责任。专家辅助人可以通过参与法庭审理和庭前证据交换，以口头和书面的形式提供辅助，辅助范围也不应限于自然科学问题，但不得就法律适用问题发表意见。具体而言，专家辅助人应当享有以下权利：①查阅案件材料的权利。因为鉴定意见不是孤立存在的，对其是否具有科学性的判断，不仅需要对与之相关的专业知识的熟悉，还需要对全案有关证据和事实的了解和研究。②在法庭审理中经法庭许可向当事人、鉴定人和证人发问的权利。阅卷和询问当事人、鉴定人、证人等都是了解案件情况的基本手段。在法庭审理中，专家辅助人可能需要通过对上述人员进行发问，明确了解当事人陈述、证人证言的具体意图和内容，鉴定人作出鉴定意见的具体理由等，才能有效地帮助当事人排除质证中对于某些专业问题的障碍，最终协助法院发现事实真相。③要求鉴定人就其鉴定意见作出具体说明的权利。除了对鉴定人发问外，如果发现鉴定意见有违科学真实、技术规范或者程序公正，应有权提出质疑，要求鉴定人对鉴定意见中的上述问题作出具体说明。④经人民法院许可，与对方当

---

① 李雪蕾：《刑事诉讼专家辅助人制度初探》，载《人民检察》2012 年第 12 期（下）。

事人申请的专家辅助人、鉴定人进行辩论的权利。鉴定意见以及案件中的其他专业问题，在很多情况下需要辩论才能得到正确的认识和判断。基于最高法院《民事证据规定》规定的"经人民法院准许，可以由当事人各自申请的具有专门知识的人员就有关案件中的问题进行对质"，专家辅助人具有对质权利。⑤对鉴定意见或其他专业问题发表"专家意见"的权利。专家辅助人在对鉴定意见或其他专业问题进行充分了解和分析的基础上，形成了自己的判断，或认为鉴定意见正确，或认为尚存在重要疑问，甚至错误，其应当将自己的判断向法院说明，才能有效地协助法院发现事实真相，作出正确的事实认定，或采取下一步的程序性行动。这也是专家辅助人制度的目的所在。⑥获得报酬的权利。专家辅助人是一种复杂的脑力劳动，需要付出一定的时间和精力，因此应获得相应的报酬。提出申请专家辅助人的当事人理应支付该报酬。① 浙江省高级人民法院《关于专家辅助人参与民事诉讼活动若干问题的纪要》第十条规定："专家辅助人享有以下权利：（一）阅卷了解鉴定意见或者其他专门性问题的相关资料；（二）就鉴定意见进行质证；（三）就其他专门性问题进行说明、发表意见。"第十一条规定："专家辅助人应承担下列义务：（一）独立、客观地发表意见，如实回答法庭及其他诉讼参与人的发问；（二）不得在同一案件中同时担任双方当事人的专家辅助人；（三）保守诉讼中知悉的国家秘密、商业秘密、个人隐私。"

以上有关专家辅助人的权利义务的讨论是有意义的。这些不同观点与争论，一方面，反映了我国法律或者相关解释对专家辅助人的权利义务未作出明确规定带来的理论与实践分歧问题；另一方面，也反映了我国理论界对专家辅助人的权利义务在缺少法律规定而参照国外相关规定探讨的传统。以上有关专家辅助人权利义务的界定方法仍限于，要么仅仅局限于法律明确规定的"法条主义"传统，要么移植国外专家证人权利义务体现"殖民主义"倾向。也就是说，对于专家辅助人是以鉴定人的权利义务作为依据进行解释还是以国外的专家证人的权利义务进行说明。我们认为，对专家辅助人权利义务的界定，不仅需要有相应的法律依据，而且还要满足司法实践的需要，检校法律在制度上及其潜存理念的缺失，借助于权利义务不同层级的来源，辅之以应然的法理与内在理路，从以下方面寻找更加完善的理论阐释或者立法上的思路更新。其研究思路为：一是法条规定

---

① 参见张立平、杨丹：《民事诉讼专家辅助人的法律定位及其制度完善——以法条与司法解释的逻辑解读为基点》，载《湘潭大学学报（哲学社会科学版）》2014年第1期。

的所谓的"法定"权利义务，如《刑事诉讼法》第一百九十二条第二款和《民事诉讼法》第七十九条规定的，就鉴定意见或者专业问题提出意见或者发表看法的权利；二是基于法条规定延伸出来的权利义务，如获悉专门性问题以及鉴定意见或者专业问题的权利，在法庭上的对质权利及接受询问的义务；三是基于司法实践需要推出的权利义务，如《法院刑诉法解释》第一百八十四条规定的参与庭前会议的权利、与当事人基于委托关系的报酬权利及保密义务等。对于这些权利义务将在下面进行具体论述，此处不再赘述。

二、确定专家辅助人权利义务需要考虑的因素

确定专家辅助人的权利义务不仅需要与其诉讼地位相匹配，还需要考虑办案机关决定与当事人申请之间的关系以及专家辅助人与当事人之间的关系，既要防止当事人滥用申请权，影响诉讼效率，也应当避免办案机关滥用职权，使当事人在此方面的权利仅仅具有纸面上的意义，同时还要基于当事人利己主义倾向，考虑其对专家辅助人的影响。基于此，在确定专家辅助人的权利义务时除了保持其相对独立的诉讼地位外，还应根据法律的规定以及实践的需要予以衡量，以保证其权利义务的确定符合专家辅助人的诉讼地位和能够满足司法实践的需要。

对专家辅助人权利义务不仅需要从应然性进行阐释，也需要从实然性法律文本的视角进行解读。这种解读既需要从其涉及的司法实践予以考察与分析，也需要从现有的立法规定的规范性文件的要求进行诠释。尤其是后者，如果对其权利义务的解释符合进取路径，对其实践中运行以及权利保障或者履行职责则具有现实意义，这也是确定专家辅助人权利义务时不可或缺重要环节。

从规范意义上对专家辅助人权利义务不仅需要依据《刑事诉讼法》第一百九十二条和《民事诉讼法》第七十九条对其的专门性规定，同时还需要结合与之相协调与配合的相关制度，作出系统性或者整体性的解释，以免司法实践操作仅限于法条出现实践中机械法定主义或者防止向法条外过度逃逸远离立法的原意，偏离立法预设的方向，丧失其应有的功能。无论是我国民事诉讼的立法性释义还是刑事诉讼的立法性释义，对专家辅助人的权利义务涉及内容与范围均未充分展开讨论。在实践中，有论者认为，针对专家辅助人诉讼立法的规定和最高法院《民事证据规定》施行以来的

审判经验，确定专家辅助人的权利义务在实践操作中需要关注如下问题：
①专家辅助人基于当事人聘请、委托询问参与到诉讼之中，其有关费用和
报酬由聘请、委托的当事人负担，并不作为诉讼费用在当事人之间分担。
②专家辅助人能否参与到法庭审理，取决于法院的决定。如果法院认为当
事人申请专家辅助人出庭没有必要，可以驳回当事人的申请。法院准许当
事人申请的，应当通知专家辅助人出庭，通知书应当载明出庭时间、地点
及专家辅助人的权利义务等。③专家辅助人出席法庭审理时不能被视为证
人在证人席陈述意见，而是与当事人及其诉讼代理人在法庭上的位置保持
一致。④专家辅助人是否具备相应的资格和能力，取决于当事人的认识，
法院对专家辅助人不作资格上的审查。⑤专家辅助人在法庭上"就鉴定人
作出的鉴定意见或者专业问题提出意见"，这意味着他在法庭上的活动限
于与专门性问题相关的范围，在此范围内，专家辅助人可以代表当事人提
出对鉴定意见的意见、经人民法院许可对鉴定人进行询问、双方当事人均
申请了专家辅助人时可以由双方的专家辅助人进行对质、在案件没有委托
鉴定时就专门性问题发表意见等。而专门性问题之外的其他问题，专家辅
助人不能参与。① 以上观点折射出以下问题：①专家辅助人与委托的当事
人之间应当保持何种关系，其关系影响其权利义务的程度。②专家辅助人
参与诉讼的活动范围，其范围的大小制约其权利义务的范围。③专家辅助
人与办案机关之间的关系，该关系影响其权利义务行使与履行的方式。我
们认为，对专家辅助人权利义务的确定需要基于以下关系予以考虑。

（一）从专家辅助人与办案机关之间的关系进行分析

从我国《民事诉讼法》第七十九条的规定来看，"有专门知识的人
出庭，只能在当事人申请的情况下才能启动，人民法院不能以职权主动
通知有专门知识的人出庭。"② 而《法院刑诉法解释》第一百八十条规
定："对提起公诉的案件，人民法院应当在收到起诉书（一式八份，每增
加一名被告人，增加起诉书五份）和案卷、证据后，指定审判人员审查以
下内容：……（五）是否列明被害人的姓名、住址、联系方式；是否附有
证人、鉴定人名单；是否申请法庭通知证人、鉴定人、有专门知识的人出
庭，并列明有关人员的姓名、性别、年龄、职业、住址、联系方式；是否
附有需要保护的证人、鉴定人、被害人名单……"第一百八十二条规定：

---

① 参见宋春雨：《对新民诉法证据制度若干问题的理解》，载《山东审判》2013 年第 1 期。
② 王胜明主编：《中华人民共和国民事诉讼法释义》，法律出版社 2012 年版，第 177 页。

"开庭审理前，人民法院应当进行下列工作……（三）通知当事人、法定代理人、辩护人、诉讼代理人在开庭 5 日前提供证人、鉴定人名单，以及拟当庭出示的证据；申请证人、鉴定人、有专门知识的人出庭的，应当列明有关人员的姓名、性别、年龄、职业、住址、联系方式……（五）开庭3 日前将传唤当事人的传票和通知辩护人、诉讼代理人、法定代理人、证人、鉴定人等出庭的通知书送达；通知有关人员出庭，也可以采取电话、短信、传真、电子邮件等能够确认对方收悉的方式……"第一百八十四条规定："召开庭前会议，审判人员可以就下列问题向控辩双方了解情况，听取意见……（五）是否对出庭证人、鉴定人、有专门知识的人的名单有异议……"

从以上的规定来看，控方则需要在移送起诉案卷材料的同时应当申请法庭通知专家辅助人出庭，至迟开庭前 5 日申请有专家辅助人出庭；辩方应当在开庭 5 日前有权申请专家辅助人，法院对于当事人等是否申请专家辅助人负有告知的职责。如果法庭需要开庭前会议的，需要在庭前会议之前告知当事人申请专家辅助人出庭，否则当事人庭前会议上无法对专家辅助人的名单提出异议。那么，对于法院在开庭 5 日前没有告知的，能否视为在以后的任何阶段可以法官未履行告知职责为由申请专家辅助人出庭呢？基于当事人与办案机关的关系而言，答案应当是肯定的。这个问题实际上是指，专家辅助人参与诉讼是基于当事人的聘请还是基于办案机关的通知。从专家辅助人出庭需要延伸的权利义务来探讨，对于法庭决定通知出庭的专家辅助人，由于开庭准备的时间较短，其通知出庭以前的专家辅助人的行为应当视为有效，不应将其仅限于通知以后行为，否则难以发挥专家辅助人的作用。而在通知出庭以后，根据《刑事诉讼法》第一百九十二条第三款专家辅助人"出庭，适用鉴定人的有关规定"的规定，有权了解进行鉴定所需要的案件材料、获得鉴定意见书、法庭需要询问的专业问题；在必要的时候，可以询问与鉴定意见或者专业问题有关的当事人、证人等，但"不包括适用《全国人民代表大会常务委员会关于司法鉴定管理问题的决定》有关其资质、处罚等实体性处理的规定"[①]。尽管专家辅助人的活动范围主要在法庭上，但其在法庭上的任务仅仅依靠庭审还难以完成，其权利义务也不能仅仅限于此范围，需要庭前活动，如知悉鉴定过程等。因此，专家辅助人的权利义务必然会延伸到审前程序，其权利义务不是源于办

---

① 郎胜主编：《中华人民共和国刑事诉讼法释义》，法律出版社 2012 年版，第 419 页。

案机关的通知，而是源于当事人的聘请，在理论上存在身份转化问题。

（二）从专家辅助人参与诉讼的活动范围进行探讨

在诉讼中引入专家辅助人制度，除使法官和当事人能够通过法庭上的询问与对话全面认识和理解鉴定意见、专业问题外，还应当满足程序正义最基本的要求，即与诉讼结果有利害关系或者可能因该结果蒙受不利影响的人都有机会参与到诉讼中并能够在反驳对方的同时提出自己的主张和发表意见。例如，福建法院经 7 年 8 次审理 4 次判处死刑的念斌投毒案。[1]该案被告人念斌先后 4 次被法院判处死刑立即执行，3 次被撤销判决或裁定发回重审，多次开庭，造成涉案的三大家族冲突、上访不断。[2] 其中，法医鉴定被专家辅助人质疑的疑点重重，甚至成为法庭不敢毅然判决的疑案。福建念斌案历经福建福州中院、福建高院的"8 次庭审，4 次死刑判决"以及"最高人民法院 6 次批准延期"来回穿梭 8 年辗转的"一波三折"，不仅成为新闻媒体舆论的热点，也转化为司法舆情的焦点，疑案如何处理再度成为考验司法智识的航标（2014 年 8 月 22 日，福建省高级人民法院判决上诉人念斌无罪）。

此案的主要情况如下：2006 年 7 月 27 日晚上 10 点多，福建省平潭县澳前村丁某某家里一片忙乱，10 岁的大儿子和 8 岁的女儿相继出现腹疼、头疼、呕吐和抽搐等症状。起初，家人以为着凉而采用了各种偏方，均无济于事。在送往平潭县医院后，被诊断为食物中毒，经医生抢救无效死亡。福建平潭警方经过侦查，确定是人为投入氟乙酸盐鼠药所致，并认为其邻居念斌存在重大作案嫌疑。念斌在公安机关审讯中对犯罪事实"供认不讳"，后被提起公诉。

2008 年 2 月，福州中院一审以投放危险物质罪判处念斌死刑。念斌提起上诉。同年 12 月，福建高院以事实不清、证据不足裁定撤销了一审判决，发回福州中院重审。2009 年 6 月，福州中院再次判处念斌死刑。2010 年 4 月，福建高院认为，原判认定事实清楚、证据确实充分，定罪准确，裁定维持对念斌的死刑判决，并报请最高人民法院核准。2010 年 10 月 28 日，最高人民法院以"事实不清，证据不足"对死刑裁定不予核准，发回重审。福建省高院经过重新审理，认为原判事实不清、证据不足，于 2011

---

① 参见黄秀丽：《一碗稀饭引发的投毒悬案》，载《南方周末》2009 年 11 月 30 日。
② 参见刘立民：《念斌投毒案，有多少悬疑等待破解?》，载《法治周末》2012 年 8 月 22 日。

年5月再次作出撤销一审判决、发回福州中院重新审理的裁定。2011年11月24日，福州中院再次判处念斌死刑。念斌不服判决，第三次提出上诉。2013年7月4日，福建高院将对"福州念斌投毒案"进行第三次开庭二审。

在该案中，控方认为，7月27日凌晨1点多，念斌将鼠药投放到丁家的烧水铝壶。第二天陈某某帮丁某某煮饭。恰逢丁某某的公公送来一斤鱿鱼和其他杂鱼，和丁某某感情融洽的陈某某用该水壶的水帮丁某某煮了鱿鱼。晚上，丁又用该水壶的水煮了稀饭。由于水壶里的水有毒，导致6人吃了稀饭和鱿鱼后中毒。福建警方提取了铝壶、炒菜铁锅和煮稀饭的高压锅，经过检测，铁锅和高压锅均检出氟乙酸盐鼠药成分，铝壶未能检出有毒物质，但在瓶装分送的被称作从铝壶中提取的水中检出氟乙酸盐。

辩方律师对此提出质疑并认为，经过冲洗的炒菜锅和高压锅均能检查出有毒物质，而满是水垢的"毒水之源"铝壶却没有毒[①]。氟乙酸盐易溶于水，不容易溶于脂。而鱿鱼含脂成分高，吸收氟乙酸盐相对于含水较大的稀饭要少，即毒水煮的稀饭的毒性远高于用毒水煮的鱿鱼。丁某某是唯一一个仅仅吃了稀饭没有吃鱿鱼的人，她却没有中毒。基于案件的鉴定意见存在异议，辩方律师向福建省高院申请微量物证鉴定专家、北京理化分析测试协会质谱专业委员会理事肖某某及法医毒物鉴定专家、原北京市公安局法医毒物室主任宋某某作为专家辅助人出庭，就此案的毒物性质、中毒情形、毒物检测等问题提出意见。

专家辅助人肖某某当庭提出，在看过当年的警方检验报告后发现，在当年警方毒物检验时，对于相关现场证据的检验并未做够，导致了质谱图中的噪音很高。专家肖某某指出，警方提供的质谱图，当中的噪音已经超出了仪器的检出极限，如要以此质谱图判定毒物是非常勉强的，误判的可能非常大。[②]另外还指出了两项疑点：一是其中的一份鉴定结论为"倾向于认定门把上残留物含有氟乙酸盐"，其结论不规范。"毒物鉴定只能作是与非判断，要么'检出'，要么'未检出'，'倾向于认定'过于草率。"二是根据念斌供述，其曾在货架上和地面上洒过鼠药。念斌投毒时时值深夜，光线黑暗，鼠药遗洒在煤炉和壶嘴上的可能性非常大。但福州市警方

---

① 参见张刘涛：《被告曾4次被判死刑立即执行》，载《东方早报》2013年7月4日。
② 参见张刘涛：《警方毒物判定中"误判可能非常大"》，载《东方早报》2013年7月7日。

并未从这些部位检测到毒药成分。煮稀饭的高压锅和水壶里面的水被检出有毒，是在念斌作出有罪供述之后。

控方对此作出反驳并认为，水壶里已经检验出有毒，无须拿鱿鱼做化验，而丁某某吃稀饭未中毒是因为个体差异。在 2009 年 2 月平潭警方向法院提交的"情况说明"里，警方称"该铝锅未提取到位，随后技术人员依法对该铝锅进行提取，提取时铝锅里有水。"然而，据 2006 年 7 月 28 日警方的记录，"现场勘验检查提取痕迹、物品登记表"显示，烧水铝锅已经提取，警方当时拍下的照片上，水壶是空的。据被告人念斌的辩护律师介绍，数年来，辩方多次索要质谱图，但福州公安一直未予提交，因而对于鉴定意见的真伪难以辨别。在拿到质谱图后，辩方曾委托国内顶尖专家和香港权威毒物专家进行论证，结论均是"并没有任何证据支持氟乙酸盐曾被使用过"。专家们还认为，该中毒事件"是一起急性食源性中毒事件，毒物来源与食用鱿鱼有关"。① 庭审结束后，合议庭向二位专家咨询了有关毒物的相关知识。

福建省高院决定 2014 年 6 月 25 日再次开庭前，公安机关通知念斌的辩护律师，在电脑里发现了念斌案件有关的 153 个电子质谱图数据，如何评审看待这 153 个电子数据，这 153 个电子数据能否维持控方的检验报告，控方邀请了来自北京和浙江的两位专家，辩护律师也邀请两位知名的毒物专家。双方在法庭主持下，召开庭前会议，就"质谱图"进行讨论。念斌的辩护律师介绍，当天讨论的主要是证据的检验方法，内容十分专业。在三个多小时的讨论结束后，念斌的另一位辩护人说，辩方认为被害人的胃里面没有检验出氟乙酸盐，控方也没有有力证据证明胃里检验出毒物。但是，就尿里和血液里是否有该毒物进行了争论，"毒物在被害人的胃里没有，在血液和尿里出现，违反常识。不过，控方说这是洗胃造成的"②。

对于上述案件进行分析可以发现，①针对鉴定方法等专业问题的质疑需要专家辅助人知悉其鉴定采用的方法是否科学，而这些需要询问鉴定人，如果专家辅助人没有此权利，仅仅依靠法庭上的猜测性质疑，其澄清鉴定意见异议的目标难以实现。这也是庭审结束后合议庭向专家进行咨询

---

① 参见周喜丰：《8 年 9 审曾被判 4 次死刑，福建"念斌投毒案"第五次延长审限》，载《潇湘晨报》2014 年 2 月 22 日。

② 参见李婧：《男子涉嫌投毒致死两童四次被判死刑　今天再次开庭》，载人民网 2014 年 6 月 25 日。

的原因所在。②对于鉴定结论得出，需要借助于其他证据，不仅仅依据提供的检材，其中检材的来源以及真实客观性需要有连续性、安全性来保障，否则鉴定意见在客观上也会导致作为定案根据失去意义。这就需要专家辅助人在质疑鉴定意见时需要对鉴定所需要的检材、检材是否被污染或者张冠李戴等情况有所了解。③质疑鉴定意见还需要结合案卷中的其他材料，阅卷成为一种必要。这些问题需要其阅读案件综合才能发现，此权利需要法律予以保障。因此，专家辅助人的范围不应仅限于审判阶段，可以在侦查阶段或者审查起诉阶段。这一点在公安机关的规定中可以得到佐证。《公安机关办理刑事案件程序规定》第二百四十三条规定："犯罪嫌疑人、被害人对鉴定意见有异议提出申请，以及办案部门或者侦查人员对鉴定意见有疑义的，可以将鉴定意见交送其他有专门知识的人员提出意见。""为了帮助有关当事人、办案部门和侦查人员发现正确处理鉴定意见的异议、疑义……将鉴定意见交送其他有专门知识的人员提出意见，请其提供意见供办案民警参考。需要特别注意的是，具有专门知识的人员并不一定需要有鉴定资格，而且有专门知识人员提出的意见本身不是重新鉴定，只是有专门知识的人从专业角度对鉴定意见提出质疑意见，作为侦查人员审查鉴定意见的参考。""本次《刑事诉讼法》修改中，在法庭审判环节引入了有专门知识的人出庭制度，在本次《程序规定》修改中，也相应增加了关于对鉴定意见有异议、疑义的处理规定。"① 也就是说，在侦查阶段，侦查机关可以聘请有专门知识的人对鉴定意见提出意见，那么，犯罪嫌疑人、被害人对于鉴定意见提出异议，也应当有权聘请有专门知识的人即专家辅助人对侦查机关告知的鉴定意见进行审视并提出异议。

最后，福建省高院二审经审理认为，虽然上诉人念斌对投毒过程作过多次供述，但原判认定被害人死于氟乙酸盐鼠药中毒的依据不足，投毒方式依据不确实，毒物来源依据不充分，与上诉人的有罪供述不能相互印证，相关证据矛盾和疑点无法合理解释、排除，全案证据达不到确实、充分的证明标准，不能得出系上诉人念斌作案的唯一结论。因此，原判认定上诉人念斌犯投放危险物质罪的事实不清，证据不足，原公诉机关指控上诉人念斌所犯罪名不能成立。原审判决上诉人念斌赔偿附带民事诉讼原告人丁某某、俞某某的经济损失无事实依据，遂依法作出上述终审判决。

尽管该案最终以无罪判决而结束，倘若作为疑案来分析，案件被害人

---

① 孙茂利主编：《公安机关办理刑事案件程序规定释义与实务指南》，中国人民公安大学出版社 2013 年版，第 526 页。

的冤屈并未因终结的判决得到伸张，8 年诉讼成本投入仅仅徒增个"被害人"，无他益处。人们不禁会反躬追问，案件的被害人依然是"被害人"，谁是"害人"者？[①] 这些问题也许会随着历史的演进水落石出，[②] 但就目前而言，仍需要扪心自问的是，为什么类似的案件悲剧一再重演？专家辅助人不发达及其提出的意见不受重视应该是其中的原因之一。

（三）从专家辅助人与委托的当事人之间应当保持何种关系来分析

专家辅助人与当事人之间是一种委托与被委托、服务与被服务的关系。专家辅助人一旦接受委托，就应当有倾向性地为当事人服务，不得做出有损当事人利益的行为。但是这种倾向性表现为选择性，接受办案机关通知后应独立客观的陈述对鉴定意见或者专业问题提出意见，不能违背科学规律和客观事实。而在权利义务问题上，2012 年 12 月 26 日北京市高级人民法院《关于在民事审判工作中贯彻执行〈民事诉讼法〉的参考意见》第二十九条规定："根据《民事诉讼法》，当事人可以申请人民法院通知有专门知识的人出庭，就鉴定人做出的鉴定意见或者专业问题提出意见。适用本规定应注意以下问题：……二是有专门知识的人出庭，相关权利义务按照《最高人民法院关于民事诉讼证据的若干规定》第六十一条执行。"而该规定第六十一条规定："当事人可以向人民法院申请由一至二名具有专门知识的人员出庭就案件的专门性问题进行说明。人民法院准许其申请的，有关费用由提出申请的当事人负担。""审判人员和当事人可以对出庭的具有专门知识的人员进行询问。""经人民法院准许，可以由当事人各自申请的具有专门知识的人员就案件中的问题进行对质。""具有专门知识的人员可以对鉴定人进行询问。"如被称为"中国互联网反垄断第一案"的奇虎 360 诉腾讯滥用市场支配地位的反垄断案。[③]

奇虎 360 公司针对腾讯公司在 3Q 大战期间滥用其即时通信工具 QQ 市场支配地位的强制用户卸载已安装的 360 软件等事实提起首例反垄断纠纷诉讼。2012 年 4 月 18 日，广东高院对该案开庭公开审理。由于该案牵涉我国两家著名的互联网企业，媒体将此案称为"互联网反垄断第一案"。

---

① 在此案件中媒体曾追问"投毒案到底谁是真凶？"参见王莉霞、梁超：《8 年 4 次被判死刑念斌昨天无罪释放》，载《京华时报》2014 年 8 月 23 日。

② 2014 年 9 月，福建平潭县公安局对福建高级法院作出无罪判决的案件重新立案侦查，并告知限制其出境。

③ 参见施建：《奇虎 360 诉腾讯反垄断案过堂：四大高手唇枪舌战》，载《21 世纪经济报道》2012 年 4 月 19 日；《互联网反垄断第一案二审结束》，载《法制晚报》2013 年 11 月 28 日。

奇虎360诉称腾讯滥用即时通信软件及服务相关市场的市场支配地位,认为构成垄断,请求判令腾讯赔偿其经济损失1.5亿元。广东高院一审驳回了奇虎360公司的诉讼请求。随后,奇虎360公司向最高人民法院提出上诉。2013年11月28日,最高人民法院开庭审理了该案。在该案的审理过程中当事人聘请的专家在以下问题上出现了最为激烈的争议。

一是QQ所处的相关产品市场,即与QQ同处一个细分市场,可以替代QQ的产品有哪些。简言之,QQ的竞争对手是谁或者说在2010年3Q大战爆发前,QQ是否存在竞争对手,电子邮箱是否打破了QQ垄断?奇虎360公司的专家余某作为RBB经济咨询公司的经济研究员,对此解释称,假定垄断者测试是经济学的概念,这种方法假定市场当中的产品只有一家垄断者提供,如果垄断者将价格小幅度提高了5%~10%,如果不可能获取更高的利润,就是产品之外还存在一些具有紧密替代关系的产品。如果这个垄断者可以获取利润,《反垄断法》下的"相关产品市场"也就得到了界定。一审法院在适用这个方法认定案件事实上存在不妥。倘若"假定垄断者测试方法"可以用,在操作当中仍需要进行调整,需要考虑非价格的因素。

腾讯公司认为,电子邮箱、微博甚至包括手机短信都与QQ是一类产品,相互之间可以替代。现在很多邮箱如Gmail和163都带有即时通信功能,像Gmail里有Gtalk功能,非常好用。微博同样可以在线私信。由于这种功能能满足用户互相交流的需要,因此电子邮件、微博与QQ就应该同属一类产品,相互之间可以替代,属于竞争关系。而腾讯方专家姜某某认为,"我不懂《反垄断法》中的假定垄断测试,谈一点个人感受。"针对产品之间的相互替代性,姜某某打了个比方:从东直门到西直门,可以走路、骑自行车、坐地铁;从北京到上海,可以坐货车、坐飞机、坐火车。结论是只要能到达目的地,这些交通工具就是可以相互替代的。QQ尽管有8亿用户,但QQ和邮箱、微博、短信可以相互替代,所以在即时通信市场不是QQ一家独大,"网易邮箱、新浪微博、运营商短信都可以即时聊天,使用邮箱时如果两个人可以连续发邮件,同样有聊天的效果。微博、短信同样可以达到即时交流的目的"。因此,不能说QQ垄断了即时通信领域。

二是QQ在哪个具体的国别市场里达到了垄断的地位,"相关地域市场"成为争论的焦点。奇虎360公司认为,相关地域市场应限定为中国内地的即时通信市场,根据艾瑞、易观等多家第三方的市场分析报告,QQ在即时通信市场里占据了绝大多数的市场份额。而腾讯公司辩称,相关地域市场应当界定为全球市场，因为互联网产品自身的特点，完全可以在全球市场自由流动，无须考虑语言、文化等地域市场特性。也就是说，应当将QQ放到全球市场来看其是否垄断，MSN这样的美国竞争对手干掉QQ轻而易举。世界上最大的20家互联网企业中，美国占14家、中国占6家，欧洲一家也没有，只有零碎的小工厂，部分原因就是欧洲在互联网领域反垄断。法官就此进行了追问：和国际产品相比，QQ的优势到底在哪里？为什么QQ在中国有这么大的市场占有率，但在国外市场占有率却很低？

三是即时通信的相关市场如何界定，尤其是在时间上如何确定，这一问题便成为专家激烈的交锋的争点。奇虎360认为，要确定是否滥用垄断行为，应着眼滥用行为发生时的情况，否则就会陷入一个无限时间的怪圈中。腾讯方认为，电子邮箱也是即时通信。电子邮箱、微博、BBS、新闻网站都与QQ具有竞争和替代关系，与即时通信同属一个市场，甚至搜索、视频、电商等所有互联网服务都因其获取用户眼球，然后将获取的眼球变现的属性，属于同一市场。并举例说，从北京西直门去八达岭长城，乘火车、坐公共汽车、搭卡车、骑自行车和步行也是相互竞争和替代关系。奇虎360专家反驳：举例说，都是音乐产品载体，难道20世纪40年代的唱片可以预期当今的MP3是它的竞争对手吗？显然，这种故意混淆时间性的做法是站不住脚的。针对原被告各自聘请的专家在法庭上的争论，结合诉讼立法对专家辅助人的规定，需要讨论以下问题。

第一，由于国内反垄断案件缺乏相关成熟的案例，尽管法庭允许360和腾讯聘请互联网专家出庭作证，但专家出庭在法庭上应当做何种行为即究竟享有何种权利以及承担何种义务并不清楚。例如，在该案中360公司聘请的是英国学者，腾讯律师在法庭对该专家的身份提出质疑。腾讯律师指出，该英国学者在一审中曾介绍自己为英国公平贸易局局长，在当庭质疑后又改称其为下属单位的局长，而在有关报告中对他的职位描述为英国公平交易办公室主管；在一审的简历中称获得了伦敦经济学理科学士学位，其后却有"业余"和"业余远程授课"字样（类似中国的电大、夜校和函授），在二审简历中均将其模糊去掉。一审、二审及报告中多次身份不一致，其道德诚信值得怀疑。[①] 而审判长在就该英国学者的身份、专业水平等进行详细询问后认为，一审法院卷宗中英国公平贸易局人力资源

---

① 参见吴琳琳：《360告QQ 360终极大战激辩22个问题》，载《中国青年报》2013年11月27日。

部的信函已对其身份进行了确认，而关于该英国学者的专业水平和资历问题，鉴于其教育背景及从业经验，其提出的意见可以作为法庭参考。①

第二，双方为彼此陈述自己观点打了3个比喻，这种采用打比方作为提出意见的方式是否符合专业的要求。在普遍常识中，电子邮箱、新浪微博、QQ等互联网产品，都可以满足人们相互交流的需要，但其产品特性和用户使用习惯却大相径庭，在普通人眼里应该属于完全不同的产品。从腾讯专家的角度看，互联网不应该有产品市场的划分，所有的互联网产品和服务都在一个平台上，存在竞争和替代关系。3Q大战期间，腾讯曾经强迫用户进行"二选一"。一审法院认定"二选一"是限制交易行为。而腾讯律师认为，"二选一"是正确的，因为当时并没有相关的法律规定，所以不能说"二选一"是做错事，如果处于现在的环境或者条件，腾讯则不会这么做。并进一步认为，在一个没有裁判员的比赛中，任何动作都是正确的、合理的。然而，2010年时，《反垄断法》以及相应配套规则已经就位，约束的就是类似"二选一"的限制交易、捆绑等行为，以至于没有"裁判员"的观点失去依据。②

第三，国外的产品一般不按国家和地区市场划分，一般分为高端市场和低端市场，没有进入中国或者在中国市场不成功是因为国外公司不了解中国，国外产品只要稍加修改就可以进入中国并取得成功。虽然腾讯的QQ产品根据不同国家的市场推出了不同的产品，但腾讯认为全世界都是一个市场。究竟腾讯是否划分了不同国家的市场，即使经过专家出庭质疑，但在此问题上仍未能清晰。

从上述案件中专家辅助人的权利义务来看，2012年修改的《刑事诉讼法》、《民事诉讼法》以立法形式设立的专家辅助人制度未像鉴定人的权利义务那样作出明确的规定，导致了司法实践的各行其是，甚至在法庭上出现各取所需的不规范现象。但是，从该案的审理过程可以窥探出专家辅助出庭需要相对明确的权利义务规定，否则即使其出庭也会因权利义务不明确难以在法庭上发挥作用。在一定意义上说，在诉讼过程中，当事人双方就鉴定意见存有争议或者专业问题需要专家提出意见，就应允许专家辅助人出庭。这属于当事人应有的诉讼权利，法院一般无权拒绝。在一定

① 参见彭小菲：《360诉腾讯存5大争议22个问题 二审可能维持原判》，载《北京晨报》2013年11月27日。
② 参见彭小菲：《各说各理垄断难断 3Q大战仍未分胜负》，载《北京晨报》2013年11月28日。

意义上说，专家辅助人是针对有异议的鉴定意见或者专业问题的存在而产生的，是当事人权利的延伸，专家辅助人的权利应当不超越当事人的权利。由于作为专家应当履行比当事人更多的义务甚至在诉讼过程中需要获得更多的信息，其权利并非当事人权利义务的一部分，应当存在不同于当事人的权利义务，如查阅鉴定材料的权利以及对获知的案情对当事人保密的义务。

从案例中发现的问题，需要在专家辅助人权利义务方面探讨清楚，需要法律予以规定并得到办案机关的保障。例如，有些检察机关在审查起诉阶段也在委托专家辅助人，并认为："当专业案件进入审查起诉阶段后，承办人必须及时邀请相关领域的这些专门性人才担任专家辅助人，并明确赋予专家辅助人享有提供咨询和建议权、调查阅卷权、参与庭前开示程序权、出庭质证权、现场监督权等权利。"但是，专家辅助人不能是同一案件的鉴定人或者同一鉴定机构的鉴定人。办案机关委托的专家辅助人必须与案件或案件当事人没有利害关系，而被告人（犯罪嫌疑人）、自诉人（被害人）委托的专家辅助人尽管不受限制，同一鉴定机构的鉴定人作为专家辅助人也不得接受对方当事人的委托或聘请。

第二节 专家辅助人的权利及保障

专家辅助人作为当事人或办案人员或者专门知识供给或者专业能力延长的协助者，其活动还能够协助法庭澄清不同鉴定意见的争议以及当事人、办案人员对鉴定意见的异议、疑义，因此赋予其更多的权利有利于保障其功能的充分发挥，有利于鉴定意见异议的澄清与争议的解决，但不宜授予过度而非适当的权利，以免权利张力对其他诉讼参与人产生不良影响；也要防止权利供给不足，导致专家辅助人被边缘化，难以发挥其应有的作用。然而，专家辅助人的权利不仅会受到立法的影响，还会受制于办案机关的权力限制，基于此，如何确定合适的权利则成为立法、实践与理论需要探讨的问题之一。基于专家辅助人源于当事人专门知识短缺以及聘请的现实，其权利的范围作为协助人一般不会超于当事人的权利，然因专家辅助人作为专家有不同于当事人在诉讼中的地位，其权利则存在不同于当事人自己独立具有权利，否则，独立的诉讼品格难以彰显。这种不同于当事人的权利不仅限于在案件的专门性问题范围及性质上，还在于基于其专业知识在诉讼中能够对鉴定意见或者专业问题提出意见的能力上，即其权利应当限定在有能力对鉴定意见或者专业问题提出意见的范围内容。法律应当赋予他获得这种能力的条件和空间，以防止其能力不足无法保障当事人的利益，或者能力超量妨碍诉讼的顺利进行或者案件的审理秩序。基于以上的分析，我们将专家辅助人的权利分为法定权利、专有权利和源于当事人权利延伸的权利三种类型。

一、专家辅助人的法定权利

根据《刑事诉讼法》与《民事诉讼法》等法律的有关规定，结合"有专门知识的人出庭，适用鉴定人的有关规定"和鉴定人出庭的实际情况，专家辅助人应当享有下列法定权利。

1. 有权接受当事人委托和办案机关通知参与诉讼的权利

我国法律对于哪些人员可以参与诉讼作为诉讼参与人作了限制性规定。如作为民事诉讼代理人的不能是一般的公民，可以是律师、基层法律服务工作者、当事人的近亲属或者工作人员、当事人所在社区、单位以及有关社会团体推荐的公民。再如，在刑事诉讼的侦查阶段，当事人委托的辩护人只能是律师。由于专家辅助人没有法定的资格限制，只要具有与案件有关的专门知识，均可以作为专家辅助人，均有权接受当事人或者办案机关的委托，办案机关不得对此作出特别限制。同时，办案机关允许当事人委托专家辅助人的，应当及时通知专家辅助人，对于无故没有通知的或者违反法定程序通知的，专家辅助人有权以侵犯合法权益为由申请推迟参与诉讼的期限。

2. 独立提出对鉴定意见或者专业问题意见的权利

《刑事诉讼法》第一百九十二条第二款规定："公诉人、当事人和辩护人、诉讼代理人可以申请法庭通知有专门知识的人出庭，就鉴定人作出的鉴定意见提出意见。"《民事诉讼法》第七十九条规定："当事人可以申请人民法院通知有专门知识的人出庭，就鉴定人作出的鉴定意见或者专业问题提出意见。"专家辅助人"就鉴定人作出的鉴定意见或者专业问题提出意见"不受当事人意志的左右，也不受法庭作为通知其出庭决定权的影响，有权独立地依靠科学、事实对鉴定意见或者专业问题提出自己的意见，发表自己的看法和表达自己的见解。在法庭上，如果无故被当事人打断或者其他诉讼参与人干扰，法庭负有制止并保障其发言连续性的职责。在法庭审理过程中，专家辅助人有权对鉴定意见所涉及的专门性问题向鉴定人提出问题，并且有权发表与鉴定意见不同的意见与见解，法官不得随意打断或者制止其提出意见。

3. 在法庭具有质询权

专家辅助人有权协助当事人对鉴定人发问，有权在法庭的引导下与鉴定人进行对质和对鉴定意见进行质疑与辩论，被质询的鉴定人有义务回答专家辅助人提出的问题，无正当理由不得拒绝回答。如果双方当事人均聘请了专家辅助人，专家辅助人之间可以进行质询并相互对质。如《法院刑诉法解释》第二百一十三条规定："向证人发问应当遵循以下规则：（一）发问的内容应当与本案事实有关；（二）不得以诱导方式发问；（三）不得威胁证人；（四）不得损害证人的人格尊严。""前款规定适用于对被告人、被害人、附带民事诉讼当事人、鉴定人、有专门知识的人的讯问、发问。"专家辅助人向鉴定人发问也不得采取诱导方式进行。《民事诉讼证据规定》第六十一条规定："经人民法院准许，可以由当事人各自申请的具有专门知识的人员就有案件中的问题进行对质。""具有专门知识的人员可以对鉴定人进行询问。"也就是说，专家辅助人之间就案件中的专业问题有权进行诘问与对质。在庭审中，专家辅助人可以辅助申请人对鉴定意见展开质证，要求鉴定人说明鉴定的过程、方法等有关情况，并可与鉴定人、对方申请出庭的专家辅助人就鉴定中的具体技术问题展开相互辩论、对质。

4. 受保护的权利

专家辅助人认为在参与诉讼过程中，本人及其近亲属的人身安全面临危险或者存在现实危险的，有权向公安机关、检察机关和人民法院请求予以保护，职权机关有保护的义务。

另外，专家辅助人经过办案机关的同意，可以参与监督鉴定活动的权利，尤其是参与补充鉴定或重新鉴定活动的权利。

二、专家辅助人的专有权利

专家辅助人的专有权利是指其作为专家参与诉讼应当具备的法律规定的权利之外基于法律规定推演出来的权利。尽管专家辅助人的专有权利是推定出来的，实属法定权利的延伸，但究竟有些权利的范围如何，仍在探索中，未达成共识或者获得认可。

1. 阅卷权

专家辅助人接到办案机关的通知后，有权获得需要提出意见的鉴定意见、鉴定相关材料以及专业问题，有查阅与鉴定意见有关材料与案卷的权利。在刑事诉讼中，有权到侦查机关、公诉机关和审判机关查阅、摘抄和复制鉴定意见及其相关材料。在司法实践中，有的办案机关明确赋予专家辅助人享有"提供咨询和建议权、调查阅卷权、参与庭前开示程序权、出庭质证权、现场监督权等权利。"同时还要求承办人在办理专业案件过程中，必须听取相关专家的意见。① 也就是说，专家辅助人有权到侦查机关、公诉机关和法院查阅、摘抄和复制与鉴定相关的资料，有权向出具鉴定资料和移送鉴定检材的相关单位和相关人员了解鉴定材料的出具与移送、接交的情况。就民事案件而言，专家辅助人有权到人民法院了解、复制移送的鉴定资料情况。例如，浙江省高级人民法院《关于专家辅助人参与民事诉讼活动若干问题的纪要》规定了专家辅助人"阅卷了解鉴定意见或者其他专门性问题的相关资料"的权利。

专家辅助人介入案件与当事人不同，不存在"串供"的问题，其行为涉及相关"证据"和"专业问题"。在某种程度上讲，证据反映的是事物的"客观存在"，况且专门性问题也是客观存在的，允许专家辅助人介入案件诉讼和禁止辩护人阅卷本身，并不存在逻辑上的冲突。以至于有论者认为，专家辅助人可以查阅、摘抄、复制鉴定意见书、基本案情等与鉴定有关的诉讼材料。②

2. 调查权

无论是刑事案件还是民事案件，鉴定意见不仅仅涉及鉴定意见书，更为重要的是还涉及检材的来源、真实性、客观性与是否充足等问题，同时还涉及专业知识和逻辑性论证，鉴定过程中的疏忽、检材的质量均会影响鉴定结果的可靠性。专家辅助人对鉴定意见或者专业问题提出意见均需要对以上材料有所了解，因其证伪或者客观地提出意见的需要，在了解过程中需要也可以采集一定材料，使其在接受聘请后至法庭开庭前的时间段内能够对鉴定的情况进行一定的认识，因此赋予专家辅助人调查权尤为必要。专家辅助人有权向鉴定人了解鉴定的相关情况，③ 在整个鉴定过程中采用的鉴定手段和鉴定方法等，司法鉴定人、办案机关不得对专家辅助人隐瞒。

3. 终止参与诉讼权

专家辅助人接受聘请委托，其与委托方属于委托合同关系，以双方的

---

① 参见徐德高、储张刘、唐小祥：《借力智囊增强办案"底气"》，载《检察日报》2014 年 4 月 22 日。

② 参见朱华、王绩伟：《赋予"有专门知识的人"独立诉讼地位》，载《检察日报》2013 年 1 月 16 日。

③ 周长春：《刑事诉讼中的专家辅助人制度》，载《中国司法鉴定》2008 年第 4 期。

合意为基础。如果委托人的委托事项违法，或者说提出无理要求，侮辱专家辅助人的人格，专家辅助人有权拒绝委托或者解除委托。在司法实践中，委托人有可能利用专家辅助人提供的服务从事侵害国家、集体和人民利益的违法活动，甚至在对专家辅助人不满时，可能会对其采用侮辱、诽谤等方式进行打击报复，此时，专家辅助人有权拒绝继续帮助委托人进行诉讼的权利。

4. 意见豁免权

对此问题，理论界与实务界以律师应具有刑事辩护豁免权作为分析的样本，认为，为了促进专家辅助人更好地履职，充分保障专家辅助人独立发表意见权，只要没有发表危害国家安全、恶意诽谤他人、严重扰乱法庭秩序的言论，就不得追究其法律责任。正如辩护律师一样，专家辅助人特别是被告方委托的专家辅助人，都是为了维护委托人的正当权益，利用自己的专业知识及特殊经验，在法庭上发表意见，以实现控辩双方的平等武装。不同的是，律师的"武器"主要是其法律知识与经验，专家辅助人则是依托其在专门知识领域的经验、技术、知识，二者虽然知识领域不同，但二者的目的与功能都是一致的，即维护当事人正当的诉讼权利尤其是辩护权。[①] 这种意见豁免权仅仅涉及办案机关，不涉及当事人，也不涉及故意伪造其他证据材料或者恶意串通提供违反科学的虚假意见故意拖延诉讼或者违反诉讼程序，对当事人造成损失的按照委托协议进行。

5. 获取报酬的权利

我国法律对专家辅助人的费用没有明确的规定，那么，专家辅助人从当事人那里获得的是费用还是报酬，其报酬或者费用问题包括哪些、何时予以支付、采取何种方式支付等具体问题有待明确。《民事诉讼证据规定》第六十一条规定："当事人可以向人民法院申请由一至二名具有专门知识的人员出庭就案件的专门性问题进行说明。人民法院准许其申请的，有关费用由提出申请的当事人负担。"费用与报酬不同。因为费用与报酬是两个不同的概念，虽然它们最终均体现为一定数量、一定种类的货币或实物，但两者的性质存在差异。费用是指受托人处理委托事务所花费的必需款项或其他支出；而报酬是受托人为委托人提供服务或劳务所得。费用必须由委托人支付；报酬则可有可无，具体情况视当事人双方的意思表示而定。基于以上区别，我们认为，专家辅助人不同于证人、鉴定人，对此可

---

① 参见王跃：《专家辅助人制度基本问题研究——以〈刑事诉讼法〉第 192 条规定为切入点》，载《西南政法大学学报》2014 年第 1 期。

采用"报酬"的术语，以便调动其积极性，充分发挥其专业特长对诉讼的贡献。例如，福建省厦门中级人民法院《关于知识产权审判专家辅助人制度的若干规定（试行）》规定，聘请专家辅助人应当支付相应费用。专家辅助人的费用包括误工费、差旅费、资料费等为出庭作证而支付的合理费用。专家辅助人的误工费按该专家所在行业一般收入标准计算，差旅费按相应等级的国家公务人员的出差标准计算。当事人聘请的专家辅助人的费用由聘请一方负担。一般来说，专家辅助人接受委托参与诉讼，需要付出脑力和体力劳动，应赋予他们获取劳动报酬的权利，其收取报酬的标准应高于司法鉴定的收费标准或者由双方约定。而采取费用不符合专家辅助人作为专家的诉讼地位，因为此种费用不在当事人之间分担。例如，浙江省高级人民法院《关于专家辅助人参与民事诉讼活动若干问题的纪要》第十八条规定："专家辅助人出庭的报酬等有关费用，由申请该专家辅助人出庭的当事人负担。"

另外，在当事人（犯罪嫌疑人、被害人）被告知作为证据的鉴定意见后，办案人员不仅需要告知其申请鉴定人回避的权利，而且还应当允许当事人聘请专家辅助人，行使"重新鉴定、补充鉴定建议权及临场监督权"[①]。对于基于委托人所拥有的权利因对专家辅助人不具有独立性在此不作论述。

三、专家辅助人基于当事人或者办案机关委托延伸的权利

专家辅助人基于当事人委托延伸的权利主要涉及当事人权利的延伸，是理论上需要探讨的权利。这些权利主要包括以下几个方面。

1. 有提出补充鉴定或者重新鉴定的权利

就刑事案件而言，侦查机关告知犯罪嫌疑人、被害人作为证据的鉴定意见以及法院决定开庭审理的第一审公诉与自诉案件，只要案卷中有鉴定机构的鉴定意见书，如果当事人和辩护人、诉讼代理人对鉴定意见有异议，应当在开庭前书面告知当事人和辩护人、诉讼代理人有权申请重新鉴定，并同时告知公诉人、当事人和辩护人、诉讼代理人有权申请法庭通知有专门知识的人提出意见。就民事案件而言，法院受理的简易程序和第一审普通程序案件，如果涉及专业问题没有经过司法鉴定，当事人可以申请

---

① 参见朱华、王缋伟：《赋予"有专门知识的人"独立诉讼地位》，载《检察日报》2013年1月16日。

专业辅助人出庭就专业问题提出意见。如果案卷中已经有鉴定机构出具的鉴定意见书，一方当事人在合理期限内对该鉴定意见书提出了异议，当事人申请专家辅助人参与诉讼提出意见的，法庭应当允许专家辅助人就鉴定意见提出意见。

2. 专家辅助人能否不出庭提供书面意见

一般而言，专家辅助人应出庭就鉴定人作出的鉴定意见提出意见，但法律并没有明确规定专家辅助人可以不出庭直接向法院出具专家辅助人意见，即专家辅助人是否存在不出庭的权利。有观点认为，专家辅助人可以不出庭，可以仅就鉴定意见提出书面意见，在未来修改专家辅助人制度或制定相关司法解释时应当对此予以明确。其理由如下。

（1）我国《刑事诉讼法》第一百八十七条第三款规定："公诉人、当事人或者辩护人、诉讼代理人对鉴定意见有异议，人民法院认为鉴定人有必要出庭的，鉴定人应当出庭作证。经人民法院通知，鉴定人拒不出庭作证的，鉴定意见不得作为定案的根据。"上述规定没有明确鉴定人必须出庭作证，即便公诉人、当事人或者辩护人、诉讼代理人对鉴定意见有异议，但法院认为鉴定人没有必要出庭的，鉴定人仍然可以不出庭。而相对应的专家辅助人当然也可以不出庭，可以仅仅出具书面的专家辅助人意见。否则，在鉴定人不出庭时强制性规定专家辅助人出庭作证，有悖程序公正，会加剧控辩的失衡。

（2）强制性规定专家辅助人出庭作证的做法，就当下社会而言不具有可行性，也不利于维护当事人的合法权益。强制性规定专家辅助人出庭作证，将面临如下难题：一是专家辅助人难找，愿意出庭作证的专家辅助人更难找；二是众多恶性犯罪案件被追诉人家庭经济困难，强制性规定专家辅助人出庭，必将极大地增加被追诉人及其家属的经济负担；三是专家辅助人出庭，是对鉴定人做出的鉴定意见提出意见，是挑鉴定意见的"错"，是会得罪同行的，很多专家辅助人心理上还存在抵触心理，不愿意出庭。从有利于维护专家辅助人制度的视角来看，可以允许提供书面的专家意见。

（3）从立法本意上考虑，我国《刑事诉讼法》之所以设立专家辅助人制度，目的是减少冤假错案，平衡控辩力量，贯彻"以事实为根据"的法律原则。在我国职权主义诉讼模式的社会背景下，在鉴定人出庭作证率仍然极低的情况下，应通过司法解释明确规定专家辅助人可以不出庭作证，仅仅对鉴定意见出具书面意见，并通过被告人辩护律师提交给法庭。

经质证后，由法院决定是否采纳专家辅助人意见。

3. 专家辅助人是否有权在庭外收集相关材料抑或其活动仅仅限于法庭之上的问题

有论者认为，专家辅助人在法庭上的活动，是以对存在异议的鉴定意见或者专业问题进行说明或陈述，旨在弥补当事人及其代理人在能力上的不足；其活动范围仅限于法庭审理中与专门性问题有关的活动。[1] 因此，他不能在法庭审理之外从事有关的其他诉讼行为，不享有到侦查机关、公诉机关和审判机关查阅、摘抄和复制相关鉴定方面资料的权利。也有论者认为，就刑事案件而言，专家辅助人有权到侦查机关、公诉机关和审判机关查阅、摘抄和复制相关鉴定方面的资料，也有权向鉴定人了解鉴定的相关情况；就民事案件而言，专家辅助人有权到人民法院了解、复制移送的鉴定资料情况，有权向出具鉴定资料和移送鉴定检材的相关单位和相关人员了解鉴定材料的出具与移交情况。据有关调查表明，由于专家辅助人无法获得足够的信息，可能会影响其发表意见的效果。[2] 也就是说，专家辅助人活动仅仅对着鉴定意见书还难以发挥其作用。我们认为，专家辅助人对鉴定意见或者专业问题提出意见，不仅需要对鉴定方法、鉴定原理、鉴定实验室以及鉴定结果的科学性提出质疑意见，也需要对检材是否真实、是否存在污染以及是否具备鉴定条件、鉴定环境等问题提出意见，后者需要从案件情况中发现问题，这些内容以专家辅助人知悉权为基础，获知需要专家辅助人阅读案卷材料，以及询问鉴定人及其他与鉴定有关的人员，才能保障其能够提出较为客观全面的专家意见。

但是，对专家辅助人而言，不宜在庭外像律师那样进行证据调查，如开展询问证人、被害人以及收集证据材料等活动。

第三节　专家辅助人的义务及责任

权利与义务具有对等性。没有义务，权利便不存在；而没有权利，义务也就没有存在的必要。同时权利又需要权力所保障，在权力之下的义务

---

[1] 奚晓明主编：《〈中华人民共和国民事诉讼法〉修改条文理解与适用》，人民法院出版社2012年版，第197页。
[2] 参见西南政法大学"刑事证据法实施情况调研"课题组：《刑事证据法实施情况调研报告》，载潘金贵主编：《证据法论丛》第2卷，中国检察出版社2013年版，第194页。

会演变为责任。在完善专家辅助人制度以及重视其权利的同时，也应确定专家辅助人相应的义务，以保持权利义务的一致性。专家辅助人在参与诉讼中主要涉及对委托方就鉴定意见或者专业问题进行解释说明的义务，主要包括：受理前与受理后对涉及鉴定意见或者专业问题的材料查阅以及解释说明与反驳；按时出庭参与诉讼的义务；询问鉴定人并与其他专门对质的义务；对参与诉讼涉及的个人隐私、国家秘密、商业秘密等保守秘密的义务；对其提出的意见应当忠于事实、忠于科学，恪守中立客观的义务。另外，对违反相应义务的规定需要承担相应的责任。

一、专家辅助人的义务与责任争议

学界与实务部门不仅对专家辅助人的权利有所论及，而且对其义务也有所设定，并且存在不同观点。有论者认为，专家辅助人的义务应包括：一是保密义务。与辩护人、鉴定人一样，专家辅助人对在工作过程中获悉的国家秘密、商业秘密和个人隐私，应严格遵守保密义务。二是底线客观义务。在认可专家辅助人不具有客观中立义务的前提下，仍应赋予其底线客观义务，即专家辅助人提供意见时必须恪守一条底线，不得为了己方利益而违背科学基本规范和职业道德良心，作出任意的、虚假的解释。[①] 也有论者根据专家辅助人制度的目的、专家辅助人的诉讼地位及其应当享有的权利，认为应当承担以下相应的义务：一是按时出席法庭参与诉讼的义务。专家辅助人已经确定，即应按时出庭参与诉讼。如确因客观情况不能按时出庭，应当及时告知法院，以便当事人选择其他专家出庭。二是遵守法庭秩序的义务。专家辅助人向当事人、鉴定人和证人发问，参与法庭辩论，应经法庭许可。在发问和辩论时，不得对当事人、鉴定人和证人等进行侮辱、诽谤或其他人身攻击。三是科学公正发表专家意见的义务。虽然专家辅助人系根据一方当事人的申请参与诉讼活动，但其属于裁判辅助主体，并非当事人的诉讼代理人。在诉讼活动中，应当坚持客观的态度，以事实为依据，遵循科学规律，公正地发表自己的意见。四是依法承担法律责任的义务。专家辅助人未按时出庭参与诉讼，违背法庭秩序，以及收受当事人、鉴定人贿赂，故意发表虚假意见，对法院事实认定产生误导，给一方当事人的合法权益造成损害的，应当依法承担民事责任、法庭秩序责

---

① 参见刘永华：《刑事诉讼专家辅助人制度的程序构建》，载《人民检察》2013 年第 13 期。

任和刑事责任。① 还有论者认为，专家辅助人的义务包括以下内容：①专家辅助人有义务就案件中的专门性问题向委托人提供意见和建议。②在庭审过程中，专家辅助人有义务回答法官关于鉴定事项的有关提问并对相关问题进行解释说明。③在监督鉴定过程中，专家辅助人必须遵守有关规定，不得干扰鉴定人进行鉴定。④专家辅助人在为委托人提供服务时要保证中立性，保证客观、中立地提出自己对专业问题的意见和建议。⑤专家辅助人对在诉讼过程中知晓的国家秘密、商业秘密、个人隐私等负有保密义务。

对于以上观点进行比较可以发现，学界在专家辅助人义务中就其需要履行保密义务、出庭义务、提出意见义务、遵守法庭秩序义务等基本上达成共识。因为这些义务是诉讼参与人在诉讼中必须履行的基本义务，然而，在专家辅助人是否负有客观中立的义务、在场监督义务等还存在不同认识，需要进一步讨论。

二、专家辅助人的基本义务

专家辅助人的义务既有基于诉讼参与人应当履行的法定义务，也有基于专家身份产生的忠实于科学的义务，还有基于当事人委托保障当事人合法权益的义务。在这些义务中如何协调专家身份与接受委托之间的义务冲突等是需要探讨的重要问题之一。

1. 专家辅助人提出专业意见的客观义务

专家辅助人为委托人对鉴定意见或者专业问题提供解释和建议应当客观，对所涉及的专业问题必须在充分分析以及论证的基础上得出，不得随意发表一些带有偏见的、不负责任甚至违反科学的意见。对专业问题的说明必须忠实于法律和科学事实真相，不得任意解释，违背科学准则。这里对当事人解释的客观不同于专家辅助人在诉讼中的客观，主要防止专家辅助人为获得报酬而有虚假或者过分夸大、包揽诉讼以及无限放大鉴定意见的瑕疵等实质上侵害当事人合法权益的行为。如 2014 年 3 月 7 日，四川省内江市中级人民法院公开开庭审理被告人刘某某涉嫌犯故意伤害一案。② 该案在庭审中不仅出现了"专家辅助人"的标牌，而且还吸收了专家辅助

① 参见张立平、杨丹：《民事诉讼专家辅助人的法律定位及其制度完善——以法条与司法解释的逻辑解读为基点》，载《湘潭大学学报（哲学社会科学版）》2014 年第 1 期。
② 参见李嘉等：《专家辅助人出庭 当场释疑死因》，载《四川法制报》2014 年 3 月 12 日。

人的意见。

该案在庭审中，专家辅助人对鉴定人进行了询问，接受了控辩双方交叉询问及法庭补充发问，并从法医学的角度对机械性窒息死亡机制的有关知识进行了介绍，结合周某某尸检报告进行了具体分析，全面检验了鉴定意见的论证过程。他认为，公安机关对周某某的死因所做鉴定意见，符合机械性窒息死亡的法医学原理，具有科学性。休庭后，合议庭对本案进行了认真评议，吸纳了专家辅助人的意见，采用了公安机关对周某某的死因所做的鉴定意见并作为定案依据。3月7日，该院一审以被告人刘某某犯故意伤害罪，判处有期徒刑13年，剥夺政治权利3年。宣判后，刘某某的亲属及其他旁听群众表示，专家辅助人出庭让他们对案情有了深入的了解，他们对法院的判决结果表示信服。然而，专家辅助人提出专家意见与辩护律师作为申请人的辩护视角存在紧张关系。因此，专家辅助人是履行客观义务，还是根据申请人意愿提出意见，需要基于履行义务而确定。专家辅助人对专门性问题进行说明的范围是由当事人授权的，但专家辅助人对专门性问题进行说明的范围是否受制于当事人授权存在不同看法。有论者认为，由于技术性问题是相互联系的，专家辅助人必须基于尊重科学规律和保持独立之地位，对涉案的专门性问题进行全面、客观的说明，方能使法官作出合法公正的裁判，否则，反而会对法官产生误导。这一点即使民事诉讼也是如此，而基于行政诉讼的特殊性，则更有必要强调。①

2. 接受询问、咨询以及解释、说明的义务

专家辅助人在参与诉讼向办案人员或者委托当事人的对方当事人具有提供意见的选择性，但是在庭审中对法官就相关专门性问题所提出的疑问，有义务作出合理的解释，以帮助法官进一步了解有关专业问题的案件事实。如《法院刑诉法解释》第二百一十五条规定："审判人员认为必要时，可以询问证人、鉴定人、有专门知识的人。"如江苏省沛县法院在审理一起民间借贷纠纷案件中，批准当事人提出专家辅助人参与质证的申请。该案在审理中，原告刘某对鉴定意见提出异议，为证明鉴定意见存在瑕疵，除申请鉴定人出庭接受质询外，还提出专家辅助人参加质证的申请。经法庭批准，专家辅助人张某出庭参加诉讼。庭审中专家辅助人张某对鉴定人进行质询，双方就文字形成时间的相关标准和鉴定方法、样本采集、鉴定的准确性等专业问题进行了详细阐释。在此基础上，专家辅助人

---

① 黄学进：《行政诉讼中的专家辅助人制度及其完善》，载《法学》2008年第9期。

又就案件涉及的相关专业问题回答了各方当事人的提问，并向法庭进行了通俗的说明。

又如2013年12月7日北京市海淀区人民法院审理的一起医疗纠纷案件。①

原告王某诉称，他因轻微脑梗到北京某医院急诊就医。医院在对其抢救过程中实行血管造影检查，结果碘制剂引起王某碘过敏，出现休克症状，医院在急救过程中，再次使用胺碘酮，王某虽然被救活，却落得偏瘫的后遗症。王某认为，医院没有对其进行碘过敏试验，造成了严重后果，状告医院，索赔230余万元。

海淀区法院审理案件后，委托鉴定机构对该医疗过程进行医疗损害鉴定。鉴定意见书认为，医院存在医疗过错，应承担75%的过错责任。医院对这一鉴定意见不服，于是法院依据《民事诉讼法》第七十九条规定的"有专门知识的人"邀请3家三甲医院的专家在海淀法院"现场听证"，并就此案涉及的医疗专业焦点问题对鉴定意见提出质疑和接受法官的质询。该案主要争议集中在以下几个问题。

（1）造影前是否应当进行碘试验？鉴定意见认为，医院在进行血管造影检查前，没有对患者进行碘过敏试验，存在过错，而且事后补开碘制剂等处方药方，违反了医疗程序。而医院认为，碘过敏是一种十分罕见的病症，为了抢救病人，北京各大医院急症室都没有设置碘过敏试验。"抢救脑梗病人要争分夺秒，碘过敏试验至少用时二三十分钟，"况且，该药品使用说明书也写明"不推荐试验"。进行血管造影之前，医生曾询问过病人是否有碘过敏等病史，病人回答"没有"，进而才开始进行之后的相关检查。即使进行试验，因试验用的少量碘也可能导致病人过敏，产生休克等症状。"急救，先用药后开药单，是众所周知的情况。医院以救人为第一要务，如果因为开药单而耽误治疗，是舍本求末。"法官向三位专家询问，血管造影是否为必备的检查？该检查之前是否要进行碘过敏试验？后补药单是否符合医疗程序？某医院心脏内科主任回答："血管造影检查主要是为了弄清心脑血管病变，该案中原告的病情适用该检查。"对于是否应进行碘过敏试验，三位专家意见则存在一些不同。"离子型碘制剂必须做过敏试验，非离子的可以不做。"该问题的关键是，医院使用何种碘制

① 参见林靖、黄昀：《海淀法院审医疗纠纷案　首用专家辅助人制度》，载《北京晚报》2013年11月26日；高健：《司法鉴定惹争议　首请专家来听证》，载《北京日报》2013年11月26日。

剂及用量。三位专家在"后补药单符合医疗现实"违反医疗程序的认识上具有一致的观点。

（2）用胺碘酮是否属于"火上浇油"？鉴定意见认为，患者碘过敏后出现休克症状，医院在急救过程中继续使用胺碘酮抢救，属于"错上加错"，应使用利多卡因来代替胺碘酮来治疗心率失常。医院认为："这个意见属于没有医疗常识。"因为胺碘酮是治疗心率失常的首选药，其救治存活率远远高于利多卡因，并且该药说明书写明不适合碘过敏患者，但是电除颤无效情况除外。而患者当时两次电除颤无效，医生使用胺碘酮抢救，并无不当；而且手术最终成功了，患者各项机能已经复苏，这一情况证明了医生选择的正确性。法官询问专家："对一个碘过敏患者使用碘制剂抢救，是否存在过错？"某医院神经内科主任认为："这个问题很难回答。"碘过敏本身就很罕见，患者发生休克症状后如何抢救，医学界也无定论。"从结果上看，医生救活了病人，治疗是成功的。"

（3）偏瘫是否为碘过敏后遗症，它们之间是否存在因果关系？鉴定意见认为，患者出院后出现明显的肌无力症状，经相关测试，构成偏瘫。医院认为，碘过敏和偏瘫之间不存在因果关系："患者碘过敏后，心脏骤停，停止向大脑供氧。此时，患者为大脑全部缺氧，不可能一侧缺氧，一侧供氧，而偏瘫是大脑一侧血管病变造成的。"肌无力测试可以造假，不能认定患者已经偏瘫的事实。三位专家分析认为："心脏骤停，确实会造成大脑全部缺氧，其后果应该是完全瘫痪，如果患者是偏瘫，肯定是其他疾病诱发的。"心脏内科主任认为："院方应该有影像资料支持，对入院和出院时患者的脑部情况进行对比。"而影像科主任则认为："这种测试属于自测，即患者自己能控制的测试。"测试主要是为了监测患者恢复情况，如果已经打官司了，患者才做这种测试，那么如果是完全自测，他可以假装站不起来、拿不了东西，所以该测试结果不能算数。

在该案的听证过程中，法官面对医院多项专业质疑，将此案病历、诊断证明、鉴定意见等拿给专家，并将三位专家请到证人席上听取了医院对医疗过错鉴定意见提出的异议，且向专家提问了 20 多个问题。专家辅助人当场答复的意见还需要提交书面意见供法庭参考。这种提交书面意见的方式是否与当事人要求规范相吻合，专家对专业问题回答的含糊是否履行了说明义务，而法庭将"专家意见"纳入法院文书的副卷并予以保密，这种保密的做法是否违反证据裁判或者审判公开、法官心证公开的要求也是需要反思的。

3. 不得在同一案件中，担任双方当事人的专家辅助人

专家辅助人不能是同一案件的鉴定人或者同一鉴定机构的鉴定人。同时，办案机关委托的专家辅助人必须与案件或案件当事人没有利害关系，而被告人（犯罪嫌疑人）、自诉人（被害人）委托的专家辅助人不应有这一限制。这是因为，相较于办案机关，被告人（犯罪嫌疑人）、自诉人（被害人）处于弱势，为了增强诉讼力量，维护自身权益，他们倾向于选择自己信赖或亲近的人。而办案机关委托专家辅助人的目的仅是审查鉴定意见的真伪，因此司法机关委托的专家辅助人必须保证完全的中立性和独立性。例如，浙江省高级法院《关于专家辅助人参与民事诉讼活动若干问题的纪要》第十一条规定了"不得在同一案件中同时担任双方当事人的专家辅助人"。

4. 保密的义务

专家辅助人在诉讼过程中应该保守与案件相关的秘密。专家辅助人在诉讼过程中不可避免地会知悉国家秘密、商业秘密和个人隐私，因此，在未征得允许的前提下，不得公开在诉讼中知悉的国家秘密、商业秘密和个人隐私，但是专家辅助人不得以保密为由不向法庭叙说实情。

5. 遵守法律和法庭秩序的义务

专家辅助人有义务保证其在整个诉讼过程中遵守法律规定，不得采用任何不正当方式干扰鉴定人进行鉴定，不得以任何形式帮助、教唆委托人作伪证或者借科学上的争议拖延诉讼。司法鉴定活动是在鉴定人主持下进行的，专家辅助人不能直接干预鉴定人的鉴定工作，其履行的职责是对司法鉴定活动的合法性和规范性进行"现场监督、现场目击"，未经许可不能查阅、复制侦查人员、鉴定人制作的侦查笔录、鉴定笔录等相关材料。同时，专家辅助人在法庭上还应当接受法庭的指导。

如原告李某在某医院就诊接受血管支架植入手术后死亡赔偿纠纷案。①2013 年 8 月 19 日，江门首宗鉴定人与专家辅助人出庭对质案在新会法院开庭。该案的患者李某在新会某医院就诊，接受了血管支架植入手术后死亡。患者家属以医疗事故为由起诉该医院索赔，并向一家鉴定所申请对该医院的诊疗行为进行医疗损害鉴定。其鉴定意见为，医院为患者选用植入的支架，其直径明显大于患者病变段血管直径，是造成患者在手术中出现并发症的主要原因，从而认定医方存在过错。医院方对鉴定意见有异

---

① 参见杨秀伟、张妙玲、区洁芳：《不服医疗鉴定报告　让鉴定人出庭对质　江门首宗鉴定人与专家辅助人出庭对质案开庭》，载《南方都市报》2013 年 6 月 28 日。

议，向法院申请鉴定人出庭，并同时申请某市第二人民医院心血管内科主任医师叶某作为专家辅助人出庭，对该鉴定的专业性发表质证意见。新会法院审查后，同意鉴定人和被告聘请的专家辅助人出庭。在庭审中，鉴定人进行了陈述，原、被告分别对鉴定意见发表质证意见，专家辅助人就鉴定意见也提出了专业的质证意见。随后，双方当事人及专家辅助人在合议庭的指引下有序地对鉴定人进行了询问。

另外，《法院刑诉法解释》针对刑事诉讼立法的规定在第二百一十六条、二百一十七条涉及"有专门知识的人"的规定中，规定了专家辅助人"不得旁听对本案的审理"。"申请法庭通知有专门知识的人出庭，就鉴定意见提出意见，应当说明理由"和"适用鉴定人出庭的有关规定"等论题将在本书第四章第三节予以阐述，这里不再赘述。

三、专家辅助人的义务责任需要讨论的问题

在专家辅助人权利义务及其责任的范围问题上存在一系列需要理论解决的问题。例如，专家辅助人在质疑鉴定意见或者就专业问题提出意见时是否能够独立于委托的公诉人、当事人和辩护人、诉讼代理人？专家辅助人时是否对不实或者虚假的意见承担与鉴定人相同的责任抑或存在独立于鉴定人的专门责任等。这些问题需要作出理论上的解释。现就以上问题讨论如下。

1. 专家辅助人出庭质证是否可以独立于公诉人、当事人和辩护人、诉讼代理人问题

我国《刑事诉讼法》第一百九十二条规定专家辅助人参与诉讼可以就鉴定意见发表意见。在适用鉴定人的相关规定时，是否可以在庭上独立提出意见而不受制于委托的公诉人、当事人和辩护人、诉讼代理人呢？有论者认为，专家辅助人是以自己的名义从事刑事诉讼活动，其利用自身的专门知识发表的意见无须当事人的授权，并独立于当事人的意志。[①] 也有论者认为，专家辅助人在庭审中应当如实回答合议庭、公诉人、当事人和辩护人、诉讼代理人在专门性问题上的各项提问，帮助各方查明鉴定意见是否科学正确，但因其属于控辩一方的辅助人而不能独立于委托人，如果当事人不同其意见，有权当庭表示不同意其意见，此时应当以当事人的意见

---

① 徐超：《浅议"有专门知识的人"的独立诉讼地位》，载《江苏法制报》2013 年 1 月 7 日。

为准。①

我们认为，专家辅助人作为公诉人、当事人和辩护人、诉讼代理人委托的人，因从属于控方或者辩方而提出的意见不应与他们相悖，应当受制于委托的公诉人、当事人和辩护人、诉讼代理人，其意见不具有完全的客观性，但不得发表虚假的专业意见；对于委托的控方或者辩方有利的，可以做出相对独立的意见。一般在开庭前应当与委托人就某些不利的意见进行沟通，如果委托人对其意见拒绝的，专家辅助人可以考虑拒绝接受委托。

2. 专家辅助人出庭虚假陈述是否承担鉴定人的责任问题

专家辅助人虽然不同于专家证人，并不意味着专家辅助人对鉴定意见或者专业问题可以作虚假的专业解释。如果其提出的意见不需要承担任何责任，有可能导致法庭上出现技术混战，甚至造成伪科学在法庭上盛行。由于专家辅助人对诉讼涉及的专门性问题所做的说明具有较强的影响性，会对法官心证产生重要的影响，尤其是会影响法庭对某些重要事实问题的判断，需要其以科学的态度实事求是地提出意见。有论者认为，为了确保专家辅助人对诉讼涉及的专门性问题的说明是基于技术性、科学性，而不是出于其他任何非正常的目的，必须对专家辅助人出庭提出意见规定相应的法律责任。② 也有论者认为，专家辅助人参与诉讼虽不要求其具有中立的立场，但其必须实现专家专业的底线客观，即不得任意解释，违背科学的基本规范，应保证其评价意见的真实性。③ 还有论者认为，专家辅助人适用鉴定的相关规定"不包括适用《关于司法鉴定管理问题的决定》有关其资格、处罚等实体性处理的规定。"④

专家辅助人是作为当事人辅助人出庭的，其出庭与否需要法庭决定，在出庭时不需要与法庭签订如实提出意见的书面协议，就鉴定意见或者专业问题提出的意见并非用于证明案件事实，仅仅是判断鉴定意见是否可以作为定案根据的辅助性材料，是对鉴定意见的挑错，"在法庭上的任务是指出对方鉴定意见在科学性方面的破绽和问题，或者就对方提出的专业性问题进行回答，或者反驳对方的有专门知识的人的意见等"⑤，法庭不能

① 参见江必新主编：《最高人民法院关于适用〈中华人民共和国刑事诉讼法〉的解释理解与适用》，中国法制出版社 2013 年版，第 219 页。
② 参见黄学贤：《行政诉讼中的专家辅助人制度及其完善》，载《法学》2008 年第 9 期。
③ 参见王戬：《"专家"参与诉讼问题研究》，载《华东政法大学学报》2012 年第 5 期。
④ 王尚新、李寿伟主编：《〈关于修改刑事诉讼法的决定〉解释与适用》，人民法院出版社 2012 年版，第 192 页。
⑤ 孙谦主编：《〈人民检察院刑事诉讼规则（试行）〉理解与适用》，中国检察出版社 2012 年版，第 307 页。

因为其错误地指出破绽或者回答专业问题不科学或者反驳意见不客观甚至有错误，让其承担不实、不客观或者错误的案外负担。

我们认为，专家辅助人提出的意见不客观甚至虚假仅仅影响作为证据的鉴定意见，尽管就专业问题提出的意见可能影响法庭对事实的认定，但因提出的意见不是证据，不直接对案件事实的认定发生作用，因此无须对提出的专家意见的错误或者虚假陈述承担意见不实的法律责任。如《法院刑诉法解释》第二百一十一条规定："证人、鉴定人到庭后，审判人员应当核实其身份、与当事人以及本案的关系，并告知其有关作证的权利义务和法律责任。""证人、鉴定人作证前，应当保证向法庭如实提供证言、说明鉴定意见，并在保证书上签名。"没有规定专家辅助人"在保证书上签名"的问题。相反，其虚假的陈述和似是而非的意见通过鉴定人发问以及对方专家辅助人的对质是完全可以被揭穿的，鉴定人作为资格型的专业人员也能够发现专家辅助人意见的错误且具有指出其虚假以维护其提供鉴定意见正确性的职责，对专家辅助人虚假意见完全可以依靠程序来过滤与澄清。专家辅助人的意见被鉴定人所否定，反而还会强化鉴定意见的效力。否则，会有法院转嫁审查鉴定意见的职责。但是，对专家辅助人虚假陈述或者不科学的意见给委托人带来不利的，可由委托人基于委托协议让其承担相应的责任，如承担高额的费用支出或者因此造成的损失，无须法庭依照鉴定人的规定追究其法律责任。但是，对法庭或者侦控机关指派或聘请的专家辅助人，与辩方专家辅助人在义务方面应有所区别，需承担相应的法律责任。

第四章

专家辅助人参与诉讼程序

专家辅助人参与诉讼程序是诉讼制度的重要内容，也是其能否发挥功能的关键性阶段。由于我国法律对专家辅助人参与诉讼程序没有作出明确规定，即使《刑事诉讼法》规定了"适用鉴定人的有关规定"，也因简单语词未能表达清楚，尤其是鉴定人哪些规定是"有关"的，哪些"规定"是无关的，其本身的区分还是一个难以表达清楚的问题。这种规定的"层累"结果极易造成适用规则上的失范或者迷茫。基于专家辅助人参与诉讼的需要、司法实践要求与立法的预期，特别是专家辅助人参与诉讼程序的架构，专家辅助人参与诉讼作为一种新的制度需要研究的内容主要包括：①专家辅助人何时介入诉讼，在侦查程序、提起公诉程序能否启动或者使用专家辅助人。也就是说，在此阶段专家辅助人能否参与诉讼程序？②专家辅助人能否在鉴定程序中作为监督者使用？③专家辅助人能否参加庭前会议或者证据交换程序？④何种程序能够保障当事人对专家辅助人的申请权，申请权属于何种权利以及权利性质是什么？如何有效地防止当事人滥用这种权利？⑤法院决定程序如何设计，安排何种程序能够防止滥用职权影响当事人的申请权的有效行使？⑥当事人申请权与办案机关决定权发生冲突时，采用何种程序予以解决，当事人面对办案机关滥用权力拥有何种救济程序才能保障自己的合法权益不受侵害？⑦专家辅助人参与诉讼对异议的鉴定意见有何影响，这种意义与重新鉴定的关系如何，通过何种程序才能得以正当的确定？⑧专家辅助人在没有鉴定意见的情形下就"就专业问题"提出意见的"有专门知识的人"是否与"就鉴定人作出的鉴定意见"的"有专门知识的人"参与诉讼具有相同的程序？学界将后者称为"专家证人"，而这种所谓的专家证人与专家辅助人是否存在程序上的不同？

建立一个合理、规范的专家辅助人参与诉讼程序是保障专家辅助人制度得以实施的重要基石。只有存在具体的、具有可操作性的参与诉讼程序，才能保证专家辅助人在诉讼中充分行使其权利，才能达到维护当事人合法权益的目的，使构建的专家辅助人制度具有中国模式的意义。否则，程序设计不合理，不仅原有的制度无法发挥作用，还会因这种新制度掩盖异化其他相关制度，使立法预设的目的落空。以下仅对专家辅助人参与诉讼的主要程序问题进行探讨。

第一节 专家辅助人的启动程序

专家作为诉讼参与人"不是自己跑到证人席上去的，因此他们并不是入侵者。是当事人和律师聘请了他们，然后，他们在法庭上被询问、被批评，饱经争议、备受攻击，还要接受质疑、漠视和嘲讽。因此，被法律人贬损的专家正是法律人自己创造的傀儡"[①]。专家辅助人是现代诉讼制度安排的产物，但更主要的是科学技术发展的必要要求，也是诉讼尊重科学的体现。专家辅助人参与诉讼的问题就像英美法系国家的专家证人那样，"其问题的根本不是专家证人本身，而是使用专家证人的方式"[②]。合理、科学地安排专家辅助人参与诉讼的方式具有重要的意义，而这种参与诉讼的方式又受制于专家辅助人的启动时间、环节和程序，因为启动程序是否科学、合理决定着这一制度在实践中能否发挥作用以及发挥作用的大小。专家辅助人的启动程序主要包括专家辅助人的申请程序、决定程序以及通知参与诉讼程序。在此问题上需要讨论的问题主要有：①专家辅助人的启动时间：何时启动更符合这一制度的本质和达到预设此制度的目的。②专家辅助人启动的主体为何：何者有权启动专家辅助人程序。③专家辅助人启动是否需要相应的条件限制：如果存在，那么设置何种启动条件才能保障这一制度不被滥用，等等。只有这些问题在理论上论证清楚，启动程序才有可能科学、合理地被制度所安排，专家辅助人才能有序、规范、有效地参与诉讼活动。下面针对以上主要问题进行探讨。

---

① Karl Menninger, The Crime of Punishment, Author House（2007），P. 140.
② 参见罗芳芳：《从"科学的代言人"到"当事人的枪手"——专家证人历史沿革与我国现实考察》，载《证据科学》2013 年第 4 期。

一、专家辅助人参与诉讼的时间

专家辅助人何时介入诉讼即何时有权参与诉讼，是指专家辅助人何时可以接受委托或者聘请，这是专家辅助人参与诉讼的起始点。由于民事诉讼程序主要是审判程序，专家辅助人参与诉讼必然为审判阶段。在诉前阶段，当事人能否启动专家辅助人，尽管法律无规定，但因涉及能否收集相关证据材料或者其行为对参与审判活动的效力问题，仍有探讨的必要。而刑事诉讼与民事诉讼不同，即使是以"审判为中心"的诉讼模式，其审前程序也是诉讼程序的重要组成部分。专家辅助人参与诉讼的时间，对刑事诉讼来说相对较为重要，也是探讨的重点内容之一。以下的探讨多涉及刑事诉讼程序，民事诉讼可以作为参考。

从《刑事诉讼法》第一百九十二条规定所处的位置来看，专家辅助人介入诉讼的时间点似乎仅限定为审判阶段。有论者认为，公诉案件中，犯罪嫌疑人、被告人委托专家辅助人的时间应该与其委托辩护人的时间一致。因为其委托专家辅助人对鉴定意见进行审查与提出意见属于辩护权行使的范畴，根据《刑事诉讼法》的规定，其委托专家辅助人的时间应自被侦查机关第一次讯问或者采取强制措施之日起。从控辩平等视角来考虑，犯罪嫌疑人、被告人委托专家辅助人应当与鉴定人介入案件诉讼同步。从控诉与辩护职能的视角来分析，犯罪嫌疑人、被告人委托专家辅助人的时间应该与其委托辩护人的时间一致，其委托专家辅助人针对鉴定意见为犯罪嫌疑人、被告人进行"辩护"。如果专家辅助人介入诉讼的时间仅仅限定为审判阶段，专家辅助人制度的功能将大打折扣。但是，专家辅助人不同于辩护人在诉讼中可以普遍使用，也不是每个案件均存在专家辅助人参与的可能，其参与诉讼仅仅涉及存在鉴定意见或者专业问题的案件，即使存在以上问题，也仅仅存在专家辅助人参与诉讼的可能性，而非是必然性。基于此，对此问题需要从以下几个层面进行探讨。

（一）从司法实践的视角来分析专家辅助人介入诉讼的时间

在司法实践中，鉴定意见的理论依据、检材来源，以及鉴定程序和鉴定人资质，专家辅助人一般无从知晓，以至于专家辅助人在法庭质证时不能充分对鉴定意见进行"质疑"和"质问"，使专家辅助人出庭作证制度的功能受到较大的限制。如果专家辅助人参与诉讼的时间仅仅限于审判阶段甚至局限于法院开庭前 3 日的通知，专家辅助人在没有充分了解鉴定相关信息情况下，难以有效辅助当事人在法庭进行有效质证或者向鉴定人提出问题。由于鉴定具有高度技术性和隐蔽性，如果法律对其参与诉讼的时间没有足够的保证，特别是辩方专家辅助人，质证的能力必然受到极大限制，其功能也难以得到充分发挥，甚至因专家辅助人时间不足准备不充分影响法院对异议鉴定意见的准确判断，最终影响司法的实体公正。如广东省肇庆市封开县梁某某伤亡一案①对此问题的局限性体现得较为充分。

2012 年 2 月 1 日，广东省肇庆市封开县长岗派出所向辖区一名涉嫌敲诈勒索案的嫌疑人黄某林发出《传唤通知书》。传唤其于次日到派出所接受进一步调查。由于次日黄某林未到，梁某某即带领副所长刘某等人前往黄某林家中。在黄家的二楼，双方发生了争执。黄某林的大儿子黄某兴得知警方"上门抓父亲"，赶紧通知弟弟黄某来。黄某兴、黄某来两人首先持刀和平头铲乱砍乱打。混乱中，梁某某为摆脱纠缠下楼躲避，而黄某兴追下楼，捡起一块灰砂砖，朝梁某某后脑多次击打。梁某某受伤入院后，因抢救无效于 2012 年 4 月 21 日身亡。4 月 22 日，肇庆市公安局司法鉴定中心进行了尸检鉴定，认为梁某某系头部受钝性物体击伤后致蛛网膜下腔出血、脑肿胀，脑水肿引起颅内压增高致颅脑损伤，"被害人梁某某系因头部被他人打击致颅脑损伤死亡"。

2012 年 7 月 17 日，检察机关以故意杀人罪对黄某兴、黄某来兄弟提起公诉，而对兄弟俩的父亲黄某某、大伯黄某林则以妨害公务罪提起公诉。2013 年 4 月 12 日，肇庆市中院作出一审判决，黄某兴犯故意杀人罪，判处死刑缓期两年执行，且对其限制减刑；黄某来犯故意杀人罪，判处无期徒刑；黄某某犯妨害公务罪，判处有期徒刑两年六个月；黄某林犯妨害公务罪，判处有期徒刑一年六个月。

上述案件定案的关键性证据是鉴定意见即《法医学尸体检验鉴定书》[肇公（司）鉴〔2012〕002 号]。该案指控黄某兴用灰沙砖拍打死者梁某某后脑部多下，黄某来用摄像机拍打梁某某头顶部多下，然而其头部却仅存一处不明显疤痕，颅骨未见骨折、硬脑膜外/下血肿及脑挫伤。该案专家辅助人就鉴定意见提出以下意见：从检查结果来看，梁某某的头部软组织损伤并不重，未见颅骨骨折、硬脑膜外/下血肿及脑挫伤，基于头部损伤的形态学特点则不构成致命伤；鉴定意见未见工具伤的形态特征描

---

① 参见吴笋林：《派出所所长被打后不治　两兄弟一审分获死缓无期》，载《南方都市报》2013 年 4 月 16 日。

述，无法依据其枕部损伤认定是否符合柴刀、砖头、摄像机、铁铲等物体作用所致。由于梁某某是在医院治疗80多天后死亡的，医疗机构对其诊治行为长达两个月有余，存在诊治及检查措施不及时、用药不当、护理失误等医疗过失的可能。案卷中缺乏死者梁某某在卫生院、中医院治疗的病例以及梁某住院昏迷期间的病程记录、护理记录、生化检查报告等相关材料，不排除医疗事故、医疗过失导致梁某某死亡之可能。① 在此案中，侦查机关在勘验、检查时，发现了可能对辩方有利的证据，然而却未提取这些物证，该案中进行指纹鉴定、血迹鉴定等应该纳入鉴定材料的物证未能纳入，致使得出鉴定意见的鉴定材料不足。由于辩方到法庭审判阶段才有权委托专家辅助人介入，已错失了"监督"鉴定和弥补鉴定材料不足的最佳时机，致使需要补充的鉴定材料无法补充，影响了鉴定意见作为证据的可靠性。如果专家辅助人在侦查阶段就能介入，并在侦查阶段就对鉴定意见提出一些意见，不可能导致鉴定意见出现如此问题，出现难以弥补的缺陷。.

从上述案例可以看出，控辩双方能否平等对抗，与专家辅助人介入诉讼的时间直接相关。专家辅助人是否能够及时参与诉讼不仅对保障当事人的诉讼权利具有积极的意义，而且对鉴定意见能否作为证据使用也具有一定的影响，同时还会减少控辩双方所掌握的有关专门性问题的"信息量"的差异。在辩方掌握信息不全的情形下，辩控双方很难在专门性问题展开有效的"平等"对抗。因此，法律有必要赋予专家辅助人与鉴定人"同时"介入刑事诉讼案件的权利，至迟应当在告知犯罪嫌疑人、被害人鉴定意见的时候一并告知有权委托专家辅助人，以便当事人能够有效地申请鉴定人回避、有针对性地提出补充鉴定或者重新鉴定的意见以及监督鉴定活动，促进鉴定质量的提高，保证鉴定意见的证据效力。上述案例为专家辅助人参与诉讼时间提供反面的教训。

再如江苏省海安县检察院在审查起诉阶段邀请专家辅助人提出意见案。② 2014年，海安县检察院受理了公安机关移送审查起诉的犯罪嫌疑人缪某、魏某和犯罪嫌疑人许某涉嫌侵犯著作权犯罪案件。案件承办人经审查发现，公安机关对这两起案件均认定为犯罪嫌疑人侵犯了浙江省某软件

---

① 参见王思鲁、黄坚明：《从控辩平等视角论刑事诉讼专家辅助人制度之完善》，北大法律信息网，访问时间2014年7月21日。
② 参见徐德高等：《江苏海安检察院专家辅助人机制增强办案"底气"》，载《检察日报》2014年2月24日。

开发公司开发的横机控制程序软件和解码程序软件的著作权。承办人认为，从案件材料来看，犯罪嫌疑人所复制的横机主板 1601 芯片的数据，本身并不是控制程序和解码程序，其复制行为并未侵犯横机软件的著作权。为了取得专业支持，承办人邀请具有相应专业知识的 1 名横机软件开发者和 2 名计算机软件专家，以专家辅助人身份介入，听取了案件情况，并对主板 1601 芯片进行功能检测。3 位专家辅助人认为，主板 1601 芯片并不能操控横机进行编织作业，只是用来存储时间信息和系统参数等数据的存读芯片，不是涉案计算机软件"作品"的组成部分。该院综合承办人和专家辅助人的意见，对上述两起案件进行集体讨论后，同意了承办人对案件定性为不构成犯罪的意见。最终公安机关撤回上述两起移送起诉的案件。据统计，自 2013 年《刑事诉讼法》实施以来，海安县检察院共邀请专家辅助人参与案件研讨 17 次，出庭质证 8 次，提出书面意见或专业建议 26 件（次）。检察机关在审查起诉阶段的邀请专家辅助人参与诉讼的做法，不仅保障犯罪嫌疑人人权以及使其及早从刑事诉讼中解脱出来，而且对于正确提供公诉也具有特别重要的意义。这一从正面证明专家辅助人在审前程序参与诉讼的经验，再次验证了专家辅助人参与诉讼不限于审判阶段的意义。

（二）从立法与司法解释、相关规定的视角来分析专家辅助人介入诉讼程序的时间

对专家辅助人介入诉讼程序的时间可以从控辩平衡的视角进行立法上的解读与诠释。我国《刑事诉讼法》第一百四十六条规定："侦查机关应当将用作证据的鉴定意见告知犯罪嫌疑人、被害人。如果犯罪嫌疑人、被害人提出申请，可以补充鉴定或者重新鉴定。"从该条规定来看，侦查机关将用作证据的鉴定意见告知犯罪嫌疑人、被害人后，如果犯罪嫌疑人、被害人没有专家辅助人协助，基于自身专业知识的不足必然会盲目提出补充鉴定或者重新鉴定的意见或者理由，其告知不具有实际意义；如果允许当事人委托专家辅助人参与诉讼对作为证据的鉴定意见进行分析，就会审慎地表达对鉴定意见的专业意见，对侦查机关会有一定的帮助。"福建念斌案"在此方面的教训是深刻的。如果犯罪嫌疑人、被害人申请补充鉴定、重新鉴定需要理由，没有专门知识的当事人必然无法提出合理的理由，其提出理由的要求也就成为强人所难的要求。一般来说，前者因犯罪嫌疑人、被害人不具备对鉴定意见提出异议的能力，即使提出异议，其异

议也是盲目的，难以避免权利的滥用。这也是实践当事人以及亲属不断要求重复鉴定的原因之一。基于此，《公安机关办理刑事案件程序规定》第二百四十四条规定："犯罪嫌疑人、被害人对鉴定意见有异议提出申请，以及办案部门或者侦查人员对鉴定意见有疑义的，可以将鉴定意见送交其他有专门知识的人员提出意见。必要时，询问鉴定人并制作笔录附卷。"这一规定使专家辅助人不再限于法庭具有了规范的依据，也使专家辅助人参与诉讼不限于审判阶段由理论走向现实。

倘若法律仅仅给予权利，权利者却无能力来行使这一法定权利，那么，权利要么被束之高阁，成为一种纸面上的权利宣告；要么被滥用，进而影响诉讼秩序甚至危害诉讼效率。实质上，我国目前出现的问题多数是因为所谓的"专家"在幕后评判，犯罪嫌疑人、被害人以及近亲属在一面之词或者在相关材料不足下给出的所谓专家意见的刺激下不断要求或者申请重新鉴定，甚至出现不断的"涉鉴上诉"和"闹鉴"现象。咨询专家应该从幕后走向前台，受诉讼程序与诉讼纪律的约束，体现出对科学负责的态度。况且，在参与诉讼中获得较为全面的信息，也许对鉴定意见能够作出较为客观的评价并提出较为可靠的专家意见，可以避免信息的不对称而出现一些偏颇的所谓"专家意见"，甚至发表一些激进的不负责任的过激观点与言论，使当事人在专家辅助人的辅助下较为理性地对待鉴定意见，从而降低一些诉讼上的过激行为。例如，黑龙江省黑河市嫩江县死者亲属代某不服公安机关鉴定意见，在没有专家辅助人参与的情况下做出"近似荒唐"的"以身试药"的"壮举"，就是具有典型意义的例证。①

2007年8月25日8时40分许，嫩江县公安局东风派出所接到电话报警：有一女子在县中医院死亡。因死者的四姐代某等亲属怀疑其是被丈夫徐某某殴打致死，要求县公安局刑警大队立案侦查。刑警大队进行立案前的调查，并对死者家和其经营的福满楼招待所进行了现场勘查。在死者家现场提取了氨基比林咖啡因片药瓶一个、维生素 B_2 药瓶一个、刺五加药瓶及包装盒一个。当日14时，县公安局刑事技术大队对死者尸体进行检验，并提取了相关检材，送省公安厅刑事技术总队检验。省公安厅刑事技术总队指定，将病理检材送省医院检验；将毒物检材送公安部物证鉴定中心检验。公安部物证鉴定中心又将其转至中国人民解放军军事医学科学院附属307医院毒检室进行检验。2007年9月2日，307医院毒检室出具了

---

① 参见郭毅：《黑河通报上访者代义死因4次法医鉴定结论不同》，载《法制日报》2009年12月23日。

检测报告，认定死者符合口服氨基比林、咖啡因类药物致中毒死亡。

死者家属和亲属对鉴定结果提出质疑。黑龙江省公安厅刑事技术总队法医又到嫩江县对死者进行第二次尸体检验。其结论为，死者符合氨基比林、咖啡因类药物致中毒死亡。死者家属对鉴定结果提出质疑。公安厅刑事技术总队邀请公安部物证鉴定中心法医、病理、毒理技术人员到嫩江县对死者进行第三次尸体检验，仍认为死者符合氨基比林、咖啡因中毒死亡。[①] 死者亲属代某认为鉴定意见存在问题，便于2007年12月5日将一整瓶氨基比林咖啡因药片（共计96片）倒入口中嚼碎用水冲下，以此来验证是否能够导致死亡。代某被送往县人民医院抢救。在医院里，代某拒绝一切抢救措施，旨在以此作为验证致死的结论。鉴于此种"以身试药"的"壮举"，黑河市有关部门经研究同意委托代某指定的北京华夏物证鉴定中心对死者的尸体进行第四次检验鉴定，后又对"死因进行专家论证"，其结果仍认定：死者"系口服含有氨基比林和咖啡因成分的药物中毒死亡"。尽管这一鉴定意见最终被采用，却因代某基于没有专门知识对鉴定意见的质疑成为一桩具有社会影响的复杂性案例。

然而，同是发生在黑龙江省的"林某某死亡"案件因专家辅助人的参与却有着不同的结果。如2008年哈尔滨市发生的"林某某死亡"事件即所谓的"六警察打死人"鉴定案。[②]

2008年10月11日，发生在黑龙江省哈尔滨市的"林某某死亡"事件因一段"现场全程监控录像"出现在网上，在社会上引起了轩然大波。在视频中，几个年轻人因口角在哈尔滨市糖果酒吧门口发生斗殴，其中一名当事人林某某当场死亡。该事件在全国引起高度关注和热议，谴责声、质疑声以及各种坊间流言使案件疑雾重重。因该案涉及警察，哈尔滨市公安局作为办案机关通过省公安厅邀请了公安部物证鉴定中心一处副处长、副主任法医师王某，公安部物证鉴定中心一处副主任法医师孙某某，最高人民检察院检察技术信息研究中心法医室主任、主任法医师汪某，内蒙古自治区人民检察院刑事科学技术处处长（副厅级）、主任法医师李某某（全国检察系统业务专家）4名权威法医专家，并根据死者家属提供的专家名单，还邀请了江苏省人民检察院主任法医师顾某某，司法部司法鉴定研究所主任法医师陈某

---

①　参见"公物证鉴字〔2007〕4895号公安部物证检验意见书"和"公物证鉴字〔2007〕4918号公安部物证检验报告书"。

②　参见刘丁：《哈尔滨警察打死学生案：暴力、谎言和录像带》，载《南方周末》2008年10月30日。

某，华东政法大学司法鉴定中心主任法医师闵某某3名权威法医专家，7名专家共同参加了尸体解剖工作。黑龙江省人民检察院主任法医师见证了尸体解剖现场的全过程。尸体解剖鉴定情况：根据尸体检验和病理学检验，林某某的头面部有多处散在的表皮剥脱，头皮下有出血，同时又有弥漫性的蛛网膜下腔出血，脑室有积血。据此分析，林某某符合头部受到钝性外力作用导致的蛛网膜下腔出血死亡。10月25日，哈尔滨警察打死学生案尸检结束，死者的父亲在儿子的尸检初步结果上签了字，相对复杂的案件在专家辅助人参与诉讼并监督鉴定活动被受害人家属认同了鉴定意见。

从上述代某案件与"林某某死亡"案件相比可以发现，后者的社会反映强烈度因公安干警参与相对高。与前者相比，案件不仅复杂且处理起来也相对困难，但在鉴定后却未引起后续的鉴定意见纷争。因为该案在侦查阶段公安机关启动鉴定时就充分尊重当事人的权利，允许当事人亲属聘请专家辅助人参与鉴定的监督，鉴定启动后的处理效果明显好于前者。当然，林某某被害案中侦查机关在鉴定启动时如此尊重当事人的情况，只不过是特例，而不可能是常态。① 那么，如果"特例"成为常态，此类问题的解决也就变得简单②。即使是常态也需要限定在一些敏感性案件。如非正常死亡案件、涉及政府执法及警察的案件以及精神病案件，只有如此，制度的作用才能在实际中发挥其应有的意义。

我国《刑事诉讼法》第一百二十六条规定："侦查人员对于与犯罪有关的场所、物品、人身、尸体应当进行勘验或者检查。在必要的时候，可以指派或者聘请具有专门知识的人，在侦查人员的主持下进行勘验、检查。"《人民检察院刑事诉讼规则（试行）》第二百五十三条规定："用作证据的鉴定意见，人民检察院办案部门应当告知犯罪嫌疑人、被害人；被害人死亡或者没有诉讼行为能力的，应当告知其法定代理人、近亲属或诉讼代理人。""犯罪嫌疑人、被害人或被害人的法定代理人、近亲属、诉讼代理人提出申请，经检察长批准，可以补充鉴定或者重新鉴定，鉴定费用

---

① 王敏远：《论我国刑事证据转变》，载《法学家》2012年第3期。

② 例如，2009年8月13日，因交通肇事被羁押在看守所的丁某出现呕吐，被送往医院抢救无效死亡。丁某家属怀疑丁某是非正常死亡。丁某的父亲组织20余人到有关部门上访。为了进一步查明原因，任永贞等三人组成鉴定小组对丁某尸体进行解剖检验，死者亲属及其选定的医务人员（专家）在场监督旁证。整个解剖鉴定过程，他们告知权利义务，实行了鉴定人员资质、鉴定程序、检验过程、鉴定结论"四公开"，听取死者家属和选定的医务人员的质疑，并就鉴定结论的形成过程、检验鉴定方法、参照标准、执行标准进行详细解释。一场极有可能引发的越级上访事件就此"烟消云散"。参见卢金增：《阳光鉴定：用群众看得见的方式化解矛盾》，载《检察日报》2010年9月3日。

由请求方承担，但原鉴定违反法定程序的，由人民检察院承担。""犯罪嫌疑人的辩护人或者近亲属以犯罪嫌疑人有患精神病可能而申请对犯罪嫌疑人进行鉴定的，鉴定费用由请求方承担。"第三百六十八条规定："人民检察院对鉴定意见有疑问的，可以询问鉴定人并制作笔录附卷，也可以指派检察技术人员或者聘请有鉴定资格的人对案件中的某些专门性问题进行补充鉴定或者重新鉴定。""公诉部门对审查起诉案件中涉及专门技术问题的证据材料需要进行审查的，可以送交检察技术人员或者其他有专门知识的人审查，审查后应当出具审查意见。"第三百七十三条规定："讯问犯罪嫌疑人，询问被害人、证人、鉴定人，听取辩护人、被害人及其诉讼代理人的意见，应当由二名以上办案人员进行。"从以上规定来看，侦查机关、公诉机关在侦查阶段、审查起诉阶段可以指派或者聘请专家辅助人介入案件，基于控辩平等视角来考虑，法律也应当允许辩方在侦查阶段或者审查起诉阶段申请专家辅助人参与诉讼，否则有失程序公平。司法实务部门也承认："在刑事诉讼法施行后，有专门知识的人除了就鉴定人作出的鉴定意见提出意见外，还可以在庭外为当事人及其辩护人、诉讼代理人提供帮助。"[①] 也就是说，对于专家辅助人介入诉讼无须限定在审判阶段不仅具有实践基础，还存在相应的司法解释依据，并且在实践中显示出良好的效果。

对专家辅助人介入诉讼的时间，有些地方司法机关作出了规定。例如，2013年11月5日，山东省公安厅、省高级人民法院、省人民检察院联合颁布了《山东省办理危害食品安全刑事案件食品安全专家聘任办法》。该办法规定对以下情况予以专家分析论证：对食品中严重超出标准限量的致病性微生物、农药残留、兽药残留、重金属、污染物质以及其他危害人体健康的物质，婴幼儿食品中生长发育所需营养成分严重不符合食品安全标准，超限量或者超范围滥用食品添加剂、添加剂、农药、兽药等是否"足以造成严重食物中毒事故或者其他严重食源性疾病"；对难以确定的涉案食品是否"足以造成严重食物中毒事故或者其他严重食源性疾病"，或者食品中非法添加的物质是否是"有毒、有害非食品原料"等。为侦查、逮捕、公诉、审判食品犯罪案件提供检验鉴定结论认定、危害评估、相关依据等技术保障和理论支持。这一规定再次说明在刑事诉讼的侦查阶段存在专家辅助人参与诉讼的必要性，实践中也一直存在这种做法，在理论上

---

① 张军、江必新主编：《新刑事诉讼法及司法解释适用解答》，人民法院出版社2013年版，第242页。

有必要对这些阶段的专家辅助人参与程序作出规范，以保证其有序运行。

另外，对于民事诉讼专家辅助人能否单独出庭就鉴定意见或者专业问题提出意见呢？浙江省高级人民法院《关于专家辅助人参与民事诉讼活动若干问题的纪要》第十二条规定："专家辅助人不得单独出庭，应当与申请方当事人或者诉讼代理人共同出庭。"如果当事人不出庭，就意味专家辅助人也不能出庭，这就等于变相限制当事人使用专家辅助人的方式，实质上法院行使了限缩当事人权利的行为，与法院保障当事人权利与规范办案行为的规定宗旨不一致，其间的问题需要深入讨论。

（三）从国外的实践来分析专家辅助人介入的时间

关于专家介入诉讼问题，意大利刑事诉讼立法以及俄罗斯刑事诉讼改革均有体现。根据《意大利刑事诉讼法典》第二百二十五条第一款、第二百三十三条第一款和第三百五十九条第一款的规定，当事人在法官决定鉴定之前和决定鉴定之后均可任命自己的技术顾问；而对于公诉人——检察机关——只有在法官决定鉴定后，或者在其核查体貌特征、进行有关描述、拍照和其他需要专门资格才能实施的技术工作的时候，才可以任命自己的技术顾问。专家辅助人不仅可以在审判程序参与刑事诉讼，而且在审前程序，专家辅助人也有参与权，强调审前程序对被追诉人诉讼权利的保障。意大利的技术顾问制度不仅折射出意大利刑事司法改革中的职权主义和当事人主义的某种融合，更为重要的是提高了控辩双方在鉴定过程中所起的作用，使传统的鉴定领域中借助技术顾问的参与增加了对抗制的色彩，发挥了过滤不当鉴定意见的功能。技术顾问制度的出现，使鉴定人在诉讼中不再处于科技"话语霸权"的地位，其出具的鉴定意见需要接受同行评议与质疑，在一定程度上使法官在鉴定意见上能够"兼听则明"，不再过度依赖鉴定意见。"对于俄罗斯法律人士而言，许多司法系统的公职人员与鉴定机构部门的领导们以及鉴定人有着密切的非正常关系的事实，早已不是什么秘密，而这些鉴定机构的领导以及鉴定人恰恰是一群会在鉴定活动中对于有违指控方结论的鉴定结果一贯'保持沉默'的人。"[①] 以至于2001年11月俄罗斯国家杜马通过了《俄罗斯联邦刑事诉讼法典》对此问题进行改革。该法典第五十八条规定："专家是具有专门知识、依照本法典规定的程序为了研究刑事案件的材料方面协助查明、确认和提取物品和

---

① ［俄］B. B. 望德舍夫、C. A. 彼得罗萨夫：《俄罗斯联邦刑事诉讼中犯罪人有罪证明中的相关问题》，元轶、王冰清译，载《证据科学》2009年第6期。

文件、采用技术手段、向鉴定人提出问题以及控辩双方和法院解释其职业权限范围内的问题而被聘请参加所能够行为的人员。""专家有权：……（2）经调查人员、侦查员、检察长和法院的许可向侦查行为的参加人提出问题。"俄罗斯联邦刑事诉讼法对专家介入诉讼的时间确定为侦查阶段，既是对上述俄罗斯司法制度改革成果的总结，也是防止错案纠正过分拖延的举措，更是对当事人权利保障的重要制度。

2012 年我国修改的《刑事诉讼法》在借鉴《意大利刑事诉讼法典》"公诉人和当事人有权任命自己的技术顾问"以及《俄罗斯联邦刑事诉讼法典》规定的专家的基础上[①]，吸收了英美法系国家的专家证人保障当事人诉讼权利的做法。因此，在专家辅助人介入诉讼的时间问题上也应当关注这些国家的相关规定，总结我国司法实践经验，体现该制度在诉讼中应当具有的功能。如果专家辅助人介入诉讼的时间仅仅限定在审判阶段，就会使鉴定人的鉴定在审前程序之前始终处于封闭状态，在一定程度上也就等于限制专家辅助人在鉴定意见质证、纠错作用的范围，实质上排斥了专家辅助人对鉴定进行"全程目击、现场监督"的作用。实践证明，将专家辅助人介入诉讼的时间限定为审判阶段，蕴涵着重大立法漏洞，不利于控辩平等对抗，不利于维护犯罪嫌疑人、被告人以及被害人的合法权益。专家辅助人在刑事诉讼中的诉讼地位和基本功能决定了专家辅助人还具有对鉴定工作的"全程目击证人"和"现场监督"的功能。也就是说，专家辅助人对鉴定人做出鉴定意见的"纠错者"的功能不能限于质证功能，还应赋予其现场监督的功能，以实现控辩力量平衡的立法目的。从程序上说，通过双方专家辅助人对鉴定过程和鉴定意见的分析、监督和见证，使鉴定程序更具公开性和透明性，体现了程序的公正价值。我国侦查机关设置鉴定机构，侦查人员可以不受任何限制而轻而易举地对鉴定施加影响，当事人又无权通过聘请专家辅助人帮助其对鉴定意见进行判断和审查，无法对侦查机关将错误的鉴定意见作为证据进行防范和遏制，而我国在庭前程序践行专家辅助人介入的司法实践取得了良好的效果，因此没有理由将专家辅助人参与诉讼仅仅限制在审判阶段。相反，如果将其参与时间仅仅限制在法庭阶段，不仅会影响当事人诉讼权利的有效行使，还会造成当事人实体权利的流失，出现新的控辩不平衡。

对专家辅助人在侦查阶段、审查起诉阶段介入诉讼确定以后，随之而

---

①　郭华：《切实保障刑事诉讼法中司法鉴定条款的实施》，载《法学》2012 年第 6 期。

来的问题是如何在制度上安排这一程序。有论者曾初步提出了专家辅助人参加诉讼的具体设计：首先，在刑事诉讼中，对于涉及一些专业性很强的鉴定意见，侦查、检察机关和当事人都可以聘请专家辅助人协助他们对那些专门性很强的问题进行审断。在公安机关进行侦查时或者检察机关进行审查起诉时，专家辅助人可以对相关专门性问题向侦查、检察机关提出建议。例如，对于哪些问题需要鉴定、需要聘请哪些专家等；当事人聘请的专家辅助人，也可对相关专门性问题提出建议，对案件中鉴定意见是否可以作为证据使用，以及证明力的大小提出建议。控辩双方在审判阶段聘请的专家辅助人，可以在法庭上对鉴定意见进行交叉询问。鉴定人出庭的，经允许，可以向鉴定人提问。聘请了专家辅助人的，控辩双方在审判前，应当向法庭提交出庭的专家辅助人名单。[①] 从制度设计角度考虑，保证专家辅助人制度有效运行，需明确以下问题：①犯罪嫌疑人、被告人、被害人在侦查阶段或者审查起诉阶段委托专家辅助人应当以办案机关启动鉴定的时间相一致，而非与委托辩护人或者诉讼代理人的时间一致。②侦查机关在进行鉴定时，应当履行告知当事人有权委托专家辅助人的职责或者义务，如告知犯罪嫌疑人、被告人、被害人有权聘请辩护律师或者诉讼代理人那样，告知犯罪嫌疑人、被告人、被害人有权委托专家辅助人介入诉讼。③犯罪嫌疑人、被告人、被害人可直接授权其辩护人、诉讼代理人委托专家辅助人；犯罪嫌疑人、被告人近亲属委托专家辅助人的，也应当允许。④对专家辅助人的选任条件，办案机关仅进行形式审查，但是辩护人、诉讼代理人应当及时告知办案机关。⑤办案机关委托专家辅助人的，应当告知当事人及其辩护人、诉讼代理人，他们有权对其申请回避。专家辅助人因委托主体的不同，在告知程序上存在不同要求。

二、专家辅助人的启动主体问题

专家辅助人的启动主体是指谁有权启动的问题。根据《刑事诉讼法》第一百九十二条的规定，在刑事诉讼中控辩双方均有权启动专家辅助人程序。而根据《民事诉讼法》第七十九条的规定，当事人有权启动专家辅助人程序。那么，法院在刑事诉讼或者民事诉讼中是否有权不经当事人同意单独启动专家辅助人程序？刑事诉讼中的犯罪嫌疑人、被告人或者被害人

---

① 参见周士敏：《试论建立审查鉴定结论的新机制——设置专家辅助人质证制度》，载《人民检察》2003 年第 4 期。

的近亲属是否有权启动？民事诉讼中的监护人或者诉讼代理人是否可以启动这一程序？对以上问题，在理论上和实务中存在不同的观点与做法。

有观点认为，专家辅助人是当事人聘请来帮助当事人向审判人员说明案件事实中的专门性问题，并协助当事人对案件中的专门性问题进行质证的人。[①] 他属于当事人的辅助人。鉴定人通常是"本案"的鉴定人，而不是一方当事人的鉴定人，可以由法院指定。也就是说，法院没有权力自行启动专家辅助人程序，启动的前提是必须存在当事人的申请或者同意，否则法院不得指派专家辅助人参与庭审，因此法院不是启动专家辅助人的主体。"专家辅助人基于当事人聘请、委托行为参与到民事诉讼之中，其有关费用和报酬由聘请、委托的当事人负担，并不作为诉讼费用在当事人之间分担"。[②] 基于此种观点进行推演，法院不应独立启用专家辅助人。也有观点认为，法院有权单独启动专家辅助人。如2008年厦门市中级人民法院的《知识产权审判专家辅助人制度》规定，专家辅助人是指受当事人或法院聘请，以证人的身份，运用其知识、经验、技能对涉及案件的专门性问题出具意见，并出庭进行说明、接受质询的具有专门知识的人。从上述规定可以看出，专家辅助人的启动程序包括当事人依申请启动程序和法院依职权启动两种程序，即当事人可以向法院提出请求专家辅助人出庭作证的书面申请由法院进行审查并做出决定，或者法院认为有必要直接邀请聘请专家辅助人出庭解释案件涉及鉴定意见或者专业问题。那么，何以看待以上观点，需要对其问题进行剖析后才能获得较为理性的认识。

1. 法院在刑事诉讼或者民事诉讼中是否有权单独启动专家辅助人程序的权力

从法律的明确规定来看，法院似乎没有独立启动专家辅助人的权力。就民事诉讼而言，法院认为没有必要进行鉴定或者当事人申请鉴定被法院拒绝，对于专业问题仍需要专家进行解读，法院是否有权直接通知专家辅助人出庭呢？司法实践存在不同的做法。例如，最高法院《关于审理证券行政处罚案件证据若干问题的座谈会纪要》（法〔2011〕225号）认为："对被诉行政处罚决定涉及的专门性问题，当事人可以向人民法院提供其聘请的专业机构、特定行业专家出具的统计分析意见和规则解释意见；人民法院认为有必要的，也可以聘请相关专业机构、专家出具意见。"法院

---

① 参见江伟主编：《民事诉讼法》（第6版），中国人民大学出版社2013年版，第181页。
② 奚晓明主编：《〈中华人民共和国民事诉讼法〉修改条文理解与适用》，人民法院出版社2012年版，第202页。

直接邀请专家辅助人出庭就鉴定意见或者专业问题提出意见似乎存在帮助当事人一方的嫌疑，一旦当事人一方或者双方对其提出的意见存在异议，必然引起对专家辅助人的质疑。这种质疑随着程序推进势必会转化到法官的身上，导致当事人与法院之间因专家辅助人提出的意见产生冲突，造成法院与当事人之间关系的紧张，法院的中立性也会因此受到冲击与影响。当法院遇到专业问题而当事人不委托专家辅助人时，法院如何理解专业问题以及查明案件事实呢？对此种情形，法院可以告知负有举证责任的一方当事人聘请专家辅助人到庭就专业问题提出意见，通过释明权来帮助当事人申请专家辅助人出庭。倘若当事人拒绝聘请专家辅助人，法院可根据举证责任的分配来确定需要认定的专业问题。在实践中，法庭基于个案的鉴定意见或者专业问题存在疑义不能确定或者无法借助其查明案件事实时，可通过专家咨询的机制来完成查清事实的目的①，即无须指派专家辅助人到庭提供意见。

2. 刑事诉讼中的犯罪嫌疑人、被告人或者被害人的近亲属以及民事诉讼中的监护人或者诉讼代理人是否有权启动专家辅助人程序

从法律条文规定来看，刑事案件的公诉人、当事人和辩护人、诉讼代理人均有权向法院提出申请，民事案件只规定了当事人而没有规定诉讼代理人。那么，对当事人的有关规定是否意味着诉讼代理人也有权向法院提出专家辅助人的申请呢？在有些案件中，无民事行为或者限制民事行为的当事人无法决定是否需要申请专家辅助人出庭诉讼，在此种情况下可以比照刑事诉讼法的规定执行。

3. 专家辅助人由谁确定的问题

无论是《民事诉讼法》规定当事人向法院提出申请还是《刑事诉讼法》规定的公诉人、当事人和辩护人、诉讼代理人向法庭申请，均没有明确法院通知的"有专门知识的人"即专家辅助人是否由申请人提供，还是由其仅仅提出专家辅助人的需求申请而由法院指定？有观点认为，对专家辅助人，当事人仅仅有申请的权利，而确定专家辅助人的权力在于法院。也就是说，法院是否通知专家辅助人以及通知何者为专家辅助人均由法院确定。我们认为，这种观点存在偏差，倘若如此，法院确定专家辅助人时也就不存在审查程序。也就是说，专家辅助人只能由当事人或者申请人来确定。在民事诉讼中，当事人可以协商选择中立的鉴定人，只有在协商不

---

① 参见郭华：《鉴定意见争议解决机制研究》，经济科学出版社 2013 年版，第 206~219 页。

成的情况下，法院才能指定。① 对于专家辅助人更应如此，法院不宜直接聘请或者确定出庭的专家辅助人。

三、专家辅助人参与诉讼的启动条件

专家辅助人参与诉讼程序的启动条件包括实体条件和程序条件。有论者认为，专家辅助人参与诉讼应符合三个条件：

一是办案机关认为有必要。有必要包括以下几个方面：一方面是指公诉人、当事人及其辩护人、诉讼代理人的申请理由是否使办案机关对鉴定意见的客观可靠性和可信性产生了一定程度的疑问，达到说服其决定专家辅助人出庭的目的，即申请方应承担所提质疑意见的初步提证责任；另一方面是指专家辅助人出庭不致对诉讼造成过分拖延，影响诉讼效率。

二是专家辅助人具备相应的专业知识。尽管《刑事诉讼法》和司法解释都没有对专家辅助人应具备的专业水准作出明确规定，但是专家辅助人必须在专业领域内具有较高成就或享有社会名望，符合社会对专家的认可标准。虽然专家辅助人无须具备鉴定资格，但是其专业水平应当足以和鉴定人匹比，否则如何质疑鉴定意见，就是问题。

三是不具有回避情形。《刑事诉讼法》第一百九十二条第四款规定，"第二款规定的有专门知识的人的出庭，适用鉴定人的有关规定。"对于程序性问题，专家辅助人与鉴定人一样，都必须符合《刑事诉讼法》第三章关于回避的规定。②

有论者认为，根据《刑事诉讼法》第一百九十二条第四款规定的有专门知识的人出庭的规定，法律条文在赋予辩方聘请专家辅助人质疑鉴定意见的权利的同时，又附加了两个限制：①辩方需要向办案机关就专家辅助人的出庭提出申请，而办案机关则对是否同意享有最终的决定权；②对于专家辅助人的主体资格，必须符合鉴定人的有关规定。《刑事诉讼法》第一百九十二条第三款规定："第二款规定的有专门知识的人出庭，适用鉴定人的有关规定。"而鉴定人出庭是需要有资质的，在"鉴定后，应当出具鉴定意见，并在鉴定意见书上签名，同时附上鉴定机构和鉴定人的资质证明或者其他证明文件"③；相反，《法院刑诉法解释》第八十五条规定：

① 参见《民事诉讼法》第七十六条的规定。
② 刘水华：《刑事诉讼专家辅助人制度的程序构建》，载《人民检察》2013年第13期。
③ 参见《公安机关办理刑事案件程序规定》第242条的规定。

"鉴定人不具有法定资质，不具有相关专业技术或者职称"，其鉴定意见"不得作为定案的根据"。对此，实践中存在不尽相同的做法。例如，2013年10月江苏省徐州中级人民法院出台的《关于专业人员参与诉讼活动的实施细则（试行）》规定，允许当事人聘请专家辅助人的条件主要是：涉案专门性问题有较大争议，需要作出科学合理的解释；鉴定意见等证据存在质疑或合理怀疑；专业人员出庭有利于查明事实[1]，并未对专家辅助人的资质作出规定。专家辅助人没有固定的标准或者认定的程序，在民事诉讼法中也无法作出具体规定，只能由人民法院在司法实践中根据案件的具体情况来确定。[2]

也有论者认为，专家辅助人的条件可以从以下方面考虑：①专家辅助人的选择应以实质要求为主导，形式要求服务于实质要求；②建立专家辅助人名册，其目的在于为当事人提供选择上的方便而非范围的限定；③在有鉴定意见需要专家辅助的案件中，专家辅助人的专业职称等级原则上应不低于作出该鉴定意见的专业人员的最高职称等级，但特殊情况亦可例外。如此，既方便当事人对专家辅助人的选择，又有利于保证专家辅助人的实质性功能作用。[3] 以上观点与做法为确定专家辅助人启动的条件提供了理论和实践上的参考，并为在理论上将专家辅助人参与诉讼的启动条件予以归纳提供了思路。专家辅助人参与诉讼程序启动包括实体性条件和程序性条件两个方面。

（一）专家辅助人参与诉讼程序启动的实体条件

在司法实践中，有些地方法院对专家辅助人参与诉讼程序启动的实体条件作出了限制。如浙江省高级法院《关于专家辅助人参与民事诉讼活动若干问题的纪要》第三条规定："以下情形当事人可以申请一至二名专家辅助人出庭：（一）需要专家辅助人出庭就鉴定意见提出意见的；（二）需要专家辅助人出庭就案件涉及的其他专门性问题提出意见的。"根据《刑事诉讼法》和《民事诉讼法》的规定、需要立法解决的问题以及司法实践中的做法，专家辅助人启动的实体条件主要包括以下两个方面。

---

① 参见陈娟等：《让专家库成为法院的"智库"——访市中级人民法院副院长戚志华》，载《徐州日报》2013年11月11日。

② 全国人大常委会法制工作委员会民法室：《2012民事诉讼法修改决定条文释解》，中国法制出版社2012版，第109页。

③ 参见张立平、杨丹：《民事诉讼专家辅助人的法律定位及其制度完善——以法条与司法解释的逻辑解读为基点》，载《湘潭大学学报（哲学社会科学版）》2014年第1期。

一是存在鉴定意见或者需要解释的专业问题。这是启动专家辅助人的前提条件。例如，最高人民法院《关于审理不正当竞争民事案件应用法律若干问题的解释》列举的"为公众所知悉"的情形包括"该信息为其所属技术或者经济领域的人的一般常识或者行业惯例"。对于这一事实如何判断并未作出进一步的规定，该项事实是否可以作为委托鉴定的"事实问题"。而对"不为公众所知悉"及具体表现类型却将"某项信息是否不为公众所知悉"视为"法律问题"，是否可以作出"是否属于商业秘密"属于不可委托鉴定的"法律问题"。对于这种法律问题能否作为"专业问题"申请专家辅助人参与诉讼提供意见。我们认为，办案机关对公诉人、当事人和辩护人、诉讼代理人的申请是否同意，不仅应以鉴定意见或者专业问题存在为基础，而且还应以公诉人、当事人和辩护人、诉讼代理人对鉴定意见存在异议的理由作为条件。也就是说，办案人员在决定是否同意时，应当以申请人对鉴定意见存在异议及其理由的合理性作为判断标准，而不能以与查清案件事实有无关系以及案件是否需要等实体性条件作为判断的依据；否则，其启动程序不具有程序的性质，法律赋予公诉人、当事人和辩护人、诉讼代理人启动申请权也就转化为办案机关可以根据自己办案的需要自行决定的裁量职权，这与设置这一制度保障公诉人、当事人和辩护人、诉讼代理人质疑鉴定意见的目标不相吻合。即使是办案机关在判断专家辅助人出庭是否有必要时，其必要性也应当依据公诉人、当事人和辩护人、诉讼代理人对鉴定意见的异议这一程序问题来衡量。只要其异议存在理由或者鉴定意见存在疑义，就应当准许其申请的专家辅助人参与诉讼，而不得以案件的实体要求来判断，更不应对其申请的专家辅助人能否提出正确的意见等问题作为判断标准。

二是查明案件事实有必要。这一实体条件也是办案机关决定是否许可当事人申请的实质性条件。公诉人、当事人和辩护人、诉讼代理人仅享有申请办案机关通知专家辅助人出庭的权利，专家辅助人究竟能否出庭取决于办案机关是否同意。那么，办案机关对公诉人、当事人和辩护人、诉讼代理人的申请如何判断也就成为实际启动这一程序的关键性环节。由于我国《刑事诉讼法》的规定过分扩大了办案机关在是否启动专家辅助人出庭程序方面上的自由裁量权，而对这种自由裁量权没有作出规范，因而在实践操作层面有可能演变为办案机关阻碍这一制度不能有效实施或者无法真正落实的直接障碍。也就是说，当事人在专家辅助人上的申请权有可能被办案机关滥用决定权所架空，在实践中申请变得相当困难，成为办案机关控制专家辅助人的利器。在司法实践中，有可能像证人出庭作证所遭遇的问题一样，法院以"防止浪费司法资源"、"拖延诉讼"为借口，借助于及时处理案件的强大内驱力去否决当事人的申请权。与证人、鉴定人出庭作证制度的相关规定中所提出的"必要性"标准相比，专家辅助人出庭作证程序的启动与否甚至没有配套的判断标准，完全取决于办案人员本人的自愿与需要，甚至缺少相应的救济程序。这种办案人员完全掌控专家辅助人参与诉讼与否的局面，使办案机关在单方面享有了不受限制的裁判权，而以往的经验反复证明，办案机关任意剥夺当事人的程序权利造成证人、鉴定人出庭难的现象有可能复制到专家辅助人身上，致使当事人的申请权弱化到只有"申请"的境地。对此问题，我们并非一概否定办案机关的裁量权，而是要求对这种裁量权予以规范，以免其滥用而伤害当事人的申请权。同时，也要谨防当事人申请权的滥用。如果当事人和辩护人、诉讼代理人对鉴定意见仅仅有异议，其异议仅仅涉及一些程序瑕疵且这些瑕疵又不影响鉴定意见的实质问题，尽管专家辅助人出庭可以有利于当事人的诉讼权利的行使，但因需要为此付出较高的经济成本，与其成本比较起来有些得不偿失时，则无须专家辅助人参与诉讼，基于效率与公正的平衡对此可以作出限制。

（二）专家辅助人参与诉讼程序启动的程序条件

基于以上的观点并结合需要立法解决的问题，根据《刑事诉讼法》第一百九十二条的规定，专家辅助人参与诉讼应以程序性判断作为启动条件。因为该制度的立法目标是为了促进专家辅助人参与诉讼，在适用规定上也应当满足这一目标，采取程序性条件会有利于这一目标的实现。以下主要以出庭作为重点。一般来说，其程序性条件应当符合以下条件。

一是当事人和辩护人、诉讼代理人对鉴定意见存在异议。也就是说，无论是公诉人还是当事人和辩护人、诉讼代理人，只有在对鉴定意见提出异议时，申请专家辅助人出庭才具有意义。这一条件既是专家辅助人启动的条件，也是鉴定人出庭作证的条件，两者存在共同的基础。因为鉴定人出庭是以公诉人、当事人和辩护人、诉讼代理人对鉴定意见有异议作为启动条件的，而专家辅助人协助当事人质疑鉴定意见，也应当是建立在对鉴定意见存在异议的基础上。如果他们对鉴定意见没有异议，其申请专家辅助人出庭也就没有意义。从"公诉人、当事人和辩护人、诉讼代理人可以申请法庭通知专家辅助人出庭，就鉴定人作出的鉴定意见提出意见"的逻辑来看，专家辅助人出庭应当以存在鉴定意见为条件。如果没有鉴定意见存在，专家辅助人出庭就无法履行就鉴定人做出的鉴定意见提出意见的职责，其出庭也就失去了目标。那种认为公诉人、当事人和辩护人、诉讼代理人申请的专家辅助人可以在没有鉴定意见的基础上出庭对专业问题发表意见的观点也是以存在异议为条件的，否则不符合这一制度安排的目的，也与《刑事诉讼法》第一百九十二条的规定存在逻辑上的矛盾。

二是公诉人、当事人和辩护人、诉讼代理人提出书面申请。这是专家辅助人出庭启动的程序性条件。公诉人、当事人和辩护人、诉讼代理人之所以申请专家辅助人出庭，源于他们对鉴定意见存有异议或有表达专业问题的愿望，是基于自己的利益而为之；否则，申请专家辅助人出庭就失去动机。公诉人、当事人和辩护人、诉讼代理人提出申请时应当附有理由或者说明。其理由和说明是针对鉴定意见异议以及专业问题，而非是对案件事实的。

三是鉴定人是否出庭是否作为专家辅助人的启动程序的条件之一。《刑事诉讼法》第一百八十七条规定的"公诉人、当事人和辩护人、诉讼代理人对鉴定意见有异议，人民法院认为鉴定人有必要出庭的，鉴定人应当出庭作证"与第一百九十二条的规定联系起来分析，专家辅助人作为专家出庭应以鉴定人出庭存在争议需要厘清的专业问题作为前提条件。尽管法条规定的是"就鉴定意见提出意见"，而非对鉴定人质询，但其实质是对鉴定人出庭作证提出质疑，重在与鉴定人在专业方面进行理性对话与专业交流。在司法实践中，如果鉴定人有正当理由不能出庭的，而公诉人、当事人和辩护人、诉讼代理人对鉴定意见有异议且存在合理理由的，也应当允许专家辅助人出庭，对书面鉴定意见提出意见，不宜采取所谓的"对等原则"即"以书面"对"书面"。浙江省高级人民法院《关于专家辅助人参与民事诉讼活动若干问题的纪要》规定"专家辅助人不得单独出庭，应当与申请方当事人或者诉讼代理人共同出庭"，实质上增加了启动专家辅助人的难度，即与当事人或者诉讼代理人共同出庭，不得单独出庭。这与将其提出的意见视为当事人陈述不相一致。可以说，其提出的意见仅仅是当事人或者诉讼代理人意见的补充。倘若当事人没有出庭，出庭的仅仅是诉讼代理人，那么，就会出现诉讼代理人在法庭上发表的意见不属于证据，而辅助诉讼代理人的专家辅助人提出意见却作为证据即当事人陈述的现象，这样，谁主谁辅则会处于尴尬的状态。

第二节　专家辅助人参与诉讼程序

专家辅助人参诉讼程序主要包括当事人和辩护人、诉讼代理人的申请程序、办案机关的决定程序以及相应的救济程序。由于我国诉讼法对专家辅助人规定的较为简略，其有关程序问题除了规定可以适用鉴定人规定外，并没有进一步予以规定，以下从理论和实践的视角对有关程序问题进行探讨。

一、当事人和辩护人、诉讼代理人的申请程序

我国《刑事诉讼法》第一百九十二条第二款规定："公诉人、当事人和辩护人、诉讼代理人可以申请法庭通过有专门知识的人出庭，就鉴定人作出的鉴定意见提出意见。"其中的申请是法律赋予公诉人、当事人和辩护人、诉讼代理人的权利。基于权利的意义，其申请权包括积极的主动申请权，也包括消极的被动申请权；基于权利的延伸，必然衍生出办案机关的告知当事人有权聘请专家辅助人的义务，即办案机关应当告知当事人有权聘请专家辅助人以及聘请专家辅助人的人数，以保障这一权利能够有效行使。尤其是在民事诉讼中，法院对于没有鉴定意见而认为案件中存在"专业问题"时，更应当借助于释明权，告知当事人可以聘请专家辅助人就案件的专业问题提出意见。

1. 办案机关的告知程序

办案机关的告知义务是规范其办案活动的重要职责，也是防止滥用权力和促进程序公正的重要保障。未履行告知义务或者未完全履行告知义务即履行告知义务有瑕疵的，应当承担程序违法的不利后果。尽管最高法院在《行政诉讼证据规定》中规定了"法官也可以通知专业人员出庭说明"，然而，这里法官只是在代替当事人行使这一权利，法官只是对专业人员进行"通知"，其法律效果归根结底还是影响当事人，需要征求当事人的意见。其具体要求为：办案机关获得鉴定意见或者认为专业问题需要专家出庭说明或者提供意见的，应当向当事人及其近亲属、监护人和辩护人、诉讼代理人采取书面或者口头（包括电话、电子邮件、短信、微信等）告知有权委托专家辅助人，对此应当记录在案。

2. 公诉人、当事人和辩护人、诉讼代理人申请程序

当事人等申请专家辅助人参与诉讼的，应当提出书面申请。其申请书是否应当附有理由和拟聘请的专家辅助人是申请程序需要解决的问题。申请专家辅助人的主要内容应当包括申请理由和专家辅助人名单。以下就这两方面的内容进行探讨。

（1）申请理由。无论是《刑事诉讼法》还是《民事诉讼法》，都仅仅规定当事人等有申请权，没有规定申请是否应当附有理由。对此问题无论是理论上还是实践中均能达成共识。立法机关认为，对于《民事诉讼法》第七十九条规定的"需要有专门知识的人出庭的，应当由当事人向人民法院提出申请，说明理由"。① 而《法院刑诉法解释》第十七条第一款规定："公诉人、当事人及其辩护人、诉讼代理人申请法庭通知有专门知识的人出庭，就鉴定意见提出意见的，应当说明理由。"那么，申请理由包括哪些内容呢？有论者认为，申请人的"理由"可以从几方面来体现：①申请专家辅助人出庭必须提交书面申请材料。申请材料包括双方签订的委托书、专家辅助人出庭发表意见的内容概要以及专家辅助人的姓名、专业知识领域、执业经历和联系方法等基本信息；②对一份鉴定意见，原则上只能申请一名专家辅助人出庭；③专家辅助人出庭以对方证据体系中有鉴定意见和鉴定人出庭为前提，以对该鉴定意见有合理异议为条件。② 我们认为，对于申请理由应当提供鉴定意见存在异议的理由与根据，尽可能具体而非仅仅像上述申请书那样提出"依据错误、结论荒谬、缺乏客观性和真实性"等笼统的表述。然而，理由不是依据，只要具有信服或者产生疑问的力量即可。

（2）附专家辅助人的基本情况。有论者认为，专家辅助人应当在具有鉴定人资格的人中进行选任为一般原则，以在其他具有专门知识的人中确定为补充。这样，既可以确保专家辅助人的技术专业性和权威性，又提高了实践的可操作性，同时也为特殊情形时的选任留有足够的空间。③ 也有论者认为，专家辅助人应当像鉴定人一样要有专门的管理部门，并建立专家辅助人名册，以利于公诉人、当事人和辩护人、诉讼代理人选择确定合格的专家辅助人出庭。"具体而言，即只有在司法部司法鉴定管理局制定的鉴定人全国名册中登记的鉴定人才能够接受双方当事人的委托，担任当事人的专家辅助人。"④ 公告的鉴定人有明确的管理部门和司法鉴定人名册，在册的鉴定人都可以作为专家辅助人供申请人选择，而社会上由人

---

① 王胜明主编：《中华人民共和国民事诉讼法释义》，法律出版社 2012 年版，第 177 页。
② 参见李苏林：《我国刑事诉讼专家辅助人制度探析》，载《广西政法管理干部学院学报》2013 年第 5 期。
③ 参见朱华、王绩伟：《赋予"有专门知识的人"独立诉讼地位》，载《检察日报》2013 年 1 月 16 日。
④ 汪建成：《司法鉴定模式与专家证人模式的融合——中国刑事司法鉴定制度改革的方向》，载《国家检察官学院学报》2011 年第 4 期。

事、劳动部门和行业主管部门考核、审核发放的具有专业技术职称和资格的非入鉴定人名册的专业技术人员作为专家辅助人，也必须有明确的管理部门。还有论者认为，这个管理职能应当由最高人民法院授权于各中级人民法院的司法技术辅助机构，由法院司法技术辅助机构根据享有专家辅助人资格的人申请，对其进行审查后注册，建立《社会专家辅助人名册》并进行动态管理。这种专家辅助人准入制度实际上是以专家辅助人应当具有资格限制为条件。

还有论者认为，专家辅助人"一般应当是具有相应专业知识和实践经验的专家，也不要求是具有某种职称、称号的专家，只要是具有相应专业知识和实践经验的人都可以"①。为确保出庭的专家辅助人有能力对鉴定人的鉴定意见提出意见，"更为有效地参与庭审活动，以利于专门性问题的解决，应当适当限制有专门知识的人的条件，即应当具有鉴定人资格"②。有些地方司法机关对此也作出了规定。例如，浙江省高级人民法院《关于专家辅助人参与民事诉讼活动若干问题的纪要》第四条规定："当事人申请专家辅助人出庭，应当向人民法院提出书面申请。""专家辅助人出庭申请书应附专家辅助人的个人基本信息以及能够证明该专家辅助人具有相关专门知识的证明材料，如职业资格、专业职称、从业经验等。""人民法院可根据案件审理需要，要求申请人补充有关专家辅助人的材料。"从保障对鉴定意见提出意见的效果与质量来说，专家辅助人具有一定资质比没有资质更具有质疑鉴定意见的能力，而现实中相当大量的"有专门知识的人"，如科研单位的研究人员、大学教授、医生等，由于其不专门从事鉴定业务，往往并未申请鉴定人资格，但其学识、能力、水平可以胜任出庭就相关专门问题提出意见。因此，要求出庭的有专门知识的人必须具有鉴定人资格，不当地限制了"有专门知识的人"的范围，不利于讼争专业问题的解决，不符合立法目的。③"具体应根据行业从业严格性而划分不同标准，对于有明确准入限制的行业，应以行业最低准入标准为底线，对于其他行业和领域，则可以以具备正规教育或长期实践获得的知

---

① 孙谦主编：《〈人民检察院刑事诉讼规则（试行）〉理解与适用》，中国检察出版社2012年版，第307页。
② 参见江必新主编：《最高人民法院关于适用〈中华人民共和国刑事诉讼法〉的解释理解与适用》，中国法制出版社2013年版，第216页。
③ 胡云腾、喻海松：《刑事一审普通程序修改解读》，载《法律适用》2012年第9期。

识、经验超过一般人为底线。"① 对于以上的观点进行逻辑分析可以看出，法院的前后解释与说明存在一定的内部冲突，反映出法院在此制度上的经验不成熟，但是最终目标还是以行业准入制度为基本标准的，这一点似乎毋庸置疑。我们认为，对于申请的专家辅助人应当附上与其作为专家的材料，证明其对该鉴定的事项或者专业问题有能力提出意见，以免在参与诉讼过程中因能力不足频繁更换专家辅助人或者出现偏离专业知识的意见，从而影响诉讼的效率。

二、办案机关的决定程序

办案机关的决定程序包括申请的接受、审查和决定。办案机关对于无论是有理由还是理由荒谬的申请书均应当接受，不得以理由不充分或者依据不确实而拒绝接受申请书。因为当事人提出申请是其权利，而办案机关接受申请书属于履行职责，无权借助于权力来压制权利的行使，相反，更需要保障申请人权利的行使，使法院在此问题上的裁判更具有理性。这与司法改革中立案实行"登记制"相吻合。对此需要讨论以下问题。

（一）办案机关审查专家辅助人参与诉讼是否存在必要

《法院刑诉法解释》第二百一十七条规定："公诉人、当事人及其辩护人、诉讼代理人申请法庭通知有专门知识的人出庭，就鉴定人作出的鉴定意见提出意见，应当说明理由。法庭认为有必要的，应当通知有专门知识的人出庭。"《刑事诉讼法》没有规定公诉人、当事人和辩护人、诉讼代理人申请专家辅助人出庭需要提供理由，而《法院刑诉法解释》却规定了"应当说明理由"。然而，其理由的内容应为何？也就是说，法庭应当审查的对象为何？有论者认为，根据《刑事诉讼法》第一百八十二条第二款的规定，在开庭前，审判人员可以组织对公诉人、当事人和辩护人、诉讼代理人对出庭证人名单等进行讨论，并就涉及被申请的相关人员能否作为专家辅助人出庭的问题由控辩双方进行讨论，审判人员可以听取其意见，形成自己的观点。由于庭前会议没有强制性要求，如果在庭审中控辩双方在质证环节才提出要求专家辅助人出庭的情况，此时根据修改后的《刑事诉讼法》第一百九十二条第三款的规定，必须由法庭进行预先审查

---

① 参见江必新主编：《最高人民法院关于适用〈中华人民共和国刑事诉讼法〉的解释理解与适用》，中国法制出版社 2013 年版，第 216 页。

并作出是否同意的决定。而《法院刑诉法解释》规定的"法庭认为有必要"是指被申请人员是否具有专门知识。[1] 专家辅助人是否出庭能否交由当事人协商解决，当事人对此是否具有决定权？有论者认为，在庭前会议阶段提出申请的，应当允许申请一方就需要通知专家辅助人的情况进行说明，出具能够证明其具有相关能力的证据，并由对方发表是否同意其出庭的意见，由审判人员最终决定。如果是在庭审中提出，通过控辩双方的交叉询问为法庭是否同意提供参考，具体可先由申请方对需要出庭的专家辅助人进行质询，质询的目的在于确认该辅助人的能力、资质是否符合要求。其次由对方发问，目的在于降低法庭对专家辅助人意见的依赖，然后由法官主持至少两轮询问、反询问，最后由法庭判断其是否有资格出庭对该案的鉴定意见发表意见。如何按照此种程序，岂不是在诉讼程序中出现了一个审查专家辅助人是否应当出庭的额外程序？也就是说，需要对专家辅助人出庭设置一个专门的预审程序[2]，必然造成程序复杂与烦琐。浙江省高级人民法院《关于专家辅助人参与民事诉讼活动若干问题的纪要》第四条规定："当事人申请专家辅助人出庭，应当向人民法院提出书面申请。""专家辅助人出庭申请书应附专家辅助人的个人基本信息以及能够证明该专家辅助人具有相关专门知识的证明材料，如职业资格、专业职称、从业经验等。""人民法院可根据案件审理需要，要求申请人补充有关专家辅助人的材料。"

我们认为，以上观点具有一定的启发意义，可以防止公诉人、当事人和辩护人、诉讼代理人滥用专家辅助人的申请权，但是通过交叉询问来确定是否作为专家辅助人，在实质上，这种人员已经作为程序中的专家辅助人，在逻辑上存在矛盾。那么，法庭对公诉人、当事人和辩护人、诉讼代理人申请专家辅助人出庭是否审查？如果需要审查，其审查程序应当如何安排？也就是说，如何才能保障法庭通知专家辅助人具有正当性，即如何保障法庭的通知能够实现立法设置这一制度的预期，如何保障当事人这一权利不受法庭权力的不当影响，且具有避免制度实施之初就成为滥用之时的功能。

对专家辅助人应否有资质的限制不应仅仅局限于"适用鉴定人的有关规定"，还要从《刑事诉讼法》对专家辅助人在庭审的所有规定及其功能上予以考虑。从《刑事诉讼法》对"有专门知识的人"的规定来看，侦

---

① 参见江必新主编：《最高人民法院关于适用〈中华人民共和国刑事诉讼法〉的解释理解与适用》，中国法制出版社 2013 年版，第 216 页。

② 参见范思力：《刑事审判中专家辅助人出庭若干问题研究——以修改后的〈刑事诉讼法〉相关规定为切入点》，载《西南政法大学学报》2012 年第 5 期。

查机关进行勘验、检查时，"在必要的时候，可以指派或者聘请具有专门知识的人"，在鉴定时"应当指派、聘请有专门知识的人进行鉴定"①。而前者规定的"有专门知识的人"属于专家辅助人，其勘查、检查活动本身是在侦查人员主持下进行的，不属于独立的诉讼活动，其活动本身具有从属性，不需要专门的资质限制；而后者则属于鉴定人，应当具有资质限制。从专家辅助人的功能来看，尽管"有专门知识的人"出庭对于法庭澄清当事人对鉴定意见的异议具有协助功效，但究其实质而言，"这种'有专门知识的人'的功能和目的只是辅助当事人充分有效地完成诉讼任务，他并不具有法官的'专业助手'的功能"②。

　　基于诉讼权利保障的视角，尤其是公诉人、当事人和辩护人、诉讼代理人聘请"有专门知识的人"的法理，基于申请行为而委托的专家辅助人不应有专门资质的限制与要求。即使对专家辅助人不作资质限制，也并非任何人均可作为专家辅助人。基于专家辅助人的称谓而言，其应当是名副其实的专家或者有涉及该案的专门知识，不同于一般人或者普通人，否则与专家辅助人的称号不符，也无法帮助公诉人、当事人和辩护人、诉讼代理人行使对鉴定意见提出意见的权利。因此，专家辅助人提供作为专家的证明文件或者说明其经验技能，无须像鉴定人那样具有法定的执业资质。公诉人、当事人和辩护人、诉讼代理人提出申请时，应当在提供的申请中载明专家辅助人的姓名、所从属的单位、相关资格证明及联系方法等基本情况，以便法庭确定是否需要通知其出庭以及能够及时通知其出庭。但法庭不得对专家辅助人作出不合格的评断或者为申请人另行指定其他人，更不得以此作为理由来剥夺或者限制公诉人、当事人和辩护人、诉讼代理人的申请权。

　　公诉人、当事人和辩护人、诉讼代理人仅享有申请法庭通知专家辅助人出庭的权利，专家辅助人究竟能否出庭取决于法庭是否同意，决定权在法庭。那么，法庭对公诉人、当事人和辩护人、诉讼代理人的申请如何判断也就成为实际启动这一程序的关键性环节，对此的认识与理解可从以下几个方面进行。

　　一是对《刑事诉讼法》第一百九十二条有关专家辅助人的理解应当结合第一百八十七条有关鉴定人出庭的规定进行认识。鉴定人出庭的前提是公诉人、当事人和辩护人、诉讼代理人对鉴定意见有异议，且鉴定人出庭

---

　　① 参见《刑事诉讼法》第一百二十六条、第一百四十四条。
　　② 奚晓明主编：《〈中华人民共和国民事诉讼法〉修改条文理解与适用》，人民法院出版社2012年版，第198页。

有必要。在此种情形下，如果公诉人、当事人和辩护人、诉讼代理人申请专家辅助人而法庭不允许，公诉人、当事人和辩护人、诉讼代理人在法庭上对有异议的鉴定意见不仅无法进行有效的质疑，也会因自己没有专业能力、法庭又不允许提供专业辅助而面对专业问题时束手无策。基于正当程序的要求，鉴定人无故不出庭作证，其鉴定意见不能作为定案的根据。而有鉴定人出庭的，法庭不允许专家辅助人出庭协助公诉人、当事人和辩护人、诉讼代理人就鉴定意见提出意见，这种未经有效质证的鉴定意见也不应当作为定案根据，因其未得到有效质证而使其居中裁判失去公正裁判的性质。

二是专家辅助人质疑鉴定意见的能力固然重要，其质疑的质量对法庭是否采纳鉴定意见作为定案根据也有一定的影响，甚至对法庭作出科学的判断会发生重要的作用。然而，诉讼中的专家辅助人属于公诉人、当事人和辩护人、诉讼代理人的专业辅助人，设置该制度的宗旨是维护当事人的合法诉讼权益，增强诉讼的人权保障功能，而不是为法庭审查判断鉴定意见提供的专家助手，否则就失去申请启动这一制度的秉性。尽管对于这种诉讼辅助人的资格，法律通常没有特别的限制，但一个人能否成为诉讼辅助人，仍需要得到许可。① 法庭许可是根据案情需要而定，还是否根据对解决鉴定意见异议、疑义有意义而定，直接影响制度安排的思路和制度的整体架构。由于专家辅助人"是否具有满足协助当事人就专门性问题发表意见、进行质证的资格，是当事人考虑的问题"②，而非法庭的法定职责，这就使制度在架构中侧重考虑当事人权利的保障程度，而非仅从法官查明案件事实的需要。因此，不宜将专家辅助人的实质性专业能力作为审查专家辅助人是否需要出庭的依据。

三是法庭对公诉人、当事人和辩护人、诉讼代理人的申请是否同意，不仅应以鉴定意见存在为基础，而且还应以公诉人、当事人和辩护人、诉讼代理人对鉴定意见存在异议的理由或者是法院对专业问题存在疑惑或疑义作为条件。也就是说，法庭在决定是否同意时，应当以申请人对鉴定意见存在异议及其理由的合理性作为判断标准，而不能以与查清案件事实有无关系及其实质上是否具备专业能力等实体性条件作为判断的依据；否则，其申请程序也就异化为鉴定意见或者专业问题的实质审理程序，不再

① ［日］中村英郎：《新民事诉讼法讲义》，陈刚等译，法律出版社 2001 年版，第 72 页。
② 奚晓明主编：《〈中华人民共和国民事诉讼法〉修改条文理解与适用》，人民法院出版社 2012 年版，第 199 页。

具有形式审查程序的性质。法律赋予公诉人、当事人和辩护人、诉讼代理人通过申请权启动专家辅助人出庭程序也就转化为审判机关根据自己办案的需要自行决定的职权，这与设置这一制度保障公诉人、当事人和辩护人、诉讼代理人有能力质疑异议的鉴定意见的愿望与目标不相吻合。即使是法庭在判断专家辅助人出庭是否有必要时，其必要性也应当限定在公诉人、当事人和辩护人、诉讼代理人对鉴定意见异议的理由上，体现其程序本质。只要存在异议或者法庭对鉴定意见存在疑问，就应当准许其申请的专家辅助人出庭，而不得以案件的实体要求来判断，更不应对其申请出庭的专家辅助人能否提出正确、科学、可靠的意见等问题作为判断标准。[①]也就是说，只要公诉人、当事人和辩护人、诉讼代理人对鉴定意见有异议且法庭认为鉴定人应当出庭，就应当允许申请的专家辅助人出庭。鉴定人出庭的条件在一定意义上等于审查专家辅助人出庭的依据，也是法庭判断专家辅助人是否出庭的唯一法定依据。

　　法庭对专家辅助人出庭申请审核的基本政策是"从宽对待"而不宜"从严限制"。一方面，如果专家辅助人参与诉讼从严审核，就会使当事人聘请的大量专家辅助人不能参与诉讼，成为制度外的咨询专家，更难以进入法庭对鉴定意见发表质证意见，专家辅助人制度就可能形同虚设甚至逐渐趋于"失效"状态；另一方面，法庭审理过程是以法官为主导的，法官对案件审理程序有着绝对的控制力，如果出庭的专家辅助人明显不合格，甚至无法提供实质性质证意见或无助于案件事实认定，法官完全可以通过控制庭审程序来排除不利影响，无须通过限制专家辅助人进行诉讼来摆脱这一困境。基于此种思路，诉讼制度应当将专家辅助人出庭对鉴定意见质证或者对专业问题提出意见成为常态。一般来说，无论是当事人认可抑或反对鉴定意见，只要提出聘请专家辅助人申请并附有理由，法庭原则上都应当同意，不得以当事人"不懂鉴定意见所涉专门性问题"作为拒绝的理由。从实务角度看，办案机关在下列情形应当同意当事人聘请专家辅助人的申请，将此种情形作为通知专家辅助人出庭的必要性的衡量条件：①当事人对鉴定意见有异议、法院已决定鉴定人出庭的；②鉴定意见明显存在疑点的；③鉴定文书阐释不清或存在明显矛盾的；④鉴定意见与其他证据材料相反或存在严重分歧的；⑤存在补充鉴定、重新鉴定等多种鉴定意见，且鉴定意见之间存在不一致的情形；⑥鉴定意见所涉问题专业性很强

---

　　① 郭华：《切实保障刑事诉讼法中司法鉴定条款的实施》，载《法学》2012 年第 6 期。

的；⑦案件有重大社会影响的；⑧其他有必要通知有专家辅助人参与诉讼的其他情形。①

另有论者认为，对于当事人委托的专家辅助人，一般只需要实质要件的要求，即以是否具有一定的科学技术知识或专门知识即可。对办案机关委托的专家辅助人应遵循资格法定原则，即形式、实质要件均要具备，从鉴定专家名册中选任。② 实行依申请主体不同而有差别的资格选任标准。主要理由是：当事人委托专家辅助人，是其行使诉权及其他具体诉讼权利的一种表现，"权利"的属性决定了当事人具有自主处分权，法院不应过多干预并为当事人申请的专家辅助人设置过高的资格准入条件，否则不利于其行使辩护权，因此只要具备专家的实质要件即可；而办案机关委托专家辅助人，性质上属于查明案件事实真相的"义务"范畴，必须以客观事实为根据、追求案件的公正处理为目标，必须严格依法进行，并尽可能为其申请的专家辅助人设置严格的资格条件，因此形式要件、实质要件均应具备。而且当事人较办案机关，在申请专家辅助人时应适用相对宽松的资格标准，因为二者获取专家辅助人的难易度不同，理应适用严格程度不同的资格审查标准。在我国的刑事鉴定人队伍中，侦查机关、检察机关鉴定人占了绝对的数量优势与质量优势，基于其内部高度一体化的行政体制，加之其工作使用上与科研院所等机构鉴定人的业务联系，侦控机关不仅有获取专家辅助人的广阔资源，而且更有工作上的使用便利，甚至不需要支付劳务费即可获取专家辅助人出庭支持；而普通当事人获取专家辅助人的路径相对较少，要么通过熟人朋友介绍，要么在根本不了解所聘专家辅助人的业务能力的条件下，盲目从鉴定人名册中挑选，而且还得付出比办案机关聘请专家辅助人更高的劳务费用，成本更高，效益难定。在这种情况下，严格限定当事人聘请专家的资格条件，无疑阻碍了当事人获取专家辅助人的路径，不当地限制了当事人辩护权的行使，进一步加剧了控辩失衡的态势。③ 这种区分专家辅助人实体条件的标准具有现实的价值，也是节约国家诉讼资源，避免办案机关滥用专家辅助人或者使用"人情"或者"关系"专家辅助人的限制与约束。

（二）办案机关对当事人等申请权竞合的选择

在司法实践中，对于鉴定意见存在异议，一方当事人申请专家辅助人

---

①②③ 参见王跃：《专家辅助人制度基本问题研究——以〈刑事诉讼法〉第一百九十二条规定为切入点》，载《西南政法大学学报》2014年第1期。

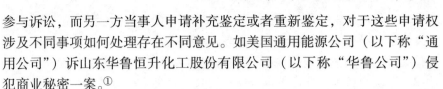

参与诉讼，而另一方当事人申请补充鉴定或者重新鉴定，对于这些申请权涉及不同事项如何处理存在不同意见。如美国通用能源公司（以下称"通用公司"）诉山东华鲁恒升化工股份有限公司（以下称"华鲁公司"）侵犯商业秘密一案。[①]

美国德士古公司开发了气化炉设计结构技术，包括煤气化技术。通用公司自德士古公司购买了全部气化技术，对该技术拥有商业秘密。华鲁公司投资建设的氮肥项目采用了煤气化技术。西北化工研究院为华鲁公司提供了煤气化技术图纸等资料。华鲁公司将该技术资料交于华陆工程科技有限责任公司（以下称"华陆公司"）。通用公司发现，华陆公司为华鲁公司提供的设计图纸包含其商业秘密，认为华陆公司的行为构成对其商业秘密的侵害，遂诉至法院。通用公司根据证据保全的结果追加华鲁公司、西北化工研究院（以下称"研究院"）为共同被告，请求判令华陆公司、华鲁公司、研究院立即停止侵权、赔偿损失290万美元。

该案在审理中，在研究院的母公司陕西延长石油（集团）有限责任公司（下称延长公司）及各方的协调下，达成协议：研究院及其附属机构不得使用、向第三方许可包含通用公司拥有的煤气化技术的商业秘密；研究院有权对多元料浆煤气化技术进行研发，或在延长公司及其控股子公司所有的化工厂实践或使用；华陆公司停止使用并向通用公司返还诉争所有含有通用公司煤气化技术的资料及图纸。为获取侵权证据，通用公司申请了证据保全；同时为充分说明其商业秘密的技术信息，通用公司申请本国专家出庭提供意见。在此问题上存在不同观点。

一种观点认为，通用公司拥有包括气化炉设计结构在内的煤气化技术及工艺等技术信息，该技术信息属于通用公司的商业秘密。华陆公司、华鲁公司、研究院非法获取、披露、使用、允许他人使用通用公司的商业秘密，构成对通用公司商业秘密的侵害。通用公司申请本国专家出庭，合法合理。

另一种观点认为，通用公司诉请保护商业秘密的范围不清，主张不明确，且其并非权利人，不同意让外国专家出庭；通用公司未提供充分证据证明华陆公司为华鲁公司氮肥项目所做煤气化工程设计，与通用公司所称商业秘密之间的关系，也无证据证明华陆公司"非法获取、披露、使用、允许他人使用"其商业秘密的事实，对于外国专家的意见不予认可，同时

① 姚建军：《外国专家证人可以就技术问题出庭作证》，载《人民法院报》2013年5月16日。

提出申请司法鉴定。

那么，当事人一方申请专家出庭，而另一方申请司法鉴定，法院应当如何处理——司法鉴定优先抑或专家辅助人优先？其理由为何？在该案中，主审法官认为，通过技术转让方式取得商业秘密的受让人，可以以自己的名义提起民事诉讼；权利人发现第三方拥有其享有的商业秘密技术资料后，因客观原因无法取得证据，可以申请法院进行证据保全，并根据证据保全的结果，申请追加当事人参与诉讼；权利人以侵害商业秘密提起诉讼，应当对其拥有的商业秘密符合法定条件先行举证。该案权利人在审理中聘请外国专家证人出庭就技术问题即其所主张的商业秘密进行说明，并不违反法律规定。被控侵权人对商业秘密构成要件提出质疑，在权利人充分举证后，应由被控侵权人提出鉴定申请；当事人的母公司不是案件的诉讼主体，在当事人达成的诉讼调解协议中，仅规定了其享有的权利，没有设定其应履行的义务，可以不追加其为当事人参与诉讼。

一般来说，对刑事案件而言，办案机关进行刑事诉讼，只要有鉴定机构的鉴定意见且作为证据使用，就应当书面告知当事人和辩护人、诉讼代理人申请补充鉴定或者重新鉴定，并同时告知公诉人、当事人和辩护人、诉讼代理人有权通知专家辅助人参与诉讼；如果当事人和辩护人、诉讼代理人对鉴定意见有异议，由他们在重新鉴定和专家辅助人出庭之间进行选择。如果当事人和辩护人、诉讼代理人要求申请重新鉴定，且重新鉴定理由正当合理的，应当优先选择重新鉴定。如果重新鉴定没有正当理由或者不合理，办案机关就应当对是否同意专家辅助人参与诉讼的申请作出书面决定。对民事案件而言，法院受理的简易程序和第一审普通程序案件，如果涉及专业问题没有经过司法鉴定，当事人可以申请专家辅助人出庭就专业问题提出意见或者进行鉴定。如果案卷中已经有鉴定机构出具的鉴定意见书，一方当事人在举证期限内对该鉴定意见书提出了异议，并且申请了重新鉴定，且重新鉴定的理由正当合理的，法庭应当准许当事人重新鉴定；如果一方当事人对鉴定意见书有异议且又提不出重新鉴定的理由，法庭则不能准许当事人重新鉴定，而是由当事人申请启动专家辅助人出庭程序。上述案件中，主审法官认为，权利人申请外国专家证人不违反法律规定存在疑问，外国专家证人在我国是什么人？当我国不存在制度以国外制度认为不违反规定恐难以成立。

（三）办案机关的决定

办案机关的决定包括同意当事人申请专家辅助人参与诉讼和驳回申请

两个方面。根据《刑事诉讼法》第一百八十二条第二款的规定，在开庭前，审判人员可以组织对公诉人、当事人和辩护人、诉讼代理人对出庭专家辅助人名单进行讨论，包括是否需要专家辅助人出庭的问题。当事人双方可以就专家辅助人应否出庭进行讨论。审判人员可以听取其意见，形成自己的观点。由于开庭前的庭前会议没有强制性要求，因此可能出现庭审中控辩双方在质证环节才提出要求专家辅助人出庭的情况。根据《刑事诉讼法》第一百九十二条第三款的规定，必须由法庭进行预先审查并作出是否同意专家辅助人出庭的决定。上述规定也给实践带来一个问题，即法庭在预先审查时如何判断被申请的专家辅助人是否有资格出庭发表意见，如何避免浪费诉讼资源，又如何不因其影响当事人诉讼权利的保障。

2012年5月8日，最高人民法院《关于审理因垄断行为引发的民事纠纷案件应用法律若干问题的规定》第十二条、第十三条规定："当事人可以向人民法院申请一至二名具有相应专门知识的人员出庭，就案件的专门性问题进行说明"；"当事人可以向人民法院申请委托专业机构或者专业人员就案件的专门性问题作出市场调查或者经济分析报告。经人民法院同意，双方当事人可以协商确定专业机构或者专业人员；协商不成的，由人民法院指定。人民法院可以参照民事诉讼法及相关司法解释有关鉴定结论的规定，对前款规定的市场调查或者经济分析报告进行审查判断"。浙江省高级人民法院《关于专家辅助人参与民事诉讼活动若干问题的纪要》第六条规定："人民法院在收到当事人申请后，应当就专家辅助人的证明材料及出庭的必要性进行审查，并在三日内决定。"第七条规定："人民法院准许专家辅助人出庭的，应当在决定作出后三日内通知申请人、专家辅助人；同时通知案件的其他当事人，并附上专家辅助人的相关资料。""不准许专家辅助人出庭的，应当在决定作出后三日内通知申请人。"当事人申请专家辅助人出庭的关键是法庭是否准许。如果法庭认为其没有出庭的必要，可以驳回当事人的申请；如果法庭认为专家辅助人确有出庭进行说明及质证的必要，则应当准许当事人的申请，并以出庭通知书的形式通知其到庭，在通知书中应明确出庭的时间、地方以及专家辅助人在法庭上的权利与义务。

专家辅助人出庭应当由合议庭作出决定。对决定出庭的专家辅助人应当在开庭前3日通知其出庭；对于不同意出庭的决定，应当在开庭前3日内告知申请人，允许申请人复议。但一般不允许公诉人、当事人和辩护人、诉讼代理人当庭申请，以免其以此作为借口故意拖延诉讼。法庭对公诉人、当事人和辩护人、诉讼代理人申请的专家辅助人出庭仅具有同意与否的决定权，而不具有自行选择专家辅助人的权力，更不能抛弃申请的专家辅助人而另外指定其他专家辅助人。否则，法庭会因过度介入鉴定意见的争议而影响其中立性，最终有可能引火烧身，导致当事人之间的纠纷成为当事人与法庭之间的争议。

专家辅助人参与诉讼不仅取决于当事人对于这一制度价值的认同，而且还取决于在实际案件审理过程中面对现实诉讼环境下各种价值冲突的衡量和取舍。专家辅助人参与诉讼制度是在吸收英美法系对抗制诉讼的背景下提出的，其制度设计寄望于让办案机关通过倾听对方的意见，最大限度地减少其在鉴定意见问题上的预断和偏见。由于这一制度存在影响了诉讼效率的问题，特别是在办案人员面对工作量、考核指标和有限的期限，在鉴定意见没有重大瑕疵、复杂疑难或其他较为特殊的情况下，更倾向于提高诉讼效率和避免诉讼拖延。由于我国鉴定人长期不出庭的现实以及专家辅助人制度作为新设的制度，办案机关尤其是法官尚缺乏驾驭鉴定人出庭质证的庭审经验以及对专家辅助人出庭作证的专门训练，更需在适用环境上放松，否则会让一个并非萌芽于本土资源的制度在诞生之初就出现效果不佳的现象，因其生成时发育不良影响继后制度的完善。

三、申请专家辅助人参与诉讼的救济程序

对于办案机关滥用职权影响当事人申请专家辅助人参与诉讼权利的，申请人如何进行救济以及选择何种程序救济也就成为理论需要研究的问题。此问题未引起法院的足够重视，相关规定也未涉及这一问题。例如，浙江省高级人民法院《关于专家辅助人参与民事诉讼活动若干问题的纪要》第七条规定："人民法院准许专家辅助人出庭的，应当在决定作出后三日内通知申请人、专家辅助人；同时通知案件的其他当事人，并附上专家辅助人的相关资料。""不准许专家辅助人出庭的，应当在决定作出后三日内通知申请人。"但对不准许专家辅助人出庭的，当事人如何救济没有作出规定，这条规定有强化法院职权而忽视当事人权利的嫌疑。然而在此方面有些地方司法机关的做法颇具参考价值。例如，福建省厦门市中级人民法院《关于知识产权审判专家辅助人制度的若干规定（试行）》。该规定要求，专家辅助人除具备《民事证据的规定》第五十六条规定的情形外，必须出庭作证。其决定程序为，当事人对法院决定不服的，可以在接到法院通知后 5 日内申请复议一次。对当事人的复议申请，法院应在 3 日

内作出是否驳回复议申请的决定。法院认为有必要聘请专家辅助人出庭解释案件涉及的专门问题时，可以依职权聘请专家辅助人，并告知双方当事人。双方当事人对法院聘请的专家辅助人有异议的，可以在知道法院聘请专家辅助人后 5 日内向法院复议一次。对当事人的复议申请，法院应在 3 日内作出决定。

结合上述司法实践中的做法与制度上的需求，救济程序可设计为：办案机关决定不准许申请的，应当听取申请人的意见。对于办案机关认为需要进一步说明理由或者补充材料的，应当告知申请人，在告知期限内没有说明理由或者补充材料的，可以驳回当事人的申请。办案机关如果认为根据案情需要聘请专家辅助人，可以责令申请的当事人在一定的期限内聘请 1～2 名专家辅助人。办案机关在作出决定的时候应该告知对方的当事人这一情况，并且让其知晓其也有相应的权利。对方当事人收到办案机关相关通知后，在规定时间不申请，就失去聘请专家辅助人的权利，在其后的整个诉讼过程中没有权利再申请，特殊情况例外。当事人在收到办案机关决定通知后不服，可以向作出决定的办案机关或者上级机关提出复议。

第三节　专家辅助人参加庭审程序

专家辅助人参加庭审程序是指法庭同意当事人申请其出庭并接受通知后，出庭参加庭审的程序。在其程序中主要存在以下问题需要探讨。

一、专家辅助人出庭前是否需要提交意见

对于专家辅助人出庭前是否需要像鉴定人那样向法庭提交书面意见书，在司法实践与理论上存在不同做法与观点。有的法院要求专家辅助人出庭需要提交书面意见书。如 2012 年四川省高级人民法院《关于知识产权案件专家证人出庭作证的规定（试行）》要求，专家证人是指接受当事人一方委托，以证人的身份，运用其知识、经验、技能对知识产权案件中涉及与案件待证事实有关的专业性问题出具书面意见，出庭进行说明、接受质询的具有专门知识的人。在出庭之前需要提交书面的专家意见，其出庭仅仅具有说明和接受质询的意见，并非是对鉴定意见提出意见或者对专

业问题提出意见。① 有观点认为，当事人应于申请专家辅助人出庭时向法庭递交书面的专家意见，法庭应及时将该专家意见送达对方当事人。此程序要求源于证据开示制度，目的在于防止诉讼突袭。庭审之后，专家辅助人应就庭审争议的问题、法官要求专家辅助人说明的特殊事项及对鉴定意见的质证出具书面意见并送达对方当事人。法院应将专家辅助人出具的书面意见入卷归档，并于判决中对是否采纳进行阐述。在书面意见的内容和构成方面，应说明据以出具分析意见的分析对象、基础科学原理、分析仪器的恰当性及可靠性、具体方法及得出分析结论的具体推理过程或计算过程等内容。② 浙江省高级法院《关于专家辅助人参与民事诉讼活动若干问题的纪要》第十六条规定："人民法院要求专家辅助人提交书面意见的，专家辅助人应当庭或者在法庭指定期限内提交书面意见。书面意见应就鉴定意见或者其他专门性问题提出结论并说明理由。"

专家辅助人对涉案专业性问题在庭前提交书面意见，庭审中仅仅履行说明职责，与鉴定人出庭完全一致，在形式上暗合了《刑事诉讼法》规定的专家辅助人出庭"适用鉴定人的有关规定"。尽管这种做法有利于法院查清和认定案件事实，保证其客观、公正地处理案件，将专家辅助人出庭帮助当事人对鉴定意见和专业问题提出意见与鉴定人提出意见作为证据还存在一定差距，但在庭后提交书面意见也应当是可以的。如被誉为"河南省法院系统第一次邀请专家辅助人参与庭审"的吕某诉郑州大学第一附属医院医疗损害责任纠纷案。③

2014年4月21日，郑州市二七区法院开庭审理的吕某对医院的医疗行为申请了司法鉴定。鉴定意见做出后，医院申请医学专家出庭，随后法院从省高院司法技术处设立的专家库中选取一名骨科专家、一名肿瘤科著名医学专家出庭。在庭审过程中，两名医学专家就鉴定意见中的有关医疗问题分别询问了鉴定人和当事人，并对案件中涉及的专业问题进行解释、说明，庭后提交了书面意见。我们认为，这种要求专家辅助人庭后提交专家意见也是适当的。一般来说，专家辅助人庭前提交的书面意见与庭后提交的书面意见存在差异的，应当以庭后提交的意见为准，即使存在观点上的严重分歧也是如此。因为庭后提交的意见不仅基于庭前获得的材料和信

---

① 参见杨傲多：《专家证人出庭作证还应提交书面意见》，载《法制日报》2012年4月19日。

② 参见孙海龙、姚建军：《对专家辅助人制度完善的思考》，载《人民法院报》2008年1月10日。

③ 参见沈春梅、吴小华：《专家辅助人首次出庭》，载《东方今报》2014年4月22日。

息，而且还是根据庭审中询问鉴定人的情况作出的变动，更符合专家辅助人出庭质证意见的本质。但是专家辅助人出庭前提交书面意见，是以其及早参与诉讼和获得相关鉴定材料、鉴定意见以及专业问题为前提，这与本章第一节探讨的"专家辅助人参与诉讼的时间"密切相关，否则，提供的意见就成为空中楼阁或者不负责任的猜测。

二、专家辅助人是否适用回避制度

专家辅助人作为专家参加庭审应当保持专家的秉性，应当忠于科学并负有维护专门知识的科学性责任。专家辅助人在诉讼中保持中立性，更有利于其客观公正地依靠专门知识对鉴定意见或者专业问题提出意见。而回避作为保障诉讼参与人中立的制度，适用此种制度对于维护专家辅助人的专业立场以及消除其意见的偏向性具有重要的意义。基于法律要求鉴定人回避的规定，结合《刑事诉讼法》第一百九十二条规定的"有专门知识的人出庭，适用鉴定人的有关规定"的要求，对专家辅助人适用回避制度符合立法的逻辑推演。立法机关在对此作出说明时，也将回避作为适用的内容之一。[1] 然而，理论界对此却存在不同的认识，在实践中也存在不同观点。

有论者认为，对于由鉴定人担任的"有专门知识的人"，选任程序较为简单，需要严格遵守回避制度；对于曾经担任过本案的鉴定人或者与本案的鉴定人来自同一鉴定机构等可能影响其对鉴定意见进行独立评价时，则不得担任本案中"有专门知识的人"[2]；专家辅助人在某些情形下适用鉴定人回避的有关规定。很多国家都在立法中专门规定了对专家证人的客观中立义务，明确专家对法庭具有"优先职责"，无论委托人胜诉败诉，应当保持价值中立。[3]

也有论者认为，公诉人、当事人和辩护人、诉讼代理人聘请出庭的专家辅助人在法律地位上不完全等同于中立的鉴定人，其出庭也不应当适用鉴定人回避的规定，其提出的意见仅是质疑鉴定意见的依据或者理由。对专家辅助人出庭适用鉴定人回避等程序性规定偏离了该制度的本质功能。

---

① 王尚新、李寿伟主编：《〈关于修改刑事诉讼法的决定〉解释与适用》，人民法院出版社2012年版，第192页。

② 参见朱华、王缋伟：《赋予"有专门知识的人"独立诉讼地位》，载《检察日报》2013年1月16日。

③ 徐昕：《英国民事诉讼与民事司法改革》，中国政法大学出版社2002年版，第328页。

规定专家辅助人或者专家证人回避在现实中基本仅具有"宣示"作用，并没有强制约束力，很难发挥实际的效果。因为绝大多数专家辅助人都由当事人双方各自选任和支付报酬，受聘专家不可避免地具有当事人性，倾向于维护己方的立场，"许多情况下与代理律师合为一体，置于同一方当事人的阵营而与对方对抗"①。

还有论者认为，专家辅助人与委托方具有天然的利害关系，设置回避制度既没有理论上的必要性，也没有现实上的操作性。② 从出庭的形式上看，公诉人、当事人和辩护人、诉讼代理人申请专家辅助人出庭带有专家证人的意蕴，其出庭质疑鉴定意见或者专业问题提出意见虽然需要尊重科学，但他们不可能提出不利于申请人的意见或者与申请人的意见完全相悖的意见。因为专家辅助人在诉讼中是依附于或者从属于当事人一方，其从属性决定了他们在诉讼中的被动性，也决定了其不可能具有鉴定人那样的中立地位，适用回避制度仅仅是学者的单方意愿而不具有任何实质性意义。

从上述论述可以发现，专家辅助人是否适用回避制度的关键是由其诉讼地位决定的。实务部门认为，"有专门知识的人在法庭审理中不享有独立的诉讼地位，而是从属控辩一方"，"实际上是通过自己的专门知识协助控辩一方参与法庭审理"③。这种解释具有一定的合理性，但其理由却难以令人信服。因为专家辅助人不具有独立诉讼地位，所以就不适用回避制度，这是否说明具有独立的诉讼地位诉讼参与人就意味着应当适用回避制度呢？辩护人在诉讼中具有独立的诉讼地位，他们岂不是也应当适用回避制度？沿着这种思路进行演进，不仅不利于维护司法的实体公正，而且还会获得荒谬的逻辑结果。

回避制度作为一项法律制度的意义不仅具有实体法的价值，还存在一些程序上的意义。法律通过赋予当事人拥有对他们不信任的司法人员以及有关人员申请回避的机会，使当事人拥有对主持或参与案件侦查、起诉或审判的司法人员以及有关人员不选择的权利。这种权利的存在有利于消除当事人对司法人员的不信任感，有助于他们对司法程序和裁判结果的尊重和可接受性，即使其结果在事实上对其不利也会默默接受。同时，回避制

---

① ［日］谷口安平：《程序的正义与诉讼》，中国政法大学出版社1996年版，第256页。
② 龙宗智、孙末非：《非鉴定专家制度在我国的刑事诉讼中的完善》，载《吉林大学社会科学学报》2014年第1期。
③ 参见江必新主编：《最高人民法院关于适用〈中华人民共和国刑事诉讼法〉的解释理解与适用》，中国法制出版社2013年版，第216页。

度的实施及其保障的程序公正，能够唤起社会公众对法律制度和法律实施过程的普遍尊重，从而有助于法治秩序的建立和维护。专家辅助人作为公诉人、当事人和辩护人、诉讼代理人聘请或者委托的有专门知识的人，不仅与他们之间存在着利益关系，而且如同接受委托的辩护人一样，只是代表被委托的人发表意见。如果当事人不同意专家辅助人的意见，可以撤销委托，或者当庭表示不同意"有专门知识的人"的意见，此时就应当以当事人的意见为准。[①] 专家辅助人也"完全可以从其协助当事人诉讼行为中获利，甚至以此为业"[②]。所以，我们不能因为专家辅助人是否有独立的诉讼地位作为是否适用回避的理由。

实质上，专家辅助人不适用回避制度是基于当事人的委托，基于当事人对鉴定意义有异议需要协助，旨在为其异议提供充分发表意见的机会和能力。这就需要从证伪的视角对鉴定意见提出意见，这种视角提出的意见一定是不全面的，有可能因片面深刻而失去客观的面向，在程序上，专家辅助人难以保持完全的中立性。相反，专家辅助人具有一定的党派性更有利于此制度发挥作用，尤其是辩护人、诉讼代理人申请的专家辅助人是为了弥补其专门知识的不足，可以视为辩护、控诉意见的一部分，其费用可以在辩护费或者代理费中支出，视为辩护费或者代理费一部分，或者委托的当事人单独支付。专家辅助人在诉讼中的依附性、非中立性，决定了专家辅助人不应当也无法适用回避制度。同时，非中立性可以避免当事人与辩护人或者诉讼代理人因是否委托专家辅助人及其提出意见的立场不一致而在指控或者辩护内部发生争议，避免引发法庭上诉讼角色的混乱。即使专家辅助人仅就专业问题提出意见，也是其对专业问题进行的解释与说明，是将一些专业问题转化为一般人能理解的意义，其解释本身也会因不同视角有所不同，是回避制度不能解决的问题。

对专家辅助人是否适用回避制度问题，可分为三个不同层次予以解释。一是对于当事人和辩护人、诉讼代理人申请委托的专家辅助人就鉴定意见提出意见的，无须适用回避制度，其理由在前面已作了论述。二是对于办案机关指派或者聘请的专家辅助人，因其属于协助办案机关进行诉讼，适用办案人员相同的规定，即适用回避制度。三是对于办案机关在没

[①] 参见江必新主编：《最高人民法院关于适用〈中华人民共和国刑事诉讼法〉的解释理解与适用》，中国法制出版社 2013 年版，第 219 页。
[②] 奚晓明主编：《〈中华人民共和国民事诉讼法〉修改条文理解与适用》，人民法院出版社 2012 年版，第 197 页。

有进行鉴定而基于专业问题需要解释、说明被提出意见的,可以适用回避制度,以便专家辅助人在中立的立场环境中作出客观、公正的意见。但是,专家辅助人不得同时担任双方当事人的专家辅助人,即不得一方委托其出庭,同时还为另一方提供技术咨询。

三、专家辅助人出庭应当处于何种位置

专家辅助人出庭在法庭上应当处于何种位置存在不同的观点。有论者认为,"公诉人也可能申请法庭通知有专门知识的人出庭,如将控方申请通知出庭的有专门知识的人席位设置于与公诉人席并列,而其他方申请通知出庭的有专门知识的人席位设置于与辩护人席并列,并未固定住专门位置,不利于法庭设置。我们认为,可以在鉴定人席旁设有专门知识的人席位,无论控辩何方申请通知出庭的有专门知识的人都在此就座,以实现其辅助一方的功能。"① 也有论者认为:"在'有专门知识的人'的诉讼地位是诉讼辅助人,因此,其出席法庭审理时不能被视为证人在证人席陈述意见,而是与当事人及其诉讼代理人在法庭上的地位保持一致。"②

实务部门在该问题的讨论中认为:"在法庭中的位置设置问题,《法院刑诉法解释》未作规定,留待司法实务实践一段时间后,再视情况予以明确。""有专门知识的人出庭是就鉴定人作出的鉴定意见提出意见,辅助当事人一方就鉴定意见行使质证程序。因此,我们的倾向性意见是,可以在鉴定人席位旁边设有专门知识的人席位,无论控辩何方申请通知出庭的专门知识的人都在此就座,以实现其辅助一方的功能。"③ 如上海市第一中级人民法院审理的原告上海浦江分子筛有限公司与被告上海环球分子筛有限公司不正当竞争纠纷一案。④

该案件因被告向原告的客户提供双方产品的技术比较材料而引发的纠纷,案件的争议点集中体现在该份材料中使用的术语和技术推理是否符合科学,材料中是否有不实宣传。双方当事人对此各执一词。有鉴于此,法

① 参见张军、江必新主编:《新刑事诉讼法及司法解释适用解答》,人民法院出版社2012年版,第242页。
② 奚晓明主编:《〈中华人民共和国民事诉讼法〉修改条文理解与适用》,人民法院出版社2012年版,第202页。
③ 参见江必新主编:《最高人民法院关于适用〈中华人民共和国刑事诉讼法〉的解释理解与适用》,中国法制出版社2013年版,第217、218页。
④ 该案的详细情况可参见上海市第一中级人民法院民事判决(沪一中知初字第157号〔2001〕)以及上海市高级人民法院民事判决书(〔2002〕沪高民三(知)终字第78号)。

庭建议由他们和法庭各自聘请一名专家出庭对相关技术问题进行论证。原告、被告和法庭聘请的专家并排坐在特设的专家席上,依次分别经聘请方主询问,再经当事人或者法院交叉询问,随后三位专家再相互发问。经过几轮的询问,原、被告方的专家均同意法庭聘请的专家对专业问题提出了意见,并就技术问题达成了一致意见。

从司法实践来看,专家辅助人的法庭位置是各不相同。然而需要司法解释予以明确的问题却又留给司法实践,实质上就是将争议与分歧留给了司法实践。这不仅会造成司法实践的各行其是,还会造成相同的专家辅助人在不同的法庭处于不同的位置,使专家辅助人在法庭上因未有固定的位置而无所适从,从而影响法庭的严肃性和神圣性。[①] 专家辅助人出庭是就鉴定人做出的鉴定意见提出意见,辅助当事人一方就鉴定意见行使质证权。受一方聘请出庭的专家辅助人并不一定从事鉴定工作,他在法庭上的任务是专门就对方的鉴定意见挑毛病、提问题,用以指出对方鉴定意见在科学性方面的破绽和问题,或者就对方提出的专门性问题进行回答,以此加强庭审质证,使法庭采信与否建立在公开、公正的庭审程序基础之上,当然,由此作出的判决也会更加令人信服。[②] 那么,是否适用鉴定人在法庭上的位置呢? 我们认为,专家辅助人实际上是代表当事人双方发表意见,在庭审中需要与委托的当事人一方进行必要的协商,因其诉讼地位既不同于鉴定人,也不同于证人,其在法庭上的位置应不同于鉴定人,也不应当在鉴定人席旁设专家辅助人席位,更不应当将其设置于被告人的席位,以免影响其与公诉人、辩护人、诉讼代理人之间在专业问题上的沟通。专家辅助人的位置是基于控辩何方申请通知其出庭有关,体现专家辅助人与委托人之间对鉴定意见提出意见的辅助性。因为他们"随同当事人、法定代理人或诉讼代理人在期日里一起出庭,进行口头陈述"[③],而不应置于证人的位置,否则有将其作为专家证人的嫌疑。如果将专家辅助人安置在鉴定人位置或者证人的位置,一旦存在两名专家辅助人相互交替进行发言,其位置不当会影响其功能的发挥。况且,也不利于公诉人、当事人和辩护人、诉讼代理人对专家辅助人提出意见或者表达专业意见不认

---

① 如 2003 年 9 月 5 日,广东省东莞市中级人民法院开庭审理的"蔡壮钦诉戴姆勒—克赖斯勒股份公司产品责任纠纷"案件中,被告方所聘请的专家辅助人与其诉讼代理人坐在一起,遭到了原告方律师的强烈反对,原告律师认为,他们并没有得到当事人的合法授权,也非诉讼代理人,所以没有安排固定的座位。

② 黄太云:《刑事诉讼法修改释义》,载《人民检察》2012 年第 8 期。

③ 〔日〕中村英郎:《新民事诉讼法讲义》,陈刚等译,法律出版社 2001 年版,第 72 页。

可的及时撤销。因此，将专家辅助人安置在公诉人、当事人和辩护人、诉讼代理人旁边更为适当。浙江省高级人民法院《关于专家辅助人参与民事诉讼活动若干问题的纪要》第十七条规定："专家辅助人出庭时的座位，设在法台侧前方当事人及诉讼代理人座位，与申请人同侧。"

四、专家辅助人的出退庭问题

在司法实务中，专家辅助人应在何时出庭？有一种观点认为，在法庭开庭时质证协助人就可以与当事人一起出庭。另一种观点则认为在质证阶段当涉及鉴定意见或者专业问题时才能让专家辅助人出庭提出意见。

有论者认为，为了便于专家辅助人更好地协助质证，其应当在法院开庭时与当事人一道出庭。专家辅助人毕竟不同证人，他不是靠自己的感观来描述案件事实的本来面目，而是凭自己的专门知识就案件中的某个专门性问题作出说明，因而他参加案件庭审并不会影响其对专门性问题所作的说明。但在法庭调查结束后，专家辅助人即可退庭。[①] 例如，《法院刑诉法解释》第二百一十六条规定："向证人、鉴定人、有专门知识的人发问应当分别进行。证人、鉴定人、有专门知识的人经控辩双方发问或者审判人员询问后，审判长应当告知其退庭。""证人、鉴定人、有专门知识的人不得旁听对本案的审理。" 对于专家辅助人能否旁听案件审理的问题，从上述司法解释来看，专家辅助人不得旁听对本案的审理。专家辅助人是否可以旁听对本案的审理，在理论上存在不同的观点。

有论者认为，可以允许专家辅助人旁听审理，这是由专家辅助人与证人对于法庭查明事实所起的不同作用决定的。传统诉讼法确定证人不能旁听案件整个审理过程的理由，在于防止证人受到庭审的影响而丧失其证言的真实性。然而，专家辅助人与此不同，其作用是基于对案件事实、材料的分析，进行推理并作判断性陈述。因此，充分了解案情和对方关于技术问题的主张，有利于专家辅助人的意见更加准确并且更具有针对性，这也是双方当事人聘请的专家辅助人之间充分对质所需要的。专家辅助人参与庭审可以帮助其对鉴定所涉及的案件事实有更清晰的认识，有助于其对鉴定意见证据能力

---

① 参见黄胜春：《略论具有专门知识的人员协助质证在适用中涉及的问题》，载《海口审判》2002 年第 3 期。

向鉴定人进行质询。因此，专家辅助人可以参与庭审旁听。①

　　还有论者认为，如若如此，则会有碍专家辅助人应有作用的充分发挥，有违此制度设立的初衷。既然作为"专家"出庭对专业性问题作出自己的意见陈述、说明，那么其在庭上的活动也只限制于"专业"阶段较为妥当，这样更能凸显其做出意见的专业性与针对性。那么，对于专家辅助人在法庭上质证后是否属于旁听的问题，为何辩护人、诉讼代理人不退庭，而专家辅助人却需要退庭？相对证人而言，证人具有不可替代性，鉴定人适用回避制度，为何出庭的专家辅助人适用出庭作证的证人、鉴定人出庭的规定？这些需要在理论上解释清楚，否则在实践上难以自圆其说。

第四节　专家辅助人法庭提出意见程序

　　专家辅助人出庭不仅加强了当事人双方对鉴定意见的质证能力，也使庭审阶段对鉴定意见的审查判断由形式化迈向实质化，更有利于将错误或者存在瑕疵的鉴定意见排除于定案根据之外，同时对经过质疑后能够作为定案根据的鉴定意见也可以强化其可靠性。无论是我国的《刑事诉讼法》还是《民事诉讼法》，对专家辅助人在庭审上都仅仅规定对鉴定意见或者专业问题提出意见，而对当事人与法官的询问、当事人质问或者鉴定人、专家辅助人对质等问题未作相应的规定。《刑事诉讼法》仅仅规定了"有专门知识的人出庭，适用鉴定人的有关规定"。对此是否按照鉴定人的规则进行，在理论上还存在不同意见和观点，在司法实践中也存在不同做法，亟待理论构建相应的程序规则。

一、专家辅助人在司法实践中情况的考察

　　专家辅助人在出庭上遵循何种规则，最高人民法院在《民事证据规定》曾有规定。其第六十一条第三款规定："经人民法院准许，可以由当事人各自申请的具有专门知识的人员就有关案件中的问题进行对质"，即该司法解释赋予专家辅助人在法庭与对方专家辅助人在专业问题上的对质权。有论者认为，专家辅助人有权就鉴定事项代表己方当事人出庭质证，

---

　　① 参见朱晋峰：《刑事鉴定意见证据能力的程序性保障探析》，载《江西警察学院学报》2013年第1期。

与鉴定人和对方专家辅助人进行对质和辩论。① 由于诉讼法对专家辅助人在法庭上规则未有具体的规定，由于该制度源于司法实践的创新，对其在法庭上的规则考察理应从实践中实际做法予以探究，并按照司法实践的需要与庭审的规律安排相应的规则。

2012 年修改的《刑事诉讼法》、《民事诉讼法》实施后，办案机关基于其规定在实践中已经进行探索与实施，并不断呈现于新闻媒体。从目前媒体报道的情况中，我们选择一些案件对其进行分析，以期发现其经验和问题。如浙江省丽水市缙云县人民法院开庭审理了一起医疗损害责任纠纷案。②

2012 年 10 月 2 日，原告到缙云县第二人民医院住院待产。5 日，原告分娩出一女婴。3 小时后，婴儿突发面色青紫，吐粉红色血液，经治疗抢救无效后死亡。原告要求医院赔偿全部损失共计 69.13 万元。后缙云县第二人民医院对此次医疗损害申请司法鉴定。浙江法会司法鉴定所经鉴定后认为，院方未见明显过错，但存在观察不严密、对该病认识不足等过失，且与新生儿的死亡存在间接因果关系，应当承担 35% 的赔偿责任。

该案在庭前证据交换阶段，当事人双方均对鉴定意见提出异议。为证明鉴定意见存在瑕疵，原告向缙云法院申请由丽水天平司法鉴定所华某某等 2 人作为专家辅助人出庭。考虑到医疗损害鉴定所涉问题较为复杂且专业性极强，秉承公平公正原则，经当事人申请，法院根据《民事诉讼法》的规定，依法批准申请，允许专家辅助人参与诉讼并参与了法庭的质证环节。在庭审中，合议庭告知专家辅助人出庭发表意见必须以事实为依据，阐释的观点需要体现专业性、科学性和独立性，同时向双方当事人阐明了专家辅助人出庭的意义和作用，明确专家辅助人参与审理的特殊地位。在该案件中，法官告知了专家辅助人出庭如实提供意见。然而，这种告知与实践中存在的签署保证协议具有相同的意义。

二、专家辅助人在法庭上的程序规则

2011 年 7 月，最高人民法院以司法文件形式公布了《关于审理证券行政处罚案件证据若干问题的座谈会纪要》，其中提出了"专业意见"的

---

① 参见李雪蕾：《刑事诉讼专家辅助人制度初探》，载《人民检察》2012 年第 12（下）期。
② 参见谢栋、虞建萍：《缙云法院积极贯彻新民诉法——丽水首例"专家辅助人"出庭答疑》，浙江在线丽水频道，访问时间：2014 年 6 月 10 日。

质证、认定规则，即"对被诉行政处罚决定涉及的专门性问题，当事人可以向人民法院提供其聘请的专业机构、特定行业专家出具的统计分析意见和规则解释意见；人民法院认为有必要的，也可以聘请相关专业机构、专家出具意见"；"专业意见应当在法庭上出示，并经庭审质证。当事人可以申请人民法院通知出具相关意见的专业人员出庭说明，人民法院也可以通知专业人员出庭说明。专业意见之间相互矛盾的，人民法院可以组织专业人员进行对质"。《纪要》还要求法院根据案件具体情况，从利害关系、合法资质以及专业意见是否超出指定的范围、形式是否规范、内容是否完整、结论是否明确，行政程序中形成的专业意见是否告知对方当事人并听取对方当事人的质辩意见四个方面审核这些专业意见。我们认为，专家辅助人在庭审中程序规则虽然在专业问题上具有相同性，但不能完全等同于鉴定人，适用鉴定人在法庭上的规则。如果将其等同于适用鉴定人所有规定，必然会造成诉讼角色的混乱；同时，也不应当将我国专家辅助人等同于专家证人出庭作为证人的适应规则。尽管我国的这一制度吸收了西方国家的专家证人保护当事人权利的有益成分，但不是对专家证人制度的移植。因此，在专家辅助人制度上应当从这一制度的功能出发，以其引入解决的问题作为认识与理解此制度的逻辑起点，充分体现这一制度在诉讼中保障公诉人、当事人和诉讼代理人、辩护人充分行使对鉴定意见质疑权利的本质特色。[①]例如，浙江省高级人民法院《关于专家辅助人参与民事诉讼活动若干问题的纪要》第十三条规定："审判人员和当事人及其诉讼代理人可以对出庭的专家辅助人进行询问。经人民法院准许，可以由当事人各方申请的专家辅助人就案件中的专门问题进行对质。""专家辅助人可以对鉴定人进行询问。"法院依法开庭时，专家辅助人出庭规则安排与鉴定人同时出庭，但询问、质证或者对质的规则不尽相同。

一是专家辅助人询问鉴定人，然后对鉴定意见提出意见。专家辅助人对鉴定人出具的鉴定意见进行分析，提出意见，就其认为不合理之处向鉴定人询问。主要是专家辅助人应针对鉴定意见中有遗漏、矛盾、模糊不清和有争议等内容进行质询。质询过程中不得使用威胁、侮辱以及不适当引导的语言和方式。对专家辅助人的询问，鉴定人应当回答，除询问的问题与专业问题无关。因为鉴定人解释了鉴定意见的形成依据，提出了可供专家辅助人提出意见的鉴定意见，应当当庭回答专家辅助人及当事人的提

---

① 郭华：《刑事诉讼专家辅助人出庭的观点争议及其解决思路》，载《证据科学》2013 年第 4 期。

问。专家辅助人还可以对鉴定人进行质证和辩论。经过法庭同意，先由双方当事人聘请的专家辅助人就鉴定意见或者专业问题进行说明，当庭发表自己的意见，然后由法官总结双方专家辅助人意见的异同，并且征求当事人的意见。

鉴定人对专家辅助人的询问应当回答，不宜也不应由其一方委托的专家辅助人协助回答。目前，有些鉴定机构对于某一鉴定事项能力不足，而在鉴定时聘请具有鉴定能力但不具有鉴定资格的专家实施鉴定，鉴定书由鉴定机构的鉴定人署名。这一方面比较突出的是刑事案件的侦查机关设置的鉴定机构和涉及医疗损害鉴定的一些社会鉴定机构的问题。例如，公安机关、检察院对于内设鉴定机构的鉴定人鉴定能力不强或者出庭作证能力不强的，会采取在公安机关、检察院的鉴定人出庭的同时邀请外聘的专家充当"专家辅助人"出庭，有时出现了这样的情况：针对庭审中辩方专家辅助人的询问，控方鉴定人一言不发成为"哑巴"，而控方的专家辅助人却成了代表鉴定人回答一切质询的娴熟技术专家。鉴定人出庭作证的功能被所谓的专家辅助人替代，其必要性也就无法体现。同时该现象还衍生出另一个问题，即控方鉴定人与专家辅助人各自的质证界限不明，导致鉴定人出庭形同虚设。鉴定人出庭质证，其重要的功能就是通过法庭质证对其是否具备相关专业技术知识及实践能力、是否为本人独立作出进行的"验证"、"拷问"，对于审查鉴定人专业技术、实践能力、鉴定亲历过程的质证提问。如果由专家辅助人代为回答以规避，显然是在架空鉴定人出庭制度。有论者认为，有必要对控方鉴定人及专家辅助人的质证范畴予以明确限定，以利于庭审质证中对鉴定人进行有效的质询。其限定办法是：对于鉴定人专业技术知识水平、实践能力以及体现鉴定亲历过程的操作过程、检测数据披露及说明等，必须且只能由鉴定人回答（而不能由专家辅助人代为回答），无法证明出庭鉴定人独立进行了鉴定，则鉴定意见不得采信；专家辅助人只有在经过法庭许可后针对鉴定人回答不周严或说明不太清楚的地方进行补充说明，而不能越俎代庖地回答本该由鉴定人回答的提问。[①]专家辅助人所谓的对质是通过询问的方式与鉴定人进行的。

二是专家辅助人接受当事人的询问。专家辅助人发表完自己的意见后，法官及经法官允许的双方当事人可以对专家辅助人进行询问。《法院刑诉法解释》第二百一十三条规定："向证人发问应当遵循以下规则：（一）发问

[①] 参见王跃：《专家辅助人制度基本问题研究——以〈刑事诉讼法〉第一百九十二条规定为切入点》，载《西南政法大学学报》2014 年第 1 期。

的内容应当与本案事实有关；（二）不得以诱导式发问；（三）不得威胁证人；（四）不得损害证人的人格尊严。前款的规定适用于对被告人、被害人、附带民事诉讼当事人、鉴定人、有专门知识的人的讯问、发问。"专家辅助人在庭审中不仅负有从专业层面对鉴定人询问的职责，而且负有对当事人或诉讼代理人对鉴定人的询问进行指导和帮助，但不负有帮助法庭了解案情的义务。

三是当事人双方均存在专家辅助人的，专家辅助人相互询问以及相互对质。经过法庭允许，在询问完毕后，双方专家辅助人之间可以就不同意见相互进一步阐释自己的观点，展开辩论，进行质问。最高人民法院《关于审理证券行政处罚案件证据若干问题的座谈会纪要》（法〔2011〕225号）认为："专业意见应当在法庭上出示，并经庭审质证。当事人可以申请人民法院通知出具相关意见的专业人员出庭说明，人民法院也可以通知专业人员出庭说明。专业意见之间相互矛盾的，人民法院可以组织专业人员进行对质。"浙江省高级人民法院《关于专家辅助人参与民事诉讼活动若干问题的纪要》第十三条规定："经人民法院准许，可以由当事人各方申请的专家辅助人就案件中的专门问题进行对质。"不管专家辅助人的对质是由法院组织还是申请后经过法院准许，就专业问题进行相互当面质问或对质是需要的。

四是法院询问专家辅助人。《法院刑诉法解释》第二百一十五条规定："审判人员认为必要时，可以询问证人、鉴定人、有专门知识的人。"浙江省高级人民法院《关于专家辅助人参与民事诉讼活动若干问题的纪要》第十三条规定："审判人员和当事人及其诉讼代理人可以对出庭的专家辅助人进行询问。"法官可以向专家辅助人进行询问，并通过专家辅助人之间的直接对抗来辨别他们提出意见的真伪以及可信度。但是，法院询问专家辅助人并非质证，旨在澄清鉴定人与专家辅助人抑或专家辅助人之间对质不清的问题。

需要注意的是，尽管双方专家辅助人对鉴定人询问以及对质可以在一定程度上起到代替当事人询问、质证，但他们之间所达成的共识或者相同的意见并不当然的约束当事人，当事人也不得任意干涉专家辅助人对鉴定意见或者在专业问题上提问、询问、讨论、质疑与对质，但有权要求法官中止所委托的专家辅助人发表意见，也有权提出反对意见。

第五章

专家辅助人意见的效力

专家辅助人就鉴定意见或者专业问题提出意见，其意见在庭审中具有何种功能，其性质及其效力如何，对异议的鉴定意见有何影响，尤其是就专业问题提出意见，是否有权偏离鉴定意见直接对专门性问题提出意见，以及对法官选择鉴定意见或者当事人是否有拘束力等，这些问题不仅需要在理论上予以阐释，也需要在制度上予以规制，以免专家辅助人提出的意见不被法庭回应，成为"你提你的专业意见"，"我判我的法律案件"等不正常现象，致使当事人为之付出代价在法庭上无法显示作用。基于以上的分析，本章需要讨论的问题主要包括：①专家辅助人就鉴定意见或者专业问题提出问题的功能是什么，对法庭（法官）、鉴定意见以及当事人等产生何种作用？②专家辅助人提出意见的性质，是证据抑或是质证的意见？③专家辅助人提出意见的效力，对法庭、当事人以及专家辅助人有无拘束力。

第一节　专家辅助人意见的功能

专家辅助人就鉴定意见或者专业问题提出意见，其意见在庭审中的性质及其效力如何，我国《刑事诉讼法》、《民事诉讼法》未对此作出规定，在理论和实践中也存在不同观点和意见。对于这些问题需要以专家辅助人在法庭上的功能作为探讨的视角，从理论上予以解读并作出回答。

一、专家辅助人意见在法庭上功能的争议

专家辅助人在法庭上提出的意见有何功能？这一问题是专家辅助人为何出庭的关键性问题。有论者认为，专家辅助人"在法庭上的任务是专门

就对方的鉴定意见挑毛病、提问题，用以指出对方鉴定意见在科学性方面的破绽和问题，或者就对方提出的专门性问题进行回答，以此加强庭审质证"①。也就是说，专家辅助人提出的意见具有解构或者消解鉴定意见的功能，即专家辅助人"意见的效果充其量是否定鉴定结论或使法官对鉴定结论的客观性或科学性、关联性出现动摇"②。也有论者认为，专家辅助人提出的意见如果被法庭采纳，"则可能带来相关的鉴定意见不能采信的后果，该鉴定意见不能作为定案的根据"③。还有论者认为，上述观点仅仅注意到了专家辅助人意见对鉴定意见的质疑功能，在认识上并不全面。实质上，专家辅助人在法庭上提出的意见发挥作用的功能有三种：①不出庭协助当事人分析鉴定意见。专家辅助人针对案件涉及的鉴定事项为当事人提供咨询服务，并协助当事人做好庭审质证准备。②不出庭向法庭出具书面意见。专家辅助人参与鉴定意见的庭前会议或开示程序，运用专门知识帮助当事人分析判断鉴定意见的可靠性和可信性。在这种情形下，专家辅助人意见无须单独体现，而分别以公诉意见、辩护意见和诉讼代理意见的组成部分呈现到法庭上。③出庭发表质证意见并向法庭出具意见。

　　专家辅助人在法庭上对案件涉及的鉴定意见进行质证，针对鉴定意见与鉴定人展开对抗或者与另一专家辅助人对质。从理论上看，专家辅助人在法庭上提出的意见可分为口头意见和书面意见两种形式："专家辅助人质证的对象是专业性比较强的鉴定意见，仅仅发表口头意见，单纯依靠庭审笔录难以准确固定专家辅助人意见。所以，专家辅助人意见应当以书面意见形式提交法庭，即可以当庭提交，也可以在质证完毕重新整理后提交。专家辅助人意见'应当包括分析对象、说理过程以及明确的结论性意见等内容。法庭则应当将其作为案卷的一部分归档，并在裁判中就是否采纳了该专家辅助人的意见予以说明。'"④ 以至于有论者认为，2012 年修改的《刑事诉讼法》在证据种类中并未将专家辅助人意见纳入，专家辅助人的作用并非向法庭提供证据，而是通过对鉴定意见提出意见，为控辩双方提供质证途径，帮助法官准确认定案件事实⑤，一方面，有利于提升专家

---

　　① 黄太云：《刑事诉讼法修改释义》，载《人民检察》2012 年第 8 期。
　　② 参见樊崇义、郭华：《鉴定结论质证问题研究》（下），载《中国司法鉴定》2005 年第 3 期。
　　③ 参见朗胜主编：《中华人民共和国刑事诉讼法修改与适用》，新华出版社 2012 年版，第 344 页。
　　④ 李苏林：《我国刑事诉讼专家辅助人制度探析》，载《广西政法管理干部学院学报》2013 年第 5 期。
　　⑤ 参见李雪蕾：《刑事诉讼专家辅助人制度初探》，载《人民检察》2012 年第 12 期。

辅助人对出庭的重视程度；另一方面，也有利于法庭综合审查判断。有法官认为，专家辅助人到庭与当事人、鉴定人面对面相互询问，增强了鉴定意见的权威性，让司法程序更加公开、透明，也提高了审判质量和效果。① 对于鉴定意见来说，专家辅助人出庭不仅仅是质疑鉴定意见，对提出异议的鉴定意见存在反驳、解构的功能，还有维护鉴定意见的功能，专家辅助人也可以从正面论证鉴定意见的可靠性、科学性、可信性。

二、专家辅助人意见在法庭上功能的探讨

　　根据《刑事诉讼法》、《民事诉讼法》的规定，当事人（控辩）和辩护人、诉讼代理人双方都可以聘请自己的专家辅助人，因此，对于同一份鉴定意见，双方的专家辅助人通常会各执一词，一方试图否定鉴定意见证据能力或者削弱其证明力，另一方意在证明其证据资格或者强化其证明力。即便仅仅存在一方的专家辅助人，对于鉴定意见中的不同部分，也可能持有不同的态度。对鉴定意见的有些部分，该专家辅助人可能会认同；而对另一部分，则可能反对。因此，专家辅助人意见具有质疑和巩固鉴定意见的双重功能，不能仅看到其中的一面。如果只承认专家辅助人意见的质疑功能，而无视其巩固功能；一旦专家辅助人不能有效质疑鉴定意见的证据能力和证明力，法庭不必须采信鉴定意见，仍需要对鉴定意见进行审查判断，形成心证后作出是否作为定案根据的选择。

　　鉴定意见作为一种证据，即便其"携带着科学的因子"，但并不意味着鉴定意见天然就是真理，在未经查证属实之前，不能仅从反面质疑的失败中就得出鉴定意见正确的结论。鉴定意见能否得到采信，并不完全建立在专家辅助人意见的基础上，而是源自于法官独立的判断。事实上，意大利技术顾问制度也承认了技术顾问的双重功能，其发表的意见可以补强或削弱鉴定意见的证明力。并且，法官心证的形成也并不是完全建立在技术顾问的评价上，而仍旧以查证属实的鉴定意见为基础。② 我国专家辅助人提出意见的功能，在刑事诉讼和民事诉讼上存在不同。

　　一是按照严格的立法主义来考虑，刑事诉讼中的专家辅助人意见具有质疑和巩固鉴定意见的双重功能。一方面，专家辅助人可以从证伪的角度

---

① 参见沈春梅、吴小华：《专家辅助人首次出庭》，载《东方今日》2014 年 4 月 24 日。
② 参见陈斌、王路：《论我国刑事诉讼中的专家辅助人及其制度构建》，载《湖北社会科学》2011 年第 1 期。

对鉴定意见进行质疑，提出鉴定意见的瑕疵与错误等不可靠性，旨在否定鉴定意见的证据能力或者削弱其证明力，说服法官拒绝采纳鉴定意见；另一方面，专家辅助人也可以从证实的角度对鉴定意见作出进一步的解释、说明，巩固鉴定意见的证据能力，增强鉴定意见的证明力，消除公诉人、当事人和辩护人、诉讼代理人对鉴定意见的异议，说服法官采纳鉴定意见。[1] 相对于质疑功能来讲，专家辅助人对鉴定意见的巩固功能仅仅具有补充的性质。[2] 也就是说，专家辅助人提出的意见，尤其是在刑事诉讼中对鉴定意见提出的意见，主要的功能是质疑，帮助当事人甚至包括法官从中寻找出瑕疵或者挑出错误。鉴定人作为有资格的专家出庭完全可以承担这一职责。因此，专家辅助人提出意见仅仅是作为鉴定意见的一种补充，就整个庭审程序而言，不占据主导地位。

二是在民事诉讼中，专家辅助人的意见除了对鉴定意见能否作为证据以及证明力大小具有的功能外，如果没有鉴定意见，仅仅是专家辅助人出庭针对专业问题提出意见，其意见的功能是否等同于上述就鉴定意见提出意见的功能呢？如福建省厦门海沧区受理的因宠物狗引发的特殊索赔案。[3]

2012 年 6 月，原告夫妻二人领着拉布拉多犬阿布去散步，在过马路前往海沧湾公园被撞死，于是状告肇事司机，阿布的价值为 45000 元，再加上精神损害抚慰金等，索赔总额共计 84500 元。2013 年 12 月，海沧区法院开庭审理了该案。法庭上，被告答辩说，狗确实是他撞死的，但索赔金额太高，他无法接受。保险公司则答辩说，一只狗被撞死，索赔 45000 元于法无据。因宠物狗的价值存在争议，诉讼期间，被告向法院提交鉴定申请。但法官了解后发现，鉴定机构无法对宠物狗价值进行鉴定。最终，法院委托公安部南京警犬研究所厦门科研教学实习基地警督李某某对涉案宠物狗价值进行鉴定。

法院开庭时，李警督出庭出具鉴定意见。他认为，拉布拉多 2 月幼龄犬的市场价格应在 3500～4000 元，训练后的技能价值在 12000 元以上。另外考虑到两年多时间的饲养和犬具用品消耗支出 2 万多元，综合考量该犬价值定位 45000 元。法官最终采纳了专家的部分观点，认定阿布价值为 16000 元。法官认为，幼犬价值 4000 元和技能价值 12000 元应予以认定，

①　参见左宁：《我国刑事专家辅助人制度基本问题论略》，载《法学杂志》2012 年第 12 期。
②　参见郭华：《刑事鉴定制度修改的背景、争议及解读》，载《证据科学》2012 年第 2 期。
③　参见陈捷、辽远：《狗被撞死索损失　厦门法院首次请专家证人出庭鉴定宠物价值》，载《海峡导报》2013 年 12 月 14 日。

其饲养和犬具用品消耗不能计入阿布的价值。因为这两部分费用是主人饲养一只犬必然支出的费用，而且犬只的价值并没有单纯因为其年龄的增长而必然增加，反而在一定的年龄后价值逐年减少。

对该案来说，专家辅助人提出的意见是否鉴定意见不言自明，不仅因为犬的价值属于带有法律性质的专业性问题，主要是这个问题可以通过专家咨询来解决，无须借助鉴定来认识。同时，法庭对李警督出庭出具意见并没有完全采纳，而是进行了剪裁，这与鉴定意见作为证据的性质存在差异。一般来说，专家辅助人在法庭上应当不偏不倚地就其专长的领域专业问题提供意见。尽管其由当事人委托或者聘请，就其实质而言，其间接服务对象是法庭，而非委托专家的当事人，也非替某一方进行辩护。然而，有论者认为，专家辅助人出庭虽然常常需要对鉴定意见提出意见，但不应当只是针对鉴定意见进行质证或者强化，也需要对某个专业问题发表独立的专家意见，以帮助法庭理解这些问题，弥补法官在专业上的不足。"被法庭通知出庭的有专门知识的人是作为证人出庭，而不是协助质证的'专家辅助人'，因此，应当允许其发表独立的专业意见，并将该种意见作为定案的根据之一。"① 这一问题属于下面讨论的专家辅助人提出意见的性质问题，然而就其功能而言，主要是削弱、解构鉴定意见作为证据的证据能力或者证明力，其次是强化鉴定意见的证据效力，再次是帮助法庭发现事实真相。这些功能不在一个层次上，可以说有主次之分，不宜一概认为协助法庭认定专门性问题，否则会使专家辅助人保障当事人诉讼权利的功能转移到协助法庭判明专门性问题上，影响专家辅助人提出意见功能的效力范围。

第二节　专家辅助人意见的性质

在司法实践中，专家辅助人提出的意见和发表的见解是否是证据？如果是证据，属于何种证据，应当按照何种证据规则进行质证；如果不是证据，其发表的意见又是什么，其法律属性是什么，有无对诉讼主体产生约束力。由于我国《刑事诉讼法》、《民事诉讼法》对此问题未作规定，导致实践中当事人或者法庭存在不同认识，也造成具体操作上的困难。所

---

① 参见龙宗智、苏云：《刑事诉讼法修改如何调整证据制度》，载《现代法学》2011 年第 6 期。

以，对其性质需要展开分析与探讨。

一、专家辅助人意见性质的分歧

专家辅助人对鉴定意见提出的意见或者就专业问题发表的意见是否具有鉴定意见的效力，即是否像鉴定意见作为证据使用，这一问题不仅影响到专家辅助人提出意见的效力范围，而且还影响到法律是否需要安排对其提出的意见按照何种证据的要求进行质证。此问题在理论上存在不同的观点，在实践中也存在不同的做法，即使是相同观点也存在认识与理解上的差异。

有论者认为，专家辅助人出庭就鉴定意见发表的意见或者就专业问题提出意见，应作为证据使用，属于专家证言的调整范畴。持此种观点的论者，一般从专家证人的概念出发，就其出庭发表的意见与鉴定人形成的鉴定意见之间的关系等方面论及其如何以及怎样作为专家证言使用的问题。"诉讼辅助人意见并非均具有证据属性，只有对与案件有关专业知识事实的陈述、分析、推理内容才具有证据属性。"[1]

也有论者基于《刑事诉讼法》第一百九十二条"有专门知识的人出庭，适用鉴定人的有关规定"，主张"有专门知识的人"出庭发表的意见，应属于证据种类中的"鉴定意见"，应针对这一证据属性特征规范庭审的质证、认证规则等。在证据类型上，还有论者认为，专家辅助人的意见是辅助证据，多数情况下是弹劾证据，可以加强或者削弱证据的证明力。[2]

另有论者认为，专家辅助人参与诉讼的作用主要是辅助裁判者了解专门的技术问题来审查判断鉴定意见，因此他们就专门性问题所提出的意见并不具有诉讼法上的证据效力，并不是独立的证据形式，只是审查判断某种基于专业知识上的事实的手段。专家辅助人提供的关于专门知识的意见是法官获取案件信息的一个渠道，其作用仅仅为法官内心确信形成提供足够的正当化资源。

我国学者对专家辅助人意见作为证据也有多种不同的界定，呈现出不同证据性的观点。例如，有论者认为，我国民事诉讼中的专家辅助人意见有所不同，根据最高法院《民事证据规定》第六十一条规定，当事人可以

---

① 参见王戬：《"专家"参与诉讼问题研究》，载《华东政法大学学报》2012 年第 5 期。

② 参见程雷等：《新〈刑事诉讼法〉的理解与实施——中国刑事诉讼法学研究会 2012 年年会综述》，载《中国司法》2013 年第 1 期。

申请专家辅助人出庭询问鉴定人，也可以对案件的专门性问题进行说明，因此兼具实质证据与弹劾证据的属性。[①] 专家辅助人出庭就鉴定意见发表的意见或者就专业问题提出意见存在证据说与非证据说，而证据说又存在证人证言（专家证言）、鉴定意见以及弹劾证据、补助证据等新型证据类型说等。

（一）专家辅助人提出的意见作为证据的讨论

1. 专家辅助人的意见作为证人证言抑或鉴定意见

有论者认为，专家辅助人出庭虽然常常需要对鉴定意见提出意见，但不只是针对鉴定意见进行质证或者强化，也需要对某个专业问题发表独立的专家意见，以帮助法庭理解这些问题，弥补法官在专业上的不足。"因此，应当允许其发表独立的专业意见，并将该种意见作为定案的根据之一。"[②] 专家辅助人意见不是专家辅助人就其所了解的案情所作的陈述，而是针对专业性极强的鉴定意见在专业角度所进行的评判，因此具有意见证据的属性。也有论者主张，将"有专门知识的人"发表的意见纳入证人证言或鉴定意见的范畴，从而作为诉讼的证据加以使用。其基本观点是，法律应规定专家辅助人意见是法定证据类型中的鉴定意见，或是案件鉴定意见的组成部分，与鉴定人所作出的鉴定意见共同组成案件的鉴定意见，并在案件卷宗中一并归档。具体理由如下。

一是专家辅助人意见应属于鉴定意见的范畴。英美法系国家将鉴定意见归属于"专家证言"的范畴，我国和大陆法系国家一样将鉴定意见作为法定的证据类型之一。鉴定意见一般是鉴定人以书面形式对诉讼中涉及的专门性问题发表的观点和意见。证据可分为言词证据和实物证据（或者称人证和物证），鉴定意见具有言词属性，一般被纳入到言词证据的范畴中。由于鉴定意见在形成过程中具有客观性和科学性，因此它是一种特殊的言词证据。既然鉴定意见具有言词属性，属于言词证据的范畴，专家辅助人对鉴定意见提出的意见同样具有言词属性，理应属于言词证据的范畴；鉴定意见在形成过程中具有客观性和科学性，专家辅助人对鉴定意见提出的意见，在形成过程中同样具有科学性和客观性，同样是一种特殊的言词证

---

① 参见高通：《论专家辅助人意见——以刑事辩护为视角的分析》，载《证据科学》2013年第4期。
② 参见龙宗智、苏云：《刑事诉讼法修改如何调整证据制度》，载《现代法学》2011年第6期。

据，理应认定为鉴定意见。从客观性和科学性角度考虑，专家辅助人对鉴定意见提出的意见，客观性和科学性不见得就低于鉴定人出具的鉴定意见的客观性和科学性。

二是从控辩平等视角考虑，应当认定专家辅助人对鉴定意见所提出的意见属于鉴定意见。我国《刑事诉讼法》第一百九十二条第四款规定"有专门知识的人"出庭，适用鉴定人的规定。既然专家辅助人具有与"鉴定人"相同的诉讼地位，就应当如同鉴定人一样，享受作证的权利，承担作证的义务。对其证言，必须经过庭审质证后才能决定是否采信。基于控辩平等视角，且法律赋予了专家辅助人的诉讼地位是"鉴定人"，其对鉴定人的鉴定意见提出的意见，在法律上应具有"对等性"，将其法律属性界定为鉴定意见，是最确切的。

有论者认为，《法院诉讼法解释》第二百一十五条的规定："审判人员认为必要时，可以询问证人、鉴定人、有专门知识的人。"第二百一十三条还规定了询问证人、鉴定人、专家辅助人所通用的规则。这就意味着，专家辅助人意见本身是被质证的对象，法官需要对其通过询问的方式来作审查判断。这便与前面所述的作为一种质证意见的专家辅助人意见有所差异。如果是作为一种质证意见，专家辅助人的作用比较接近于检察官的控诉或律师的辩护，即协助检察官或律师来进行质证。而专家辅助人如果是比较接近于证人的作用，则本身应该是质证、审查的对象。可见，在有关司法解释中，专家辅助人是否作为一种证据，相关条文实际上是有矛盾的。一方面明确了专家辅助人意见仅作为一种质证意见；另一方面又潜在地认为专家辅助人意见和证人证言、鉴定意见相似，将影响到法官心证形成的过程，其需要被质证、被审查。[①] 如果不将专家辅助人意见作为一种证据，则很难解释其本身为什么要被质证。同时，也很难解释在没有鉴定意见的案件中，专家辅助人就当事人双方提出的涉及专业知识方面的问题作出说明。此外，如果专家辅助人仅限于对鉴定意见进行质证，也无法囊括专家辅助人对对方聘请的专家辅助人进行询问这一情况。这种观点从反面论述了专家辅助人提出的意见不作为鉴定意见或者证人证言的弊端，并推断出作为证据的优点。

三是从司法实务角度反思立法制度，将专家辅助人意见界定为鉴定意见或鉴定意见的组成部分有利于案件程序正义和实体正义的实现。有论者

---

① 参见胡铭：《专家辅助人：模糊身份与短缺证据——以新〈刑事诉讼法〉司法解释为中心》，载《法学论坛》2014 年第 1 期。

认为，专家辅助人针对鉴定意见所提反驳意见，没有相应的证据性质，在当前的司法实践中，仅将其视为当事人质证意见的一部分，导致法官裁判时，必然潜意识地倾向采纳鉴定意见。在这种背景下，辩方专家辅助人即便出庭显然也难以与控方和鉴定人抗衡，进而使刑事诉讼中的控辩双方诉讼能力仍然严重不平衡，背离了现代刑事诉讼打击犯罪与保障人权相结合的立法宗旨。

然而，相对于鉴定意见，专家辅助人的专家意见不作为鉴定意见一般不易被法官采纳。其主要原因为：①在法律上并没有规定专家辅助人的诉讼资格和地位，其提出的意见与鉴定意见的法定性不具有可比性。②当事人聘请专家辅助人属于当事人的私人行为，不具有法官的职权性，法官对其提出的意见可以行使自由裁量的权利，对作为证据的鉴定意见仅仅有裁判上的选择性。③法律并没有对专家辅助人的选任条件作出明确的规定，一般对专家辅助人的身份存在疑问，导致提出的意见作为证据相对困难。④专家辅助人对委托方的倾向性比较明显，如果法官采信专家的意见，不易使对方当事人信服。以上理由足以说明，专家辅助人提出的意见如果不作为鉴定意见，法官更不愿意让专家辅助人参与到法庭审判中来，即使允许，专家辅助人的作用也是有限的。在司法实践中法官对专家辅助人所提意见不作任何回应与评论以及在判决书中不载明专家辅助人观点则是例证。

2. 专家辅助人意见属于弹劾证据抑或补助证据

有论者认为："从证据法的原理看，证据既包括实质证据，也包括弹劾证据。只要能够对诉讼中的争议事实的存在可能性评估产生理性影响，均是证据……作为证据，鉴定意见并非天然具有可靠性，需要在质证中加以确认或弹劾。如果专家辅助人提出意见对鉴定意见的可信性进行反驳，就是在弹劾鉴定意见，属于弹劾证据。"[1] 有论者更进一步认为，专家辅助人当庭发表的意见，仅仅可以作为弹劾证据使用，而不能作为实质证据使用。[2]"很显然，这种专家证人可以起到'弹劾证据'的作用，专门对公诉方的鉴定意见发表质证和反驳意见，但不提供新的鉴定意见。"[3] 其

---

① 王进喜、李小恺：《论〈刑事诉讼法〉修改对司法鉴定活动的影响》，载《中国司法》2012 年第 9 期。
② 参见孙长永：《论刑事证据法规范体系及其合理构建——评刑事诉讼法修正案关于证据制度的修改》，载《政法论坛》2012 年第 5 期。
③ 陈瑞华：《刑事证据法学》（第 2 版），北京大学出版社 2014 年版，第 204 页。

作为弹劾证据的理由①主要如下。

专家辅助人意见的功能在于质疑鉴定意见的效力，而不是认定案件事实，应属于弹劾证据的范畴。关于弹劾证据，我国诉讼法学界及实务界尚未充分展开并给予太多的关注。可以说，作为熟悉的话题在理论上的性质却是陌生的。实际上，弹劾证据在诉讼的证明活动中起着重要的作用。所谓"弹劾"，是指在交叉询问阶段，当事人针对证人证言的可信性提出的质疑。根据普通法和1975年美国《联邦证据规则》，对于证人可信性的攻击大致存在五种类型：①证人以前作出的不一致的陈述；②显示证人基于感情上的影响而带有偏见，如与一方当事人存在亲属关系或关联利益等；③对证人品格的攻击，但缺乏宗教信仰不构成攻击理由；④显示证人在观察、记忆或者重述所证事实能力上的缺陷；⑤具体的前后矛盾，即经过其他证人证明本案的实体性事实与受到攻击证人所陈述的事实是不一致的。弹劾的程序可以分为两个不同的阶段：第一个阶段中，证明证人或证言不可信性的事实应当在交叉询问中从证人那里获得，这被称为"内在的弹劾"；第二个阶段中，弹劾证人的事实可能是由一些外部证据所证明，即用另外一位证人或文书证据弹劾证人证言，这被称为"外在的弹劾"。这里所说的外部证据即弹劾证据。对专家证人的质疑与外行证人有所不同，除了可以对专家证人的资格、中立立场或调查的能力和准确性等进行非难外，还可以利用在该领域发表过的与专家证人意见相对立的权威性材料。②其中，所用的专家证人以外的证据即弹劾证据。

在国外，对弹劾证据也存在不同的认识。日本在《刑事诉讼法》的修改过程中引入了英美法系国家的交叉询问规则。日本学者认为，为了争辩证人等陈述的证明力的证据，称为弹劾证据。这种证据在证据提出的效果方面受到限制，但在特殊情况下缓和了对证据能力的限制。与此相对的一般证据，被称为实质证据。③ 也有日本学者认为，实质证据是证明主要事实及其间接事实的证据；补助证据是证明有关实质证据可信性的事实的证据，其中包括可信性弱的弹劾证据、可信性强的补强证据、可信性较弱但

---

① 参见高通：《论专家辅助人意见——以刑事辩护为视角的分析》，载《证据科学》2013年第4期。

② 参见［美］约翰·W·斯特龙主编：《麦考密克论证据》，汤维建等译，中国政法大学出版社2004年版，第66、67、451页。

③ 参见［日］松尾浩也：《日本刑事诉讼法》（下卷），张凌译，中国人民大学出版社2005年版，第26页。

经过再次强化的恢复证据等。① 可见，弹劾证据与补助证据是相互包含的一种证据类型。我国台湾地区学者一般将其分为"通常证据与补助证据"，其中，通常证据是指证明主要事实或关联事实之证据，也被称为实质证据，而补助证据即证明证据之信用性有关联之事实之证据。

在证据能力的限制方面，弹劾证据与实质证据不同，虽然传闻陈述、笔录、品格证据等一般不能作为认定犯罪事实的实质证据使用，但却可以作为弹劾证据。② 因此，相比实质证据，弹劾证据受到的证据规则的限制较少。证据有时不只基于一个目的被提出，提出某一证据既可以是为了证实案件的主要事实，也可以是为了弹劾证人。因此，有限可采性指的是当某一证据因为一种目的或者针对一方当事人提出是可以被采纳的；而对于其他当事人或者基于其他目的的不可采时，法庭基于当事人的请求，应当将该证据限定于它的目的范围内。比如，被告人的先前供述如果不能作为证明被告人有罪的证据被采纳，而作为攻击被告人的弹劾证据被采纳时，其目的是有限的，仅用于弹劾。不过，在交叉询问中，何种情况下可使用弹劾证据反驳证人证言却受到很多限制，因为它可能会混淆问题、误导陪审团、造成不合理的时间浪费以及不公正的损害。③ 根据反对间接质疑的规则，如果该质疑的事实不能为了任何目的而独立地由证据表明该矛盾，那么该事实对本案中的争议问题就是间接性的，也就不能用该证人自己承认其为事实以外的任何证据来证明，例如，证明证人曾实施过未构成犯罪的不端行为。可见，我国《刑事诉讼法》将专家辅助人意见的功能限于对鉴定意见的质疑，而不能直接作用于案件事实，具有有限的可采性，属于单纯的弹劾证据。首先，弹劾证据的作用仅在于质疑实质证据的证据效力，法官不能依据弹劾证据认定案件事实；其次，弹劾证据的证据能力的限制与一般证据相比较为宽缓，传闻证据、被告人非自愿的先前供述等均可以为弹劾目的提出；再次，弹劾证据的提出受到一定的限制，为了避免浪费时间或混淆事实，法官对于弹劾证据可否提出享有较大的自由裁量权；最后，弹劾证据针对的是言词证据的提出者，也就是广义的证人，通过在交叉询问环节提出以攻击证人的可信性。

---

① 参见［日］田口守一：《刑事诉讼法》，张凌、于秀峰译，中国政法大学2010年版，第268页。
② 参见［日］松尾浩也：《日本刑事诉讼法》（下卷），张凌译，中国人民大学出版社2005年版，第28页。
③ 参见［美］约翰·W·斯特龙主编：《麦考密克论证据》，汤维建等译，中国政法大学出版社2004年版，第98页。

专家辅助人出庭的目的是弹劾鉴定人所做的鉴定意见，同时还存在增强鉴定意见证据效力的功能，如果仅仅从其功能上将其界定为弹劾证据，存在以偏概全的问题，在逻辑上也不周延。实质上，专家辅助人意见仅是为法官认定鉴定意见提供的意见，其本身是对证据评判，而不是作为定案证据使用的，上述观点具有启发性，仍因逻辑不周延和证据作为定案根据的规定不一致而存在一些问题。因为弹劾证据针对的是鉴定人而非鉴定意见。

3. 专家辅助人意见作为意见证据抑或新的证据类型

专家辅助人意见的性质是什么呢？从我国《刑事诉讼法》第四十八条的规定来看，专家辅助人意见并非法定的证据种类。有论者认为，专家辅助人意见是一种实然的证据形式，不因诉讼法中缺乏明确规定而改变。既然诉讼法规定了专家辅助人可以出庭针对鉴定意见发表意见，通过削弱鉴定意见的证据效力而对法庭的事实认定施加影响，那么它所起到的作用就是客观存在的。

也有观点认为，我国传统理论及诉讼法规定中没有将专家辅助人意见纳入其中，基于此，不承认其证据资格，便会禁锢证据法理论及证据立法的发展。综观世界各国，不仅英美法系国家将专家证人纳入了证人的范畴，就是在大陆法系国家的德国也承认专家证人的存在，这是证据法理论发展及诉讼实践的双重要求。其实，在 2011 年 8 月发布的《刑事诉讼法修正案草案》中，曾规定控辩双方可以申请法庭通知"有专门知识的人""作为证人"出庭，就鉴定意见发表意见；立法者关于《刑事诉讼法》的释义也表示，专家辅助人出庭适用鉴定人的规定是为了解决其出庭的诉讼地位等程序性问题，可见立法者也将专家辅助人置于类似于鉴定人的诉讼地位。[①] 最高法院《关于审理证券行政处罚案件证据若干问题的座谈会纪要》（法〔2011〕225 号）认为的"统计分析意见和规则解释意见"在相关解析中又将专业意见的范围拓展为"统计分析、技术鉴定和规则解释意见"，其规则应理解为"上市规则"、"交易规则"、"登记结算规则"、"会计准则"等专业技术性规范，并明确认为经过质证和审核认定后，专业意见可以作为定案依据。在确认专家辅助人就案件有关专业知识事实问题发表的意见具有证据属性上，可将其归入新的证据类型。主要理由如下。

（1）从诉讼证明需要来看。专家辅助人意见与办案人员所要查明的案

---

① 参见高通：《论专家辅助人意见——以刑事辩护为视角的分析》，载《证据科学》2013年第 4 期。

件事实具有相关性。司法诉讼中，之所以需要专家型的鉴定人或专家辅助人，是要通过鉴定人或专家辅助人对与案件有关事实分析判断，最大程度地向办案人员呈现案件事实真相，对案件事实获得较为可靠的认识。

（2）从专家辅助人意见作用来看。在诉讼证明中，证据是用于证明未知事实的已知事实。如证人如实陈述耳闻目睹的事实是证据，而分析判断耳闻目睹的事实则是意见。意见不同于事实。诉讼中办案人员不能根据意见而应根据事实作出裁判。由于诉讼中的有些事实离开专业分析判断则无法认识，办案人员还是需要借助意见对案件事实作出裁判，如鉴定意见，而鉴定意见本身就是一种分析判断意见。

（3）从专家辅助人意见本质属性来看。它不属于证人证言，而是类同于鉴定意见。证人证言是指证人向办案机关就自己知道的案件情况所作的陈述，是证人依据对案件事实的亲身体验所作出的客观陈述。诉讼辅助人意见实质上是专家对案件事实中所涉及专业问题作出介绍、分析、判断。其判断属于专家证据或者科学证据的一种类型。

（4）从当事人诉讼权利对等来看。由于鉴定机构的设置与鉴定的启动"回归"社会甚至延伸到民间，一方当事人聘请的鉴定人所作鉴定意见是证据，而另一方当事人聘请的专家辅助人发表的看法则不能作为证据的意见，以意见对抗证据，在以"证"印"证"，以"证"质"证"的法庭上，好比用长矛对步抢，不需开战，就可分出高低输赢，导致诉辩双方诉讼权利不对称。[①] 其从本质上讲与鉴定意见相同，是一种意见证据[②]，或者是专家证据的一种新类型。

浙江省高级法院《关于专家辅助人参与民事诉讼活动若干问题的纪要》将专家辅助人提出的意见视为当事人陈述。最高法院《关于适用中华人民共和国民事诉讼法的解释》亦是如此规定。对于这种做法前面章节已有评论，在此不再作赘述。还有论者认为，由于专家辅助人意见不具有证据资格，因此专家辅助人制度在司法实践中的功用必将大打折扣，因此，应修改我国《刑事诉讼法》第四十八条的规定，增设专家辅助人意见为法定证据种类之一，确立专家辅助人意见的证据资格。[③] 否则，实务部门会

---

① 参见王俊民、沈亮：《诉讼辅助人意见与鉴定结论证据属性比较研究》，载《中国司法鉴定》2006 年第 6 期。

② 参见胡东阳：《新〈刑事诉讼法〉中"有专门知识的人"的法律地位》，载《广西警官高等专科学校学报》2012 年第 6 期。

③ 参见刘广三、汪枫：《论我国刑事诉讼专家辅助人制度的完善》，载《中国司法鉴定》2013 年第 2 期。

将其视为辩护人或代理人意见。专家辅助人意见与诉讼代理人陈述的性质有所不同，需要相应的证据规则对其加以规范，这也是真正实现专家辅助人制度立法目的的要求。诉讼代理人一般基于当事人的委托产生，在资质方面没有特别要求，其诉讼过程中所作陈述应基于当事人的利益，甚至可以因此隐瞒部分事实与证据。[①] 不作为证据可以说弊多利少，作为证据不失为一种较佳的立法选择和价值转向。

（二）专家辅助人提出意见不应作为证据的讨论

有论者认为，专家辅助人意见不是一种法定证据，也不是重新做出的鉴定意见，因而不会成为定案的依据。[②] 鉴定意见属于法定证据，而专家辅助人意见却不属于法定证据，因为专家辅助人对鉴定意见提出意见并非直接针对案件事实提出意见，而是针对鉴定意见提出意见。换言之，专家辅助人的证明对象不是案件事实而是证据。因此，立法没有将专家辅助人意见作为法定证据是正确的。那么，这是否会妨碍专家辅助人意见对法官产生影响、被法官采纳呢？实质上，前面的担心是不必要的，像辩护人的辩护意见或公诉人的控诉意见虽然不属于法定证据却可以被法官采纳的道理一样，法官是否采纳专家辅助人意见取决于控辩双方的证明。[③] 专家辅助人出庭对鉴定意见提出的意见不能因为不是证据而否定其对鉴定意见能否作为证据采纳的效力。专家辅助人提出的意见如果被法庭采纳，则可能带来被质疑的鉴定意见不能被采信的法律后果。当鉴定意见受到质疑而鉴定人对专家辅助人提出的意见不能给予合理解释与说明，法庭结合其他证据又不能确定鉴定意见的证明力时，也会否定鉴定意见的证明效力，从而根据案件情况决定是否进行重新鉴定。倘若无法进行重新鉴定或者重新鉴定仍存在不能合理解释的问题时，法庭应当按照有利于被告原则对存在异议的鉴定意见作出是否采纳的选择。即使专家辅助人提出的意见不足以否定鉴定意见，也不代表鉴定意见一定能够作为定案根据，其鉴定意见能否作为定案根据还应结合全案的其他证据进行综合考虑，不能仅仅依靠有专家辅助人提出的意见作为判断的唯一依据，以免从过去完全依赖鉴定人转而过分依赖有专门知识的人即专家辅助人[④]，使正当的制度被异化并在实

---

① 参见高通：《论专家辅助人意见——以刑事辩护为视角的分析》，载《证据科学》2013年第4期。

② 参见王戬：《"专家"参与诉讼问题研究》，载《华东政法大学学报》2012年第5期。

③ 左宁：《专家辅助人意见不属于法定证据》，载《检察日报》2012年10月26日。

④ 郭华：《切实保障刑事诉讼法中司法鉴定条款的实施》，载《法学》2012年第6期。

践中从一个极端走向另一个极端。

相反，如果将专家辅助人就鉴定意见提出的意见作为证据使用，则会衍生出如何对其提出的意见进行庭审质证、认证等程序规则，使程序更为繁杂甚至出现程序上的混乱。在《法院刑诉法解释》征求意见过程中，有关方面也建议解释应当明确专家辅助人就鉴定意见提出的意见的性质：其是否鉴定意见，其形成的材料是否可以作为证据使用，而有关解释认为，专家辅助人就鉴定意见提出的意见不是鉴定意见，不具备证据的法律地位，这自然不具有在查证属实后可以作为定案根据的证据的属性。专家辅助人就鉴定意见不是证人证言一类的证据，不能在裁判文书中作为证据表述。[①] 因此，专家辅助人出庭的目的是弹劾鉴定人所做的鉴定意见或者就专业问题作出解释，提出的意见仅是为法官认定鉴定意见提供的审查判断意见，其本身不能作为证据使用，也不宜作为新的证据种类。实践中司法实务部门对其的认识也反映了上述观点的可行性。例如，2012 年 12 月 26 日，北京市高级法院《关于在民事审判工作中贯彻执行〈民事诉讼法〉的参考意见》第二十九条规定："根据《民事诉讼法》，当事人可以申请人民法院通知有专门知识的人出庭，就鉴定人做出的鉴定意见或者专业问题提出意见。适用本规定应注意以下问题：……三是有专门知识的人出庭就鉴定意见提出的意见，经人民法院审理，区别情况依法对鉴定意见予以采信或者补充鉴定、重新鉴定，不得直接以有专门知识的人意见直接作为定案依据。"但对"有专门知识的人"就专业问题提出的意见能否作为证据未作明确的规定，将在以下问题中继续展开讨论。

二、专家辅助人意见性质的探讨

专家辅助人意见无论是作为理论上的弹劾证据抑或意见证据、鉴定意见，还是作为专家证言以及其他证据类型，按照证据证明案件事实以及证据事实不属于证明对象的证据学理论，在理论上均无法作出满意的合理解释。因为专家辅助人提出的意见不是针对鉴定意见中的专门性问题做出的。就其实质而言，专家辅助人意见针对的是对"专门性问题进行鉴别和判断提供鉴定的意见"，是对判断而提出意见。即使在民事诉讼中针对专业问题提出的意见，也是协助当事人对专业问题进行说明与解释，并非证

---

① 江必新主编：《最高人民法院关于适用〈中华人民共和国刑事诉讼法〉的解释理解与适用》，中国法制出版社 2013 年版，第 219 页。

明活动，不宜作为证据对待。其理由具体如下。

一是对专家辅助人诉讼地位认识上的不同，必然会导致对专家辅助人意见的属性存在不同看法。如果将专家辅助人定位于诉讼代理人或者辩护人，则其意见就应与代理人意见或辩护人意见一样，不具有证据属性。如果将专家辅助人定位于鉴定人或者专家证人，则其意见应当视为鉴定意见或者证人证言，经查证属实后方可作为定案的根据。专家辅助人属于诉讼代理人、辩护人、证人及鉴定人之外的独立的诉讼参与人，它不同于以上诉讼参与人，是否具有上述人员性质值得探讨，将其归入上述哪种证据均有失范性的嫌疑。

二是从专家辅助人指向的对象来看，专家辅助人针对的是鉴定意见或者专业问题，而非案件中的专门性问题。以"复旦投毒案"为例，辩方的专家辅助人是仅限于对鉴定意见得出"现有证据没有支持黄洋是二甲基亚硝胺中毒致死"的结论，还是可以对鉴定对象的死因得出"黄洋是爆发性乙型病毒性肝炎致急性肝坏死"，是理论值得研究与司法实践值得考虑的。即使是对专业问题提出的意见也仅仅是一种解释，帮助法庭对其获得正确认识，而非证明专业问题。换言之，其证明的对象是鉴定意见这种法定证据而非案件事实。专家辅助人与我国《刑事诉讼法》、《民事诉讼法》规定的鉴定人和证人有所不同。如果将专家辅助人意见定性为证据，就会出现以一个证据（专家辅助人意见）去证明另一个证据（鉴定意见）的问题。按照这样一个逻辑，作为证明鉴定意见的专家辅助人意见，是否还需要其他证据来证明？这种无限延伸的证明方式，不仅存在逻辑上的不周延，而且在实践上还有可能造成循环证明。从这个角度来说，立法没有将专家辅助人意见作为法定证据是有一定道理的，有利于避免证明上的循环与运行上的混乱。

三是专家辅助人意见能否作为证据与其在司法实践中的功能大小不存在正比关系，不能武断地认为，只要对法官存在影响的就应当认定为证据。相反，专家辅助人意见不是证据，也不意味着对控辩双方和法官不能提供帮助。倘若按照此逻辑进行推演，辩护人的辩护意见以及诉讼代理人的意见不是证据，也不会对法官或者事实认定产生影响。那么，辩护与代理制度在诉讼中的作用也就无从谈起。同时，也不能因为专家辅助人意见对法官自由心证产生较大影响就将其视为证据。事实上，诉讼中诉讼代理人的代理意见与辩护人的辩护意见都可能对法官判断产生重大影响，但立法并未将此二者视为证据。对于法官的影响程度不是界定证据性质的判断标准。

四是从专家辅助人制度设置的目的来看，其并不是为法庭提供证据，而是为了协助当事人双方从证伪或者证实的角度来质疑或者巩固鉴定意见的证据能力或证明力，进而帮助法官正确采信鉴定意见，防止法官轻信甚至盲从。例如，在"复旦投毒案"中，审判人员表示，"有专门知识的人"作出的书面意见和今天当庭的意见，不属于刑事诉讼法规定的鉴定意见，应该是作为对鉴定意见的质证意见，不能单独作为定案根据。[1] 专家辅助人意见对控辩双方和法官是否有帮助不在于它是否能作为证据，而在于它能否对法官正确采信鉴定意见有所帮助。[2] 并且，将专家辅助人意见视为证据，会与职权主义的诉讼制度相背离。如果将专家辅助人的意见视为当事人陈述，则会出现以自己名义出庭提供意见转化别人名义的意见的矛盾。

基于对此问题质疑和上述理由的说明，专家辅助人意见仅仅应当是法官甄别鉴定意见的重要参考，是影响法官自由心证的重要方法，其主要的功用在于为法官心证的形成和排除合理怀疑提供逻辑上的链接和路径上的支持，[3] 立法不应赋予其证据属性更具有实用价值和制度意义。将专家辅助人提出意见作为新的证据类型即专家意见或者弹劾证据，因为这些证据类型不属于法定证据的种类，实质上任何证据基于功能均可以作为弹劾证据，如将被告先前的供述可以作为翻供的弹劾证据等。这些观点属于一种理论上证据分类的方式，其本身无法将其设置的证据类型归纳到法定证据种类中，作为一种理论探讨是可行的，但作为一种制度上的规则，其意义并不显著，其所谓的新意也随之式微，其制度价值显得无关紧要。

第三节　专家辅助人提出意见的效力

一般而言，专家辅助人参与法庭质证的效果大致处于以下三种状态：①法官没有采信专家辅助人意见，对法庭未产生任何影响；②专家辅助人意见动摇了鉴定意见的证据效力，法官没有采信鉴定意见；③专家辅助人质证的鉴定意见涉及的专门性问题属于案件事实认定的关键环节，法官启动了补充鉴定或重新鉴定程序，即采信了专家辅助人的意见。如果法庭没有采信专家辅助人意见，应当在判决书中对未采信的理由予以说明，不宜简单地以"不科学"或者"没有足够的证据印证"等笼统表达一笔带过。如果专家辅

---

①　王烨捷等：《复旦投毒二审　死因成控辩焦点》，载《中国青年报》2014年12月9日。
②　参见郭华：《司法鉴定制度与专家证人制度交叉共存论之质疑——与邵劭博士商榷》，载《法商研究》2012年第4期。
③　参见王戬：《"专家"参与诉讼问题研究》，载《华东政法大学学报》2012年第5期。

助人的质证意见使鉴定人难以反驳或者法庭认为鉴定意见已经达到了"合理怀疑"的程度，该鉴定意见就不能转化为定案依据来认定案件事实；如果专家辅助人质证的鉴定意见涉及的相关"专门性问题"被补充鉴定或重新鉴定，实质上，专家辅助人的意见已经被法庭产生影响或者发生效力。那么，专家辅助人的意见仅仅对法庭产生影响吗？对委托的当事人或者提出意见的专家辅助人是否也具有一定的约束力，这些问题是需要讨论的问题之一。

一、专家辅助人提出意见对鉴定意见的效力

专家辅助人提出的意见对鉴定意见存在消解或者维护其证据效力的作用。如果专家辅助人提出的意见能够否定鉴定意见的证据能力或者导致鉴定意见存在疑问而无法作出合理解释的，则会影响鉴定意见不被法庭选择使用的效力，进而可能引发重新鉴定。如果专家辅助人提出的意见不影响鉴定意见的实质内容，仅存在一些形式上的瑕疵，可通过补正或者作出合理解释的方式维护其证据效力，但无法补正或者作出合理解释的，则会否定其证据效力。如某市发生的一起交通事故保险纠纷案。① 在事故中，李某驾车急拐弯掉入河中。5 天后，李某尸体被捞出。因涉及百万元的保险赔偿，需要进行尸体解剖。经过省级检验机构乙醇含量检测，李某血液中乙醇含量为 0.34 毫克/毫升。当地交警大队认定李某为酒后驾车，保险公司不予赔偿。对于尸检，李某一家人坚持李某未曾饮酒。为了证明自己的说辞，李某家人找到了法医专家华某某。华某某提出人死后也会产生酒精。因为在正常血液中，因糖代谢可检出乙醇；此外，尸体在室温存放过程中，体液和体内各脏器由于微生物的作用也能产生乙醇。因此，人死亡后 24 小时以上，可从血液或组织器官中检出乙醇，不能立即做出生前饮酒的结论。最终，检测机构接受了华某某的专家意见，否定了原检测意见。李某家人也获得了保险公司的如数赔偿。该案专家辅助人的意见尽管没有针对检测报告提出的检测方法或者手段不科学，但对依据检测报告得出的酒后驾车的结论提出质疑，以至于这种结论不具有唯一性，其体内乙醇是生前饮酒还是死后自生未能说清，使原检测意见因关联性存在问题不宜作为定案的根据。

再如原告神农大丰公司起诉被告某省农科院、两优培九公司等专利实

① 参见王春芳：《交警大队：乙醇超标，酒驾 专家辅助人：人死后体内会产生酒精的》，载《浙江法制报》2014年1月4日。

施许可合同纠纷一案。① 在该案件中，双方当事人对原告 2003～2004 年度"两优培九"制种纯度"南鉴"结果大面积制种不合格，对是否因为涉案"培矮 64S"种子在育性敏感期遭遇到低温冷害存在较大争议。为此，法院同意被告申请专家辅助人某信息工程大学（原某气象学院）环境科学系（原农业气象系）教授姚某某出庭就杂交水稻专业问题作出说明。

姚某某作为专家辅助人在庭审中进行陈述。其本人有 30 年水稻气象研究史，从 1993 年起参加由袁隆平院士主持的"863 计划"01 项目 101 专题"水稻新品种选育和研究"，曾担任"新育成不育系联合生态鉴定研究"课题技术组组长，对不育系育性转换指标鉴定进行了为期 7 年的工作，并参与了 3 本论著的编写，发表 30 多篇论文。庭后，姚某某向法庭提交了其本人参与编著的 3 本论著。在庭审中，姚某某发表的主要意见是：①"两优培九"是母本"培矮 64S"与父本"9311"的杂种。"培矮 64S"如有部分株体自行授粉，产生的后代就是"南鉴样品登记表"中的杂株"不育系"。②从"南鉴样品登记表"看，所有杂株主要是不育系类型杂株，少量的是大青棵，无其他类型杂株。不育系类型杂株系因母本"培矮 64S"种子自交结实所致。③国家规定二级种子应达到 96% 的纯度。以 96% 为标准，原告的种子并非所有都不合格。据此可以判断：不育系类型杂株那么多的原因是 2003 年发生的连续低温。当年全省所有县市，除苏南部分地区，均遭受了强低温的影响；送检的种子部分合格、部分不合格只能说明是受低温影响。如果是母本种子质量有问题，应当全部不合格。④低温危害水稻制种纯度必须具备两个条件：第一个条件是必须有连续 3 天或 3 天以上的低温；第二个条件是不育系必须处于育性敏感期。如不育系处于育性敏感期，又遇到低温，会同时产生自交种和异交种，肉眼看不出来，要在显微镜下观测花粉颜色，而稻田里去杂的方式无法剔除不育系类型杂株。⑤抽穗扬花期制种田发现的杂株应是异型株。异型株用肉眼可以明显看出来，与"培矮 64S"明显不同。异型株主要有四种类型。此外，姚某某还就"育性敏感安全期"和"育性敏感期"的划分进行了说明。该案一审判决认为："一审被告诉讼辅助人姚某某专家出庭所作专业问题的说明，原告质询后并未提出反证。鉴于姚某某本人的专家身份及其杂交水稻专业研究经历和相关著述，本院认为，姚某某专家证言的科学性可以得到印证，本院予以采信。"该案专家辅助人的意见影响了法庭，对法庭产生了拘束力但以未提出反证作为采信"专业问

---

① 参见江苏省高级人民法院民事判决书（〔2005〕苏民三初字第 0001 号）。

题的说明"仍不具有说服力，还应综合其他证据考虑。

需要说明的是，法庭如果采信了专家辅助人反驳鉴定意见提出的意见，仅仅代表鉴定意见不能作为证据使用，可以引起补充鉴定或者重新鉴定，并代表专家辅助人的意见替代鉴定意见成为定案根据。倘若法院没有采信专家辅助人反驳鉴定意见提出的意见，也不代表鉴定意见就能够作为定案根据，还需要结合其他证据进行综合判断，不可采用"非此即彼"的简单思维。上述判决"姚某某专家证言的科学性可以得到印证"尽管反映了这一思路，但得到何者印证仍是语焉不详；相反，"姚某某本人的专家身份及其杂交水稻专业研究经历和相关著述"不可作为印证的证据材料。因此，此案的判决仍存在值得商榷的地方。

二、专家辅助人提出意见对当事人的效力

专家辅助人提出意见的效力是否对当事人具有约束力，存在不同观点。专家辅助人依赖其拥有的专业知识对鉴定意见或者专业问题以自己名义提出独立的意见，并对其提出的意见进行说明、解释或者论证。尽管专家辅助人与当事人存在委托关系，但提出的意见不需要当事人特别授权，不同于诉讼代理人。也就是说，专家辅助人在法庭上提出的意见和当事人的个人意志没有完全依附关系，对当事人当然也没有天然的约束力。专家辅助人是为了帮助当事人对专业问题进行说明，提高和保障当事人的质证能力，维护当事人在诉讼中合法权利。当事人不同专家辅助人的专家意见有权在法庭上予以更改。司法实务部门也认为："如果当事人不同意专家辅助人的意见，可以撤销委托，或者当庭表示不同意有专门知识的人的意见，此时就应当以当事人的意见为准。"① 例如，浙江省高级法院《关于专家辅助人参与民事诉讼活动若干问题的纪要》第十五条规定："专家辅助人在法庭上就鉴定意见或者专门性问题发表的意见视为当事人陈述。"第十六条规定："人民法院要求专家辅助人提交书面意见的，专家辅助人应当庭或者在法庭指定期限内提交书面意见。书面意见应就鉴定意见或者其他专门性问题提出结论并说明理由。""书面意见观点及理由应当与当庭发表的言词意见保持一致。如出现不一致的，以专家辅助人在法庭上发表的意见为准。"那么，专家辅助人在法庭上发表的意见与当事人陈述不一致，而与专家辅助

---

① 江必新主编：《最高人民法院关于适用〈中华人民共和国刑事诉讼法〉的解释理解与适用》，中国法制出版社 2012 年版，第 219 页。

人提交书面意见一致，是否还能够"以专家辅助人在法庭上发表的意见为准"就存在问题。也就是说，这种仅仅注意专家辅助人庭前与庭上意见不一致的处理方式，却未考虑其作为当事人陈述的性质以及当事人陈述之间的关系，其上下文逻辑上存在的问题又会给司法实践带来困惑，甚是一憾。

从一定意义上说，专家辅助人提出的意见，委托当事人不表示反对的即未明示不同意的，在以后的程序对当事人具有一定的拘束力；对于当事人明示反对专家辅助人意见的，无论专家辅助人的意见科学与否，均对当事人没有拘束力，但对法庭的影响不受当事人拘束力的限制，专家辅助人对法律问题提出的意见除外。

三、专家辅助人提出意见对法庭的效力

专家辅助人在法庭上依靠专业知识或特殊经验就鉴定意见或者专业问题提出自己的意见。法庭参考专家辅助人的意见决定重新鉴定还是不采信鉴定意见，专家辅助人提出的意见对法庭没有当然的约束力。法庭对鉴定意见的认定或者对专业问题的认识仍具有决定性。专家辅助人通过其与鉴定人平等对抗的形式就鉴定意见疑点进行答辩，从专业角度探讨专业问题，以便澄清"专业"问题，从而对法官采信鉴定意见提供参考。[1] 在民事诉讼中，专家辅助人针对专业问题提出意见，对法官没有必然的约束力，不能因为其出庭提供意见由法院决定而其意见对法院有当然的拘束力。但是，法庭对于专家辅助人提出的意见是否采纳，均应当作出回应，不能不予说明理由或者不予理睬。如被媒体称为山东龙口市人民检察院办理的首例专家出庭提出意见的案件。[2]

2012 年 5 月 29 日，盖某驾驶一辆面包车在龙口诸由观镇大宗村路段行驶时，将骑电动自行车的赵某撞倒致轻伤，盖某面包车前侧撞击轻微凹陷。后来，盖某到医院看望伤者时，遭到其儿子赵某某拳打脚踢，致使盖某右侧第 9、第 11 根肋骨骨折。经法医鉴定，鉴定意见为：盖某的伤势构成轻伤。案件起诉至法院后，在第一次开庭审理中，被告人赵某某承认对被害人盖某进行过殴打，但仅仅承认踢了被害人腿部，否认殴打过被害人胸部；并提出，被害人在此前曾肇事过，伤势可能是在肇事中造成的。面对被告人当庭突然翻供，公诉人向法院申请专家出庭，对被害人盖某伤情的鉴定意见作出

---

① 参见邵洪清：《鉴定人出庭须解决三方面问题》，载《检察日报》2013 年 5 月 17 日。
② 参见钟建军等：《专家当场戳穿被告人谎言》，载《齐鲁晚报》2013 年 7 月 19 日。

原因说明，以排除肇事所致。在二次开庭过程中，龙口市人民检察院申请了一名法医专家出庭作证，该法医专家从专业角度指出，人体第 1 ~ 7 肋称真肋，第 8 ~ 10 肋称假肋，第 11 ~ 12 肋称浮肋。根据人体肋骨结构以及力学原理，肇事车辆驾驶者通常会因方向盘挤压造成真肋受伤，浮肋很少骨折，即使骨折也需要很大的外力。在此案中，盖某轻微肇事，在车辆没有严重挤压变形的情况下，作为驾驶员不会因肇事导致右侧浮肋第 11 肋骨骨折。其结论为，被害人盖某的轻伤是殴打造成的。随后，赵某某承认了他用脚踹被害人胸部的事实，并表示认罪悔罪，接受审判后果。最终，法庭当庭采信了专家的意见。然而，法庭采信了专家辅助人提出意见也应当说明理由。

专家辅助人就诉讼中的鉴定意见提出的意见不具备证据的属性，不能用作解决案件中专门性问题的依据，不能作为认定案件事实的依据，只能用于判断鉴定意见的可靠性。有观点认为，专家辅助人就专门性问题的说明或意见，并不能产生当然的约束力，法官在作出裁判时不应受其就鉴定意见或者专业问题的说明或意见的限制。

对于专家辅助人提出的意见，法官在判决书中应当予以说明，对其是否采纳作出回应，具体阐述采纳或者不采纳该意见的理由，使专家辅助人作为诉讼参与的诉讼地位得以体现。仍以我们在前面列举的"黄山案"为例。

2011 年 1 月 20 日，安徽省检司法鉴定中心出具了皖检技鉴〔2011〕2 号《法医学尸体检验鉴定书》。该鉴定书认为，死者熊某"在被长时间固定体位，伴有寒冷、饥饿的情况下，'内环境'出现紊乱，诱发潜在性心脏病，致心源性猝死。"2011 年 8 月 2 日，最高检察院司法鉴定中心出具的高检技鉴字〔2011〕89 号《法医学检验意见书》在其检验意见部分载明："（1）被鉴定人（熊某）符合因饥饿、较长时间固定体位、寒冷，机体处于高度应激状态，在心脏潜在病变的基础上突然死亡；（2）外来因素和其心脏潜在病变共同参与了死亡过程，其中寒冷等外来因素起主要作用，心脏潜在病变起一定的辅助作用。"二审判决最终采纳安徽省检司法鉴定中心出具的皖检技鉴〔2011〕2 号《法医学尸体检验鉴定书》的鉴定意见，在判决书"审理查明"部分认定："经安徽省人民检察院法医鉴定中心鉴定：熊某被长时间固定体位，在伴有寒冷、饥饿的情况下，机体内环境出现紊乱，诱发潜在性心脏疾病，致心源性猝死"。

2013 年 4 月 15 日，该案的专家辅助人做出了《"方某、王某故意伤害案"司法鉴定专家意见》。其意见是，"我们在查阅相关资料后，认为熊某的死亡原因是心脏传导系统疾病所致的急性心功能不全而猝死，其本质是自然疾病死亡。从法医学专业角度来看，认定其生前存在饥饿、冷冻和高度应激状态的依据不足。"其分析意见为："死者熊某生前处于寒冷状态的尸体现象依据不充分"，这里"充分"依据作何解释？"熊某在死前是否存在饥饿这一主观感受无法评价，但按一般常识，胃内存在未消化的内容物，起码不应该是严重的饥饿。"依据日常生活经验，"饥饿"作为一种生理感受不具有确定性。另外，针对第二份鉴定报告中三种因素致死者生前处于"应激状态"，专家辅助人的分析意见是："认定熊某处于高度应激状态依据不足"。

该案的专家辅助人提出观点及其意见对法医鉴定意见提出质疑，却给出一个不同于鉴定意见的肯定性专家意见即心脏传导系统疾病所致猝死，那么，专家辅助人是否应当给出确定性意见，我们认为，其意见仅仅可以使鉴定意见存在疑问，起到不排除其他原因的可能性即可，而非一定确定性的。因为专家辅助人基于以上的问题难以给出确定性的肯定意见："熊某的死亡原因应为心脏传导系统疾病（窦房结病变）所致的心源性猝死"，"熊某的死亡原因是心脏传导系统疾病所致的急性心功能不全而猝死，其本质是自然疾病死亡"。这种认定熊某之死属自然死亡的结论，也可能存在依据不足的嫌疑，甚至以此作为认定事实的依据也同样会遭到质疑。二审判决对专家辅助人意见没有予以回应。审判法官在判决书中既没有针对不同鉴定人的二次鉴定意见作证据的采纳分析，也没有针对鉴定人的意见与专家辅助人的专家意见之间的分歧作出采信的阐释，存在逃避在判决书中展示自己心证过程的嫌疑，有违审判公开的基本含义。

在实践中，法庭对专家辅助人意见的采信不像对证据采信那样慎重，不仅需要探索并对专家辅助人提出的意见效力加以甄别的方法，还应当将专家辅助人出具的书面意见入卷归档，以被上级法院予以监督，更应当公开对专家辅助人提出意见采纳与否的心证与理由。

四、专家辅助人在法庭提出的意见对其本身的效力

我国采取了鉴定人和专家辅助人双轨的专家制度，由于鉴定由法院决定，其所出具的鉴定意见具有中立性特征，而专家辅助人系一方当事人聘请，不能摆脱其"党派性"，那么，专家辅助人在法庭提出的意见对其是否具有约束呢？实践中通常存在这样的情况：因专家辅助人对鉴定意见进行质疑后，鉴定人撤回鉴定意见的情形，而专家辅助人在法庭提出的意见是否也可以撤回呢？如山东省发生的原告陈某与被告李某在村中住宅前后

交错相邻纠纷案。①

2003 年 6 月，被告翻建住宅，新建大门一座和南屋两间。2004 年 8 月，原告居住房屋倒塌移位，无法居住。原告以被告修建大门和南屋未留足空间，因滴水、排水不畅导致其房屋倒塌为由诉至法院，并申请对其房屋倒塌的原因及损失进行鉴定。经法院委托，工程质量检测部门出具鉴定报告，认定原告房屋北侧排水沟标高过高，致使基础以上、窗台以下部分位于排水沟内，使墙体受浸泡。墙体竖向承载力不足，是墙体倒塌的主要原因；相邻建筑物的雨水溅到该墙体上，对该墙体的倒塌起到催化作用。然而，工程质量监测部门在出具鉴定意见后，又给被告出具证明，废止其鉴定意见效力，并向法院出具工作说明：因被告组织人员多次到该单位闹事，影响了其正常工作秩序，为保障该单位正常办公秩序，不参与本案的房屋鉴定工作。

有观点认为，在诉讼中当事人申请鉴定必须向法院提出申请，由法院向鉴定机构出具司法鉴定委托函，在鉴定机构出具鉴定意见后，该委托行为结束。既然委托行为已经结束，鉴定机构也就无权单方撤回鉴定意见。因为在鉴定机构受法院委托以后，就通过鉴定行为参与到诉讼中来，其行为已实际影响了案件，不得随意撤出。如果允许其做出鉴定意见后任意撤回，必将造成审判中事实认定的无秩序性。也就是说，鉴定意见已经出具就对鉴定机构或者鉴定人具有约束力，即使出具鉴定意见存有瑕疵或者错误，可行的做法是向委托方法院提出鉴定意见有瑕疵或者错误的说明，说明瑕疵或者错误的产生原因以及对鉴定意见的影响。

而相对专家辅助人意见而言，因其不属于证据，仅仅是一种质证意见或者专业见解与解释，不应当像作为证据的鉴定意见那样，按照证据的要求进行审查判断。但是，这种意见对当事人是有一定的影响，专家辅助人是可以撤回的。当专家辅助人对自己提出的意见认为存在错误予以撤回的，而当事人不同意撤回时，应当尊重专家辅助人的意见，其意见不应受当事人意志的左右。如浙江省高级法院《关于专家辅助人参与民事诉讼活动若干问题的纪要》第十六条规定："人民法院要求专家辅助人提交书面意见的，专家辅助人应当庭或者在法庭指定期限内提交书面意见。书面意见应就鉴定意见或者其他专门性问题提出结论并说明理由。""书面意见观点及理由应当与当庭发表的言词意见保持一致。如出现不一致的，以专家辅助人在法庭上发表的意见为准。"该规定也蕴涵了这一意义。

---

① 参见周伟：《鉴定机构出具鉴定结论后能否撤回》，载《山东法制报》2009 年 3 月 27 日。

第六章

专家辅助人参与诉讼的风险控制

　　法律制度和程序是法治建构的基本要素，也是诉讼活动有效运作的动脉，更是诉讼公正的重要保障。专家辅助人作为专家参与诉讼与作为专家的鉴定人或者同侪就鉴定意见或者专业问题进行专业对峙，尽管这种模式符合科学证伪的基本要求，但因这种对峙涉及专业问题分歧，难免因其主观因素或者个性成分，致使一个关于专业问题的质证变成了"操两可之词"的专业性的诡辩，将一个原本借助于鉴定意见能够确定的专门性问题演变成一个不确定性科学技术争辩。而法官作为一个缺乏专门知识的外部观察者与裁判者，面对专家之间的专业争鸣与意见纷争，尽管在多数情况下可以借助于"真理越辩越明"或者"兼听之明"的程序来"对这些专业问题作出适当理解，澄清不当认识"[①]，但是，在司法实践中，有些专业问题也在法庭辩论场景中因专家的参与使案件事实的认定更加模糊，更加趋于复杂甚至扑朔迷离。由于我国专家辅助人制度的立法过于简单，有些问题有待于司法实践予以完善，而这种立法遗留下来的程序性缺陷却给制度的实际执行带来一些风险，甚至会转化为因其滥用影响诉讼效率以及导致法官错认事实的现实灾难。如上海"复旦投毒案"的专家"搅局"被戏谑为司法为政治服务的奇案。如何控制专家辅助人参与诉讼带来的风险成为专家辅助人制度亟待研究的问题。本章针对专家辅助人参与诉讼的风险类型进行分析，借助于程序控制风险的功能，提出一些风险控制的设想。

第一节　专家辅助人参与诉讼的风险

　　"科学知识的运用依赖于专家，专家是人因而具有多重属性。作为拥

---

　　①　王胜明主编：《中华人民共和国民事诉讼法释义》，法律出版社 2012 年版，第 179 页。

有专门知识的人，一方面，专家可以正确运用自己掌握的科学知识和经验，对事实认定者感到不明确的数据进行合理的拼合或解释，帮助事实审理者理解证据或确定争议事实。另一方面，专家也可能误用科学原理和技术方法而形成错误的判断，误导事实认定者（包括法官、陪审团成员）作出错误的判断"[1]，以致出现冤假错案。尽管这种制度带来的风险属于创新制度的负效应，但对其风险的认识不可不予重视。"风险是对现代化的一种反身性认识，主要是由科学文明与人为因素衍生而来，技术风险、政治社会风险与经验风险等制度风险都是风险结构的组成部分。"[2] 基于此，专家辅助人参与诉讼所能够带来的风险可划为人为化的风险、技术性的制度风险。而"技术性的制度风险"又是以科学技术的发展为前提的，也是科学技术在给人类带来福祉的同时所具有的消极后果，可以说，是人类享受科学技术成果的同时也必然会为之付出的一定的代价。技术风险在当今社会是无法杜绝的，也是无法根除的，但对其人为的风险和制度风险是能够控制的，采取相应的有效程序能够减少其所带来的伤害。同时，对技术风险的防范主要还有赖于科学技术的进步，制度性风险显然需要制度本身的完善，因此，探讨专家辅助人参与诉讼的风险在其创新制度过程仍具有特别重要的意义。

一、专家辅助人对鉴定意见作为证据冲击的风险

科技史已经证明，技术进步与完善对于消除技术风险具有重大的作用。然而，新技术本身又会带来新风险。随着科学技术的不断发展，技术风险也如影相随，相伴而生。可以说，进入后工业社会或者现代信息化社会后，技术风险就成为人类或者社会必须面对的危机。[3] 我国在诉讼中引入专家辅助人制度，一个重要的原因就是要解决办案人员尤其是法官、当事人以及辩护人、诉讼代理人对鉴定意见或者专业问题上的专门知识不足或者认识能力短缺以及对鉴定意见的过分依赖的问题。然而，法律专家在设计该制度时，习惯性地将以往诉讼中对于事实问题的认识规律带入到对于科学问题的认识中去，其相应的风险也被制度裹入其中，致使科学技术存在的"灰色地带"被专家辅助人过分放大而显得权威性暗淡。即使科学规范的鉴定意

---

① 常林：《谁是司法鉴定的"守门人"？——关于司法鉴定管理问题的决定实施五周年成效评析》，载《证据科学》2010年第5期。
② ［德］乌尔里希·贝克：《世界风险社会》，吴英姿译，南京大学出版社2004年版，第97页。
③ 参见陈兴良：《风险刑法理论的法教义学批判》，载《中外法学》2014年第1期。

见也会出现倾向性的意见，这就意味着有些鉴定意见在科学意义上并不排除相反事件存在的可能性。如果专家辅助人行为的当事人化和出现偏向性[1]，主张"存在合理怀疑"而要求法官予以排除的话，"鉴定意见"作为证据被适用的可能性就会大大降低，造成法庭在选择鉴定意见作为证据问题出现较大的社会舆论风险。当专家辅助人质疑评价鉴定意见或者专业问题存在不同意见的时候，必然会对鉴定意见作为证据带来一定程度的冲击。

（一）专家辅助人倾向性意见对鉴定意见作为证据的冲击

专家辅助人制度是对抗制诉讼的产物，对抗诉讼文化与尊重科学的专家辅助人之间存在着天然的矛盾，致使专家辅助人无法完全保持客观中立的立场。相反在对鉴定意见或者专业问题提出意见时表现出一定的倾向性。而倾向性作为专家辅助人的立场，使其在针对鉴定意见质疑上往往抓住一点不及其余，这种"千里之堤毁于蚁穴"的风险必然会对鉴定意见作为证据带来一定冲击，甚至导致可靠的鉴定意见因科学技术的不确定问题而被弃之不用。如常某某被指控在 2007 年杀妻并纵火焚尸案因死因鉴定的一波三折[2]，折射出理论研究以及司法实践需要对上述问题予以特别关注与期待。

2007 年 5 月 16 日凌晨，中央财经大学家属楼发生大火，该校女教师马某某尸体被发现，警方综合证据认定，马某某丈夫、时任《中国某某报》副总编辑的常某某有重大作案嫌疑，并成为唯一犯罪嫌疑人。2007年 9 月，常某某因涉嫌杀妻焚尸被警方刑拘，以涉嫌故意杀人罪和放火罪被提起公诉。2010 年 5 月，北京市一中院一审判决认定，常某某扼压马某某颈部致其机械性窒息死亡，后将尸体运至单元楼楼道内纵火焚尸导致火灾。2010 年 5 月 5 日，北京市第一中法判决常某某罪名成立，判处死刑，缓期两年执行。一审判决后，常某某在看守所内写下万言书并称遭遇刑讯逼供，提出上诉。

常某某上诉称，一审法院判决认定的事实完全不存在，坚称自己无辜，要求重新进行尸体检验。辩护律师认为，现有证据不具有排他性，不是自杀不代表就是他杀，因为还有意外死亡的情形，且无法排除马某某在逃生过程中因碰撞、惊恐等原因导致昏倒，顺楼梯翻落至一层平地，后被消防水枪冲至棋牌室的可能性。2011 年 4 月 14 日，北京市高级法院以一审判决认定的部分事实不清为由，撤销一审判决，发回重审。

---

① 参见王桂玥：《论专家辅助人的当事人偏向性》，载《河南警察学院学报》2013 年第 5 期。
② 参见张媛：《副总编杀妻案二审　检方提交新证据》，载《新京报》2013 年 10 月 30 日。

2013 年 3 月 20 日，北京市一中院在重审判决中指出控方的不足之处：公诉机关当庭出示的《破案报告》中据以确定常某某具有重大作案嫌疑的依据不足包括：公诉机关当庭出示的《尸体检验鉴定书》及鉴定人的出庭意见与《法医会诊意见》、专家鉴定人的出庭意见与北京华夏物证鉴定中心出具的《司法鉴定意见书》、鉴定人的出庭意见，就被害人马某某舌骨大角骨折是否系外力作用所致等问题存在矛盾。此外，关于常某某双手、手臂被烧原因及放火过程中是否使用助燃剂、助燃物等证据存在矛盾；常某某在侦查阶段所作的有罪供述与其他证据没有达到供证一致，不能形成完整的证据链。公诉机关对常某某犯故意杀人罪、放火罪的指控不能成立，故常某某的辩解及辩护人的辩护意见，法院予以采纳。北京市一中院在重审中认为，各方意见对被害人马某某舌骨大角骨折是否系外力所致存在矛盾。关于常某某双手、双臂被烧伤原因以及防火过程中是否使用助燃剂等证据存在矛盾，现有证据不足，指控的犯罪不能成立，判决无罪，并当庭宣告释放。

北京市一分检对一审判决无罪提出抗诉，并认为，常某某在侦查阶段的有罪供述系统完整，符合逻辑，其对于案件起因、作案时间、作案手段、犯罪结果等情节的交代与其他证据能相互印证。在案件起因上，常某某供述本案系因马某某对待亲属态度恶劣，这与证人张某的证言相印证；在作案时间上，常某某供述放火焚尸时间系在 2007 年 5 月 16 日凌晨 3 时许，这与同单元住户 5 月 16 日凌晨 3 时 40 分闻到楼道弥漫烟味的事实相符；在作案手段和犯罪结果上，常某某供述其扼压马某某颈部致其死亡后，再行放火焚尸，这与"死后焚尸，不排除被扼压或掐勒颈部致机械性窒息死亡"的鉴定意见一致。此外，常某某对于焚尸地点、尸体状态、作案环境等细节的供述与现场勘验、检查笔录相互印证，充分说明了其有罪供述的真实性。[①]

2013 年 10 月 29 日，北京市高院对此案进行了二审。在二审中，检方提交了三份新证据。这三份证据是：一份由司法部司法鉴定科学技术研究所出具的法医鉴定，用以证明"不能排除扼压导致机械性窒息死亡"；一份由市消防局出具的火灾原因认定，用以证明有故意放火嫌疑；一份由公安机关对常某某原来在积水潭医院的主治医师的讯问笔录，用以证明常某某手畸形的原因。同时，检方还申请了三名专家出庭接受了询问，辩方申

---

　　① 参见杨昌平：《常林锋杀妻案今天高院二审　羁押 6 年重审被判无罪　检方抗诉提交三份新证据》，载《北京晚报》2013 年 10 月 29 日。

请了一位法医作为专家辅助人出庭对鉴定意见提出意见。

检方申请了两位法医认为，通过审查马某某尸体的舌骨照片，发现舌骨骨折断端不齐，且有出血现象，具有生前骨折特征，符合颈部遭受钝性外力所致，其结论肯定其舌骨骨折为外力造成。死者气管内未见异物，右侧舌骨骨折，心血中未检出乙醇和一氧化碳，故给出的鉴定意见是"不能排除扼压导致机械性窒息死亡"。检方称，鉴定意见使用"不能排除"这一表达方式，已具有明显的指向性。

常某某辩护人称，"不能排除"是一个不确定结论，马某某是否还有其他死因，比如恰好被硬物碰到。同时马某某的母亲生前患有心脏病、父亲患有脑溢血，马某某本人还晕血，因此也存在于火场猝死的可能。辩方申请的专家辅助人认为，很多猝死病因根本看不出外表变化，不做切片分析不能认定。而检方提供的鉴定报告，依据的仅仅是 22 张照片，无生理切片，此前的尸检也未进行相关检验，因此无法确定死者是否存在因病猝死的可能，同时外部扼压也不是造成舌骨骨折的唯一因素，不能排除生理性分离的可能性。

专家辅助人发表的专家意见不可避免地产生立场倾向性或者专业观点偏向性问题，尽管存在片面深刻，却存在影响全局问题。针对上述案件，专家辅助人提出需要"切片分析"以及"尸检的相关检验"，但在案发 5 年之久及相关证据材料的时过境迁，难以满足现在对鉴定材料的要求，甚至专家辅助人提出的疑问会成为不能解决的疑问。但是，疑问不能解决也不代表鉴定意见必然存在错误，这样一来，这种尊重科学的倾向性意见却成为专家辅助人攻击的对象，使"科学"不再成其为"科学"，似乎违反科学的断然性肯定意见成为"科学"。该案的实质性问题是，倾向性结论能否作为证据，因倾向性是最容易质疑，不论科学与否，本身的倾向性就存在疑问，"不经质疑自身疑"，何以经质之。在实践中，专家们在诉讼中所表现出来的倾向性越来越明显。澳大利亚法管理委员会曾经做过一个调查：澳大利亚 27% 的法官认为专家证人在作证时经常带有偏向性，67% 的法官认为专家证人在作证时偶尔带有偏向性。[①] "无论是什么原因，有意识还是无意识的，事实上，代表当事人参与诉讼并得到指示的专家证人，或多或少都倾向于希望得到指示，他们的派系倾向有时比当事人还严重。"[②] 这种情况不管是对我国的专家辅助人而言，还是对英美法系国家

[①] 徐继军、谢文哲：《英美法系专家证人制度弊端评析》，载《北京科技大学学报（社会科学版）》2004 年第 3 期。

[②] ［英］詹尼·麦克埃文：《现代证据法与对抗式程序》，法律出版社 2006 年版，第 213 页。

的专家证人而言，都是实际存在必须面对的问题。我国借鉴英美法系国家专家证人制度设计的专家辅助人制度更有可能携带其弱点，一旦专家辅助人就鉴定意见所发表的质证意见存在一定的倾向性，鉴定意见作为证据就会受到冲击。这不仅是我们需要警惕的，也是控制这种风险所要注意的。专家辅助人制度的设计应当力求克服以上弊端，最大限度地避免因科学问题受到偏向性质疑而导致不科学现象被接受的现象。

（二）有关科学技术的不确定性对鉴定意见作为证据的冲击

20 世纪以来，科学失去了对其客观性的确定感，而裂变为无以数计的次原则和次专家，以至于没有人还能够轻易地说有关科学界是什么，更没有人能够说科学界是否已经"普遍认可"了某项技术或方法。现代科学在证明"真理"和正义方面的价值受到科学自身合法化的困扰，科学"真理"的多元化使科学权威自身受到挑战。专家辅助人意见以科学真理面目使原有的鉴定意见作为证据的异议更加显著，加大了鉴定意见作为证据确定性与不确定性之间的裂隙。

从司法鉴定的种类来说，鉴定所使用的技术大致可以划分两类：一类是依赖一定的实验室设备条件和专门的技术知识、可以通过相应的实验进行反复验证的实验型鉴定。这类鉴定因采用通用的具有"硬科学"的专门知识，鉴定意见相对客观、具有可重复性。如果鉴定是科学可靠的，可重复性决定了专家辅助人参与诉讼能够提出意见的空间较小，在一定程度上会触发专家辅助人在鉴定意见的枝节末梢等相关问题进行大肆渲染，从而转移或者模糊法官在鉴定意见判断上的视线。另一类是依赖鉴定人个人的特殊知识、阅历和经验等进行的经验型鉴定。诸如笔迹鉴定、精神病鉴定等鉴定意见，死因鉴定已经成为实践中最多争议的鉴定事项。仍以常某某杀人案的鉴定意见为例。北京市公安局海淀分局法医鉴定所作出的尸检报告称，"不排除马某某被扼压或掐勒颈部致机械性窒息死亡"，由此检方认为常某某是在火灾发生前先杀死了其妻子。而辩护方认为，该结论缺乏有力分析，没有论证的过程，该鉴定报告的结论用语上，采用了"不排除"的词语，是一种不确定的结论，不能印证案件事实。在此种背景下，专家辅助人对鉴定意见的质疑，不仅扩大了鉴定意见不确定性的范围，也放大了科学的不可靠的阈限，致使法庭对鉴定意见能否作为证据犹豫不决甚至左右为难，对鉴定意见作为证据的影响是深刻的。

(三) 专家辅助人能力不足对鉴定意见作为证据的冲击

就我国目前情况看，专家辅助人一般是鉴定人或者从事与鉴定相关工作的人员，其参与诉讼是以金钱报酬为导向的一种兼职行为，在具体个案中，其质疑鉴定意见的理由和依据是否完全与科学真理站在一起，是值得怀疑的。为了迎合当事人的诉讼需求而出具违背科学可靠性和职业道德的专家意见，则专家辅助人就被物质利益诱导，专业立场明显被当事人化了。① 这样，就会出现"最有才干的科学家可能使律师提出的棘手的问题看上去很愚蠢，而虚张声势的傻瓜和令人愉快的法庭态度在门外汉看来却是科学天才"②。

在司法实践中，有可能出现所谓"大专家"难以斗过"小专家"以及"真专家"败于"伪专家"的现象，甚至产生"劣币驱逐良币"的所谓"搅局"效应。但这不可能是常态，却是任何制度可能产生的风险。即使是可靠的鉴定意见也会因能力不足的专家辅助人进行非科学性质疑，难以成为定案的根据。其原因不在于专家辅助人制度，而是法官审查判断证据能力所致，否则专家辅助人会替代法官背负不应当背负的"罪名"或承担的案件逆转的"恶名"。

二、专家辅助人意见对法官选择鉴定意见的冲击

专家辅助人参与诉讼最重要的职责是与鉴定人或同侪就鉴定意见或者专业问题对质并进行专业辩论，发表不同于鉴定人的专家意见。专家辅助人若要体现当事人的利益与其站在相同立场，不可能以完全中立的立场参与诉讼，专家辅助人与当事人之间是一种委托与被委托、服务与被服务的关系。也就是说，专家辅助人一旦接受委托，就应当有倾向性地为当事人服务，不得做出有损当事人利益的行为。③ 即使鉴定意见可靠，也可能基于金钱的关系对此吹毛求疵，从而激化当事人对鉴定意见不满的情绪，致使法官谨小慎微，对于存在瑕疵而不影响实质内容的鉴定意见也不愿作出选择，放弃鉴定意见的采用，进而采用重新鉴定，并从重新鉴定中寻求解

---

① 王桂玥：《论专家辅助人的当事人偏向性》，载《河南警察学院学报》2013 年第 5 期。
② J. anghein, The German Advantage in Civil Procedures. 52 U. Chi. . Rev 1985：823，835.
③ 李苏林：《我国刑事诉讼专家辅助人制度探析》，载《广西政法管理干部学院学报》2013 年第 5 期。

决争议的答案。一旦重新鉴定与原来的鉴定意见不同，法官在采用鉴定意见上就会陷入困境。原本依靠鉴定人出庭作证来解决实践中不断重复的鉴定问题，又因专家辅助人出庭再次重蹈覆辙。如美国法官在1858年的一个案件中认为："双方当事人聘请的专家提出了相互对立的意见，以向陪审团阐明各自的观点。经验表明，这种证言只会浪费时间，消磨法官和陪审团的耐心，使争议问题变得更复杂。"[1] "阿兰·斯通也提醒陪审团，不能过多地倚重法庭专家。如果司法精神病学鉴定人已经为一方所雇用，那么他的证词一定会偏向委托一方，这时陪审团是无法得到事实真相的。""如果没有真正认清庭辩时各方立场和关系，就无法避免某些法庭专家所带来的阴霾"[2]，便会使法官在阴霾中越来越糊涂，疑问越来越多，问题会变得更加复杂，甚至影响对其他事实的判断。在一定意义上讲，法庭对专家辅助人的获得实事求是的风险认识并存在这种风险意识，对于正确使用专家辅助人尤其重要。

美国学者波斯纳指出，司法判决具有权威不在于它们统帅着与科学家的共识相对应的律师们的共识，而在于它是从司法等级的上层传达下来的。即使所有上下层法官意见都一致，他们的决定也比一致的科学判断少一些内在的说服力，因为法官的方法比起科学家们的方法实在是太虚弱无力了。[3] 倘若法官在这种专门知识虚弱的背景下，遇到专家辅助人对鉴定意见的不断质疑，其虚弱就会变得脆弱，最后变得不堪一击，导致法官从依赖鉴定人转为依赖专家辅助人。当"事实裁判者的经验和知识已经无法成为证据资料与事实之间的连接点，他们只能依靠具有这方面知识与经验的人将空白的连接点填充起来"。尤其是法官缺乏此方面的知识，其连接无疑带有更多的任意性。一旦连接点存在问题，法官对案件事实的认定也就会存在问题。况且，专家辅助人作为专家还会在逻辑上和道义上产生优越感，这种优越感会促使他在质疑的路上勇往直前，甚至会使他认为压制其他不同的意见是正当的。专家辅助人的质疑具有一定的价值，真理是通过与错误碰撞更显得正确，也可以带来对"真理的清晰的理解和更加生动的印象"。[4] 但是，"与应用技术手段密切联系的是，对技术性专家意见的依赖也在增加：必须对结构复杂的机器得出的结论进行解释，还要评估该结

① Winans v. New York & Erie R. R., 62 U. S. 88, 101 (1858).
② ［美］菲利普·坎德利斯等：《法庭伦理学与专家证人》，杨天潼译，中国法制出版社2013年版，第30页。
③ ［美］波斯纳：《法理学问题》，苏力译，中国政法大学出版社1995年版，第101页。
④ New York Times v. Sullivan. 376 U. S. 254 (1964), at 279 n. 19.

论的证明价值。"① 也就是说，当这种使用专家辅助人的方式不科学时，法官作为认识鉴定意见或者专业问题的手段或者措施就会运用不当，其风险必然会加剧，甚至有可能走向邪路。"如果专家过于偏向本方或者直接倒戈，没有尽可能保持客观的立场，那么他出庭发表的意见可能使问题更加扑朔迷离，反而不利于事实的准确认定。"② 仍以"复旦投毒案"为例。辩方的专家辅助人认为，黄洋在住院期间做了三次对乙肝病毒的血液检查，曾有 3 个抗体都呈阳性状态，造成这种检验结果"唯一可能是感染了乙肝，爆发性乙肝与二甲基亚硝胺没有关系，这是两个不同事件和巧合。"而法医专家认为，三个抗体均为阳性恰恰不是乙肝病毒在体内大量复制的标志，是机体本身产生的物质，不是乙肝病毒本身的成分。绝不能只根据"乙肝表面抗体"、"e 抗体"、"核心抗体"三个抗体为阳性，得出黄洋是由乙肝病毒造成的急性肝坏死而死亡的推论。该案在死因上由"中毒"还是"肝炎"的争议进而转化为毒物"质谱图"的定量检测的所谓致死量的争议。

在实践中，法官并不会因自己专门知识的短缺而排斥专家辅助人，反而希望听到更多的意见，这样有利于他们更准确地审查判断鉴定意见，但在不同意见中保持足够的理性却需要法官长期认真学习与善于总结，否则会被不同专家意见所遮蔽，出现在鉴定意见上选择的迷失。"只要在科学家中间存在什么不一致，律师们利用并放大科学家之间的这种差异，使得案件的审理难以继续进行"③，甚至会陷入无法自拔的专家陷阱。

三、专家辅助人带来程序失衡的当事人风险

目前，我国的庭审程序并不完善，庭审还存在形式化、非实质化的现象，而对于专业问题争议并非是外行的法官能够充分认识与理解的。在我国鉴定意见审查标准不健全以及相关配套制度不完善的情况下，法官更难以正确把握双方专家的意见分歧，此时如果完全允许双方专家展开轮番的专业大战，不仅不会促进法官查明事实真相，反而会混淆法官视听，拖延诉讼进程，增高诉讼成本。有论者认为，专家辅助人根据专业知识质疑鉴

---

① ［美］米尔建·R·达马斯卡：《漂移的证据法》，李学军等译，中国政法大学出版社 2003 年版，第 200 页。

② 西南政法大学"刑事证据法实施情况调研"课题组：《刑事证据法实施情况调研报告》，载潘金贵主编：《证据法论丛》第 2 卷，中国检察出版社 2013 年版，第 194 页。

③ Peg Brichly, "Legal Ethics v. Law：A Decade—Old Rule on Scientific Evidence Comes Under Fire", 289 Sci. Am., Dec. (2003) 32.

定意见，将对其中可能存在的问题予以挑明，这种质疑不具有澄清事实的意义。换言之，专家辅助人只是引入不同认识，挑起技术争议，制造观点分歧。这种不同争议易于产生混淆，给法官审查判断鉴定意见带来难度。专家辅助人的劳动是需要支付成本和劳务报酬的，专家辅助人实际上是当事人花钱雇用的"枪手"。因此，在利益归属上，专家辅助人在提供专家意见时难免侧重于当事人的诉求。而作为证据的鉴定意见具有复杂性，相对于其他类型的证据，这类证据更容易受到专家辅助人的"挑刺"。这两个因素结合起来容易挑动专家辅助人的专家意见与官方鉴定人的鉴定意见之间的分歧，由此，不断申请启动重新鉴定将难以避免。[①] 专家辅助人的利益倾向性以及质疑鉴定报告的简易方式将带来更多的分歧意见，进而对诉讼效率产生较大的负面作用。特别是当事人将专家辅助人的质疑作为救命稻草时，其问题变得尤为严重。

当证据、事实、科学意义上真理及法律意义上的证实这些对于公正性和正当性至关重要的要素不断受到专业的挑战而变得模棱两可时，当价值多元和社会需求的多样性和客观真理的不确定性致使判决产生的过程成为判决结果正当性资源时，专家证言便有了独特的价值，它使裁判建立在科学权威基础之上从而至少获得感觉上的正当性。[②] 专家辅助人参与诉讼的目的在于从实质上保障当事人的辩护权的有效行使。仅从诉讼结构的角度考虑，专家辅助人的出现的确扭转了当事人、法官以及辩护人、诉讼代理人在专业知识上不足的缺陷，但将视野再放大一些则会发现，专家辅助人在提供专门知识的同时，也带来了当事人在诉讼的经济成本上的沉重负担，甚至因经济上贫富差距出现新的不平衡。以美国专家证人制度为例。根据美国专业诉讼咨询公司 2004 年所做的调查显示，普通专家证人平均每小时收费 248 美元，医学专家证人平均每小时的费用则为 555 美元。如果涉及出庭作证，其平均每小时收费 353 美元，且一半以上均按最低工作时间为 4 小时收费。而相反，企业等施害人却因实力雄厚，不惜代价以专家来增强对抗实力、左右法官的心证，使法庭中当事人双方力量相差更为悬殊，失去专家辅助制度之本来意义；加之被告人同样需要律师提供法律上的专业支持，这对大部分经济条件并不宽裕的家庭来说就构成了一项沉

---

① 章礼明：《评"专家辅助人"制度的诉讼功能——借助于新〈刑事诉讼法〉实施之后司法首例的分析》，载《河北法学》2014 年第 1 期。

② 傅郁林：《专家证人的角色——美国诉博伊德案点评》，载爱德华兹：《美国法官自选裁判文书译评》，傅郁林等译评，法律出版社 2003 年版。

重的经济负担。在成本高昂的对抗制下，专家证人的出现会造成一个新的不公平，即富人和穷人之间在实质享有科技辩护权上的不公平。因此，在完善专家辅助人制度时，应当关注这一制度可能带来的风险，以免无力承担巨额费用的当事人只是享受了一个纸面上的权利，以一种新的形式上平衡掩盖其实质上的不平衡。

英国密尔顿认为："假定全体人类减一执有一种意见，而仅仅一人执有相反的意见，这时，人类要使那一人沉默并不比那一人（假如他有权力的话）要使人类沉默较可算为正当。"① 然而，专家辅助人是受当事人的委托，收取当事人的聘请费用，在一定程度上凭借自身的专业知识、特殊技能、特别经验为当事人提供专业性服务，借助于当事人之间的对立体现科学的质疑精神，甚至通过证伪的视角揭开伪科学的面纱。毕竟，我国的专家辅助人制度是借鉴英美法系专家证人制度的成果，不可避免地将这种对抗诉讼模式下的专家证人的弊端带入诉讼，给查明事实的目标添加当事人专家证人固有的风险。况且，还存在不同学派专家对专业知识的曲解或忽视，使案件事实的查明逐渐与人类的一般认识疏离，最终在科学的光环下成为法官难以或者无力驾驭的怪物，甚至成为法官摆脱责任或者玩弄权术的工具。因此，专家辅助人参与诉讼带来的风险需要借助于程序予以控制，也需借助于制度的完善来降低可能的风险，使专家辅助人制度真正成为保障当事人诉讼权利制度，缓解使用鉴定意见的风险，有利于法庭查明案件事实制度。

另外，还有专家辅助人滥用的风险致使诉讼为之付出一些无意义的代价，对此不作评述。

第二节　专家辅助人参与诉讼的风险控制

"不同诉讼模式的各组成部分之间彼此相连，从而形成了一套该模式特有的制度逻辑。当一个个具体制度集合而成固定的模式之后，任何一种新制度的加入就不仅要具有抽象的合目的性，同时还必须接受该模式所特有的制度逻辑的检验。在进行制度设计时，后一方面的因素甚至更为重要，而且可能随时充满着风险。"② 就专家辅助人制度而言，我们不能因为专家参与诉讼带来风险而将其拒之门外，但也不能无视其风险的蔓延，

---

① ［英］约翰·密尔顿：《论出版自由》，程崇华译，商务印书馆1996年版，第17页。
② 汪建成：《刑事诉讼法再修订过程中面临的几个选择》，载《中国法学》2006年第6期。

致使风险带来的多米诺骨牌效应影响其他制度的功能。"因此,我们怎能确定今天的专家到了明天不会变成蠢材呢?此外,太依赖权威对民主社会来说,可能是颇为危险的。过度信赖专家会纵容他们把我们置于黑暗中,并且他们还可能提供强化自己权力与地位的思想。当我们对专家如何获得他们的知识一无所知时,我们就会失去某些独立判断的能力。"① 完善相应的风险控制机制是一种必然的选择。

所谓风险控制,是指风险管理者采取各种措施和方法,消灭或减少风险事件发生的各种可能性,或者减少风险事件发生时可能造成的损失。一般来说,对专家辅助人参与诉讼更需要在程序上控制其使用的风险或者降低使用过程中带来的风险,在必要情况下可以借助程序转化风险。除前述的风险外,如对科学不确定以及不能作为质证对象的倾向性意见等。以下内容主要从程序与制度规制的视角来对上述问题展开讨论。

一、专家辅助人庭审前的程序控制

"如果我们的法律遇到涉及其他学科和专业的问题,我们通常求助于有关学科或专业人员帮助,这是我们的法律应受尊重和值得赞赏的一面。因此,看来我们不仅尊敬我们自己的学科,也尊重其他学科。同时,我们认可、鼓励其他的学科或专业成为值得赞赏的事物。"② 然而,美国法学家约翰·霍德却认为:"即便科学上有再重大的进步,我们也完全不可能解决司法上的所有疑问,因为科学是相对的,其准确率永远不可能达到100%。它所能提供的只是可能性而不是确定性,它的作用是指明调查方向和排除干扰因素。"③ 专家作为辅助人参与诉讼其核心职能是以所谓"科学"权威的身份通过证伪的主要方式使判决获得正当性。当科学的权威性受到挑战的时候,不仅会动摇专家意见的权威效力,也会影响法官对这类意见的认同效果。在一定意义上讲,没有专家辅助人制度也就没有专家辅助人参与诉讼的风险。在专家辅助人制度已定的情况下,较少或者适当控制专家辅助人的使用,则会相应降低其带来的风险。因此,在所有的

---

① ［美］劳伦斯·纽曼:《社会研究方法:定性和定量的取向》(第5版),郝大海译,中国人民大学出版社2007年版,第6页。

② ［英］麦高伟、杰弗里·威尔逊主编:《英国刑事司法程序》,姚永吉等译,法律出版社2003年版,第232页。

③ ［美］约翰·霍德:《刑侦实验室:犯罪现场真相揭秘》,礼宾等译,海南出版社2003年版,第182页。

案件中并非都需要鉴定人与专家辅助人在专业问题"对簿公堂",对于事实清楚、证据充分、双方争议性小的案件,可以不要求鉴定人出庭,从而减少专家辅助人的使用频率。但是,专家辅助人制度在我国是作为解决鉴定意见或者专业问题而设计,在一定意义上说,存在鉴定意见的异议或者存在需要解释的专业问题时,就应当使用专家辅助人制度而非节制不用。但是在实践中可以改变使用的方法,不仅仅限制在庭上对质。由于"可怕的祸患不在部分真理之间的猛烈冲突,而在半部真理的平静压熄。……到人们只会偏注一方的时候,错误就会硬化为偏见,而真理本身由于被夸大变成谬误也就不复有真理的效用"①。如果一方当事人对鉴定意见有异议,通过庭审对抗来解决并非最有效率的做法,因为庭审的程式较为复杂,通过庭前交换意见的方式,专家辅助人提出意见交由鉴定人答复,借助于这一程序也可以解决鉴定意见的争议,从而还可以降低专家面对面对其权威的脸面带来的风险。"因为在人类心灵方面,片面性永远是规律,而多面性则是例外。"② 专家也概莫能外。

一般来说,真理是某种可以量化的东西,人们可以依据每种制度产生的真理的数量来选择我们最为理想(即产生最多真理)的制度。鉴定制度相对其他制度而言,具有探索真相的功能,但是,鉴定意见表达的不一定就会真相,它在促进、展现某些真理的同时,也会出现阻碍、遮掩其他的真理的情况,因为专家依赖科学,而科学又有出错的时候。基于此,需要专家辅助人对前者可能存在的错误或者瑕疵进行揭露,但是法庭依据相互不承认同行权威的专家意见做出的判决却难以获得司法权威。因此,建立庭前委托专家辅助人的告知程序以及庭前会议程序等,对于减少由鉴定人与专家辅助人出庭面对面地对质带来的风险则是较为可行的措施。基于此,需要在以下几个方面进行完善。

一是完善鉴定制度和告知当事人聘请专家辅助人制度。特别是在刑事诉讼中,当办案机关需要鉴定时,应当告知当事人和辩护人、诉讼代理人指派或者聘请的鉴定机构和鉴定人,同时告知其有权委托专家辅助人。这样不仅可以让当事人充分行使申请鉴定人回避的权利,也可以揭开鉴定的神秘面纱,而且还可以达到专家辅助人对鉴定活动的监督,从而减少当事人对鉴定意见的争议,减少鉴定后专家辅助人参与后续诉讼因不信任、疑虑带来较高成本的支出,降低在法庭上适用鉴定意见带来的风险与质量上的不安全。因

---

① [英]约翰·密尔顿:《论出版自由》,程崇华译,商务印书馆1996年版,第55页。
② [英]约翰·密尔顿:《论出版自由》,程崇华译,商务印书馆1996年版,第44页。

为任何人都不可能一贯正确，不可能在任何问题上都有绝对的权威。如果容许某个人压制其他人的意见，被压制的意见完全有可能是正确的。这样，我们便失去了得到正确意见的机会[①]，即在以后质疑鉴定意见时，因时过境迁给补充鉴定或者重新鉴定带来困难，影响案件的质量。

二是建立庭前鉴定人与专家辅助人或者专家辅助人之间相互交换意见制度。鉴定意见开示是指在开庭前或庭审会议上，当事人双方或者法院将用作证据的鉴定意见向对方或者当事人披露的制度。建立鉴定意见作为证据的开示制度，其目的不仅是确保对方当事人知悉鉴定意见的内容，保障诉讼当事人的知情权，同时也为了保障对方当事人能够为鉴定意见的质证提前做好准备，使其在庭前就对意见相互了解，从而降低相互敌对质疑的风险。为保证鉴定意见开示的效果，有论者认为，鉴定意见开示结束后，应将记录的内容交双方当事人核实。如开示记录内容真实，则由双方当事人签字，以作为证据保全的方法。通过鉴定意见庭前开示，当事人借助于专家辅助人可以发现鉴定意见的瑕疵或者不足，发表对鉴定意见或者专业问题有争议的观点。如果认为鉴定意见正确或没有重大瑕疵，则不需要要求鉴定人出庭，也不需要申请专家辅助人出庭，以减少庭审的负担，又能避免诉讼的拖延，从而降低了专家辅助人参与诉讼的风险。"因为他的意见无论怎样正确，若不时常经受充分的和无畏的讨论，那么他虽得到主张也只是作为死的教条而不是作为活的真理……"[②] 即使社会所公认的意见全部正确而且是完全的真理，也不应压制不同的意见，而是应当让位于争辩和讨论。任何人都不可能一贯正确，不可能在任何问题上都有绝对的权威。如果容许某个人压制其他人的意见，而被压制的意见完全有可能是正确的，这样，我们便失去了得到正确意见的机会。受压制的意见即使是谬误的，也可能有真实的部分。只有在歧异冲突的意见中，才存在寻找真理的机会。[③]

我国《刑事诉讼法》第一百八十二条规定了"庭前会议"，这为完善专家辅助人意见与鉴定人交流以及对立当事人委托的专家辅助人之间的意见交流提供了法律上的参照依据。只有通过庭前鉴定意见交流程序、双方仍然存在较大争议的案件，方可由鉴定人与专家辅助人出庭进行质证，其他情形则可以通过书面答复等其他措施予以解决。[④] 有论者认为，根据

---

① 参见王四新：《表达自由与真理》，载《环球法律评论》2008 年第 2 期。
② ［英］约翰·密尔顿：《论出版自由》，程崇华译，商务印书馆 1996 年版，第 36 页。
③ 参见王四新：《表达自由与真理》，载《环球法律评论》2008 年第 2 期。
④ 参见李苏林：《我国刑事诉讼专家辅助人制度探析》，载《广西政法管理干部学院学报》2013 年第 5 期。

《刑事诉讼法》第一百八十二条第二款的规定，公诉人及专家辅助人也可以通过鉴定意见的庭前开示获知鉴定过程、鉴定方法的具体内容和辩方对于鉴定意见的异议，从而帮助审查鉴定意见的科学性和客观性，并为庭审中对鉴定意见的质证做好充分准备。公诉人应详细听取专家辅助人的意见，注重与专家辅助人的沟通，并结合证据规则、证明标准、法律适用进行分析，做好庭审预案①，为法庭上的有效质证，避免质证不充分带来的风险具有积极意义。

二、完善专家辅助人出庭的相关制度

"在不公开的刑事诉讼体制中，法庭科学组织可能成为自满和质量差的科学证据的繁殖地"②。再加上专家辅助人出庭对鉴定人的能力或者鉴定意见作为证据的专业质疑，有可能出现法庭审理的跑偏或者失序，强化程序控制具有特别重要的意义。从目前的情况来看，二审法官推翻一审法官的判决、再审法官推翻原审法官的判决、再审案件的再审法官推翻再审法官的判决……常常都依赖于专家辅助人对事实问题的结论，专家意见比法官对案件的判断还要权威。由于专家辅助人权利义务和参与诉讼程序在本书第四章、第五章中已有论述，且涉及此方面的研究成果相对丰富，有些内容与风险控制关系不紧密，就专家辅助人出庭质证与对质问题不再赘述。这里所说的"相关制度"主要包括以下几个方面。

（1）提高鉴定人的资质门槛与专家辅助人出庭的资格适格性陈述程序，从而缩小专家辅助人质疑的风险空间。司法鉴定无论是体制改革还是机制的创新，其最终目的都是保障鉴定质量，保证作为证据的鉴定意见具有可靠性和可信性。然而，任何鉴定制度均不可能完全杜绝鉴定意见的偏差性，而以鉴定意见存在偏差或者有分歧放弃通过制度对其抑制则是非理性的。抑制鉴定意见的偏差性需要从鉴定人准入的"第一守门人"——司法鉴定管理制度开始，这就需要在鉴定人和鉴定机关资质条件的决定的基础上，提高鉴定人资质门槛，严格限制鉴定人的执业范围，确保鉴定人作为专家的"名至实归"，保障鉴定人有能力从事鉴定。同时也需要保障出庭的专家辅助人具有质疑的能力。开庭审理时，专家辅助人除提供书面的

---

① 参见李雪蕾：《刑事诉讼专家辅助人制度初探》，载《人民检察》2012 年第 12 期。
② ［英］麦高伟主编：《英国刑事司法程序》，姚永吉等译，法律出版社 2003 年版，第257 页。

意见外，应当向法庭报告其身份、被委托事项、出庭目的等信息，以展示其具备出庭资格；同时，应当进行专业性上的适格性陈述，以展示其对鉴定意见或者专业问题提出意见的专业能力。但是在程序中不宜简单地以学历、职称等作为唯一依据。

（2）确立专门知识准入鉴定的制度，从而压缩专家辅助人在技术上质疑的风险空间。专门知识在司法鉴定领域可分为科学知识、技术知识和经验知识。这些不同的专门知识在先进性或尖端性以及可靠性程度上存在差别，而作为鉴定的专门知识却注重相同问题在相同条件下能够得出相同的结果。这就需要司法鉴定采用具有稳健性和安全性的专门知识。专门知识的稳健性和安全性越强，其可重复的可能性就越高，采用此种专门知识获得的鉴定结论的可靠性也就越大。虽然专门知识本身的稳健性和安全性与知识的先进性有关，然而在鉴定领域内并非必然采用最先进的、最前沿的或者尖端性的专门知识。专门知识能否应用于鉴定，需要经过一定的制度与程序评价，[1] 保障鉴定使用的鉴定技术、仪器设备具有领域专家的认同性，使专门知识不成为质疑的内容。

（3）限制倾向性或者或然性鉴定意见作为证据受质疑，从而减少鉴定意见的不确定性及被质疑的可能性。倾向性或者或然性鉴定意见是指不能完全肯定或者否定，但有某种倾向或者用概率表示的或然性判断的意见。在很多情况下，由于受各种因素影响，鉴定人不可能对事物作出完全肯定或否定的判断，只能根据已有的知识、经验和客观条件，作出一个可能性判断。根据有关统计，倾向性鉴定意见占鉴定意见总量的 20% 左右。[2] 这种结论具有客观性，和其他证据综合运用也可以达到认定事实的目的。因为一个是命题的结论本身是或然的，也就是命题可能预测了多个结果，每个结果的成立都有一定的概率，无法肯定地指出哪个必然发生，这必然给专家辅助人质疑扩大了范围和提供了空间。基于此，我们认为，限制倾向性或者或然性鉴定意见，这些意见可以作为办案的参考，而不能作为证据，也不成为专家辅助人质疑的对象，从而降低因专家辅助人质疑带来的影响其他事实认定的风险。

（4）专家辅助人出庭的保障程序。专家辅助人出庭的保障程序不仅包括保障其出庭，还包括保障其出庭后的人身、财产的安全。法庭应当为专家辅助人没有顾虑地出庭提供合适的环境，同时也为保障专家辅助人提出意见

---

① 郭华：《司法鉴定制度改革的基本思路》，载《法学研究》2011 年第 1 期。
② 参见邹明理：《论"鉴定必明"、"鉴定必准"与提供证据要求的冲突》，载《证据科学》2007 年第 1 期。

的中立性提供条件。因为"法庭专家之间的论战可以引起诸多法律上的争执。这些争执可能来源于各执一词、视角差异或由来已久的敌意，这些争执还可能在实际的诉讼过程中被不断激化，比如由于程序不合法等问题，法庭专家也会对有些鉴定依据没有被采信而感到十分恼火"①。同时，还需要对出庭后的保障设置一定程序，当其人身、财产的安全受到威胁时应当及时得到保障。后者程序设置得合理、有效更为关键，比出庭程序中的保障重要，在一定程度上可以打消专家辅助人中立的顾虑，减少偏向性带来的风险。

三、构建专家辅助人援助制度

专家辅助人制度的缺陷之一，是有可能因为不同当事人经济状况的悬殊而导致其在利用专家辅助人上的不公，因此需要解决一些当事人可能因为经济上的原因而请不起专家辅助人的问题，否则，专家辅助人制度就会带来程序权利的实质性失衡。正是由于专家在案件中的关键作用，使当事人在聘请专家时想方设法，甚至不惜重金来获得自己合意的专家，以至于有论者认为，如果说有哪个领域中的证据看起来最容易遭到金钱的腐蚀，而使他们的证言变得不可靠，那么这就是专家领域。② 因此，在此领域更应关注经济力量差异带来的权利保障上的不平等，"这种不公平制度的受害者，是那些被剥夺的、缺乏资源可以挑战检方的穷被告。消除这种不公平的方法，不是如同某些人所建议的那样，借由限制被告能花费的金额……比方说辛普森辩护团针对洛杉矶警局刑事鉴识中心的失职所作的挑战，将有助于其他穷被告作同样的挑战。""的确，他们呼吁增加为穷被告配置的各项资源——那些严重关切辛普森案所反映出来被告贫富差距的人，反而用伪善的理由反对这项增加资源的建议。"③ 因此，需要建立相应的援助制度予以弥补，从而减少因利用专家辅助人制度带来的风险。

对于如何建构专家辅助人援助制度，有论者认为，为使专家辅助人制度真正实现对当事人人权的保障，可参考律师援助制度，建立专家辅助人援助制度。原则上，应当是犯罪嫌疑人、被告人或者被害人因经济困难确实无力聘请专家辅助人的公诉案件，其申请可放置在被指控犯罪嫌疑人自

---

① ［美］菲利普·坎德利斯等：《法庭伦理学与专家证人》，杨天潼译，中国法制出版社2013年版，第5页。

② J. Alexander Tanford, "The Ethics of Evidence", 25 Am. J. Trial Advoc. (2002) 549.

③ ［美］亚伦·德肖维茨：《合理的怀疑——从辛普森案批判美国司法体系》，高忠义、侯荷婷译，法律出版社2010年版，第138页。

被侦查机关第一次讯问或者被采取强制措施之日起至开庭审理前，可以口头或书面方式向有管辖权的司法行政管理部门提出申请，向公检法机关提出的，公检法机关应当转达申请。申请受理后，司法行政管理部门应当在法定期限内进行审查，并将审查结果以书面方式告知犯罪嫌疑人，对于确实符合援助条件的，应当同意并指派具体的承担援助义务的人。①

建构专家辅助人援助制度还可以借鉴域外的一些较为成功的经验。如《意大利刑事诉讼法典》对专家辅助人的法律援助问题作出了规定。该法第二百二十五条第二款规定："在国家司法救助法规定的情况和条件下，当事人有权获得由国家公费提供的技术顾问的协助。"技术顾问的选聘由公诉人和当事人根据案件的需要自行决定，具体的方式有两种：一种是由公诉人和当事人聘任；另一种是由国家为当事人公费指定。可见，聘请技术顾问是当事人的一项诉讼权利，国家有义务保证无力聘请技术顾问的当事人得到免费的技术顾问服务。这样的规定为无力聘请专家辅助人的当事人提供了援助，有助于实现法庭上的公平对抗。在美国，联邦最高法院已经承认在某些特殊情况下，获得专家的帮助是被告人享有正当程序的重要内容。② 从保障人权的角度出发，我国确立专家辅助人援助制度是必要的，也是降低专家辅助人参与诉讼带来程序风险的举措之一。

四、构建专家辅助人的法律责任制度

美国学者托马斯·潘恩（Thomas Paine）认为："为了人类的幸福，一个人在思想上必须对自己保持忠诚，所谓不忠诚不在于相信或不相信，而是在于口称相信自己实在不相信的东西。思想上的谎言在社会里所产生的道德上的损害是无法计量的。当一个人已经腐化到侮辱了他思想的纯洁，从而宣扬他自己所不相信的东西，他已经做好了犯任何其他罪行的准备。""思想上的谎言在社会里所产生的道德上的损害，是无法计算的，如果我可以这样说的话。当一个人已经腐化而侮辱了他的思想的纯洁，从而宣扬他自己所不相信的东西，他已经准备犯其他任何的罪行。他做宣教师是为了自己的利益；并且为了获得做这个职业的资格起见，他必须从撒大谎开始。试问我们能否设想还有什么事情比这一个对于道德的破坏更大呢？"如果专家辅助人在诉讼过程中故意或者因重大过失提供虚假意见，

---

① 刘水华：《刑事诉讼专家辅助人制度的程序构建》，载《人民检察》2013 年第 13 期。
② Ake v. Oklahoma, 470 U. S. 68, 79, 105 S. Ct. 1087, 84L. Ed. 2d 53（1985）.

导致法官对专业问题的认定出现重大偏差而使当事人的合法权益遭受重大损失的，可依据委托合同及有关法律规定承担赔偿责任，并要求司法鉴定管理部门参照《决定》第十三条的规定进行惩戒。

由于"专家不是诉讼中某一方当事人的支持者或辩护人，而是事实信息或专业意见的来源"①；"专家辅助人作为专家应当以科学知识为母体，以科学知识和专业技术为立命之本。科学母体属性决定了专家辅助人应在不受任何干扰的情况下，包括行政、金钱或者其他压力，忠于真理，忠于科学。从美国的《注册法证科学执业者理事会行为守则》要求来看，受雇于当事人的专家辅助人应有秉持基本的职业伦理底线，应当认识到其"对法院和司法承担最主要的职责是，以公平和不偏不倚的方式说明你的调查结论和证据（无论是书面的还是口头的）"。2011 年英国发布的《法庭科学规制者操作和行为守则》（UK Forensic Science Regulators Codes of Practice and Conduct）也规定，专家的首要义务就是要对法院和办案机关负责。基于此，对专家辅助人在法庭上违背自身职业道德、故意做出不真实专家意见的时候，除对于其参与的诉讼活动中做出的意见不予采信，还应限制其一定期限内不得再以专家辅助人的身份参与诉讼。其法律责任如下。

（1）专家辅助人的信用责任。专家辅助人不同于律师。尽管专家辅助人作为当事人委托的专家，可以就鉴定意见或者专业问题表达仅仅有利于当事人的意见或者意见的一隅，但不可借助于伪科学编造事实或者做虚假意见，因为"法庭专家的职责是'说出事实，整个事实，而且只有事实'"②。因此，建立专家信用记录制度，定期披露专家辅助人提出意见信用，不仅可以维护专家不同于辩护人、诉讼代理人的职业道德，而且还有利于促进其不断提高自己在诉讼中尊重科学的信誉。建立专家信用责任制度，不仅是一种权威的力量，更是一种威慑力量，专家会因惩罚的公开性降低提出意见的任意性与冒险性。

（2）专家辅助人的民事责任。制度不仅可以要求依法对专家辅助人未出庭参与诉讼、提出申请的一方当事人已支付有关费用和报酬的，有权要求予以退还，而且对故意违背事实发表虚假专家意见，给一方当事人合法

---

① Selvidge v. United States，160 F. R. D. 153，156（D. Kan. 1995）；Van Blargan v. Williams Hospitality Corp.，754 F. Supp. 246，248（D. P. R. 1991）.

② ［美］菲利普·坎德利斯等：《法庭伦理学与专家证人》，杨天潼译，中国法制出版社 2013 年版，第 21 页。

权益造成损害的，也应当依法承担民事赔偿责任。

（3）专家辅助人违反法庭秩序责任。专家辅助人违反法庭秩序的，法院可以依照《民事诉讼法》第十一条的规定，采取一定的强制措施，如予以训诫、责令退出法庭、罚款和拘留。对于罚款可视其情节轻重按不同的数额来处罚。但是，民事诉讼强制措施中的拘传应不适用于专家辅助人，因为专家辅助人并非证人，属于法院裁判的辅助主体，具有可替代性，法院应尊重其自主选择。如其不愿出庭，应及时告知当事人，由当事人考虑是否申请其他专家辅助人出庭，而不得采用拘传措施强制专家辅助人出庭。

（4）专家辅助人的刑事责任。专家辅助人可能因个人利益驱动，恶意与鉴定人或者其他诉讼参与人串通提供虚假意见或者损害对方当事人或申请方当事人的合法权益。如果情节严重，应以犯罪论处。主要是与办案人员恶意串通或者故意造假而影响司法公正的行为。有论者认为，专家辅助人虚假陈述的法律责任可以按照伪证罪处理。① 当然，专家辅助人不属于司法工作人员，不符合受贿罪以及非国家工作人员受贿罪的犯罪主体；亦非证人，所发表的专家意见不具有证据的法律效力，也不符合伪证罪的犯罪主体，因此其犯罪行为在刑法上如何规制，则需专门的研究。②

另外，"法律制度常常对它必须解决的法律纠纷的是非曲直没有任何线索，但是，通过运用举证责任，以它来作为缺乏这种知识的代位者，法律制度就避开了这种耻辱。"③ 专家辅助人制度不仅在完善过程中需要"避开这种耻辱"，以免在开始之初就染指不良的声誉，而且还应当建立起严格的风险评估机制，尽可能地避免技术风险，避险的费用成本通过法律程序进行合理的分担。即使是不可避免的技术风险，在风险的承担上也应该通过法律程序在各个社会成员之间进行公平的分配。④ 事实上，无论是英美法系国家的专家证人，还是意大利式的技术顾问，无论对其如何进行风险控制，因无法完全实现专家辅助人的中立立场，其风险均是存在的。然而需要讨论的问题是，如何在市场经济条件下防止专家辅助人染指于现

---

① 参见范思力：《刑事审判中专家辅助人出庭若干问题研究——以修改后的〈刑事诉讼法〉相关规定为切入点》，载《西南政法大学学报》2012 年第 5 期。

② 参见张立平、杨丹：《民事诉讼专家辅助人的法律定位及其制度完善——以法条与司法解释的逻辑解读为基点》，载《湘潭大学学报（哲学社会科学版）》2014 年第 1 期。

③ ［美］波斯纳：《法理学问题》，苏力译，中国政法大学出版社 2001 年版，第 272 ~ 273 页。

④ 参见陈兴良：《风险刑法理论的法教义学批判》，载《中外法学》2014 年第 1 期。

有鉴定人的"鉴定黄牛"风气，避免其风险的扩大与蔓延反过来影响专家辅助人制度的完善与发展。以上的风险控制仅仅是对专家辅助人参与诉讼主要问题的讨论，未能设计出一个较为完整的程序控制模式，这些问题还有待于对专家辅助人实践调查进一步深入研讨和理论探索。

结　论

　　我国司法制度改革在某种意义上是以英美法系国家的司法制度作为范本展开的，旨在保障权利和维护正义。"正义是某种大于真相并且比真相更为亲近的东西。真相仅是正义的一个因素，正义的整体在于让各方满意。"① 由于我们在司法制度的改革中囿于去契合或者过分依恋国外模式的形式，将模式的选择置于实现改革所希望实现的法治价值之前，从而导致了所谓"理想立法设计"在我国法制传统、法律文化和社会习惯面前屡屡遭遇冷峻的现实甚至被现实所肢解，其教训不可谓不深刻。无论是 2012 年修改的《刑事诉讼法》抑或《民事诉讼法》确立的专家辅助人制度，立法者的初衷是希望通过这种改革来最大限度地减少法官对鉴定意见的预断、依赖和当事人在理解鉴定意见上的偏见与激进，要求其出庭就鉴定意见或者专业问题提出意见，借助于鉴定人与专家辅助人质证和辩论以及专家辅助人与同侪对质，解决久鉴不决、重复鉴定等影响诉讼效率的问题。那么，专家辅助人制度是否会遇到其他司法制度改革的命运呢？从比较法的视野来看，我国 2012 年《刑事诉讼法》以英美法系国家的专家证人模式为蓝本改造而来的专家辅助人制度，并非唯一能够保障鉴定意见的合法性、科学性和真实性的制度。在大陆法系国家，鉴定人本身并不隶属于侦查机关，而是通过提供鉴定意见而成为法官"科学上的辅助人"和"帮助法官认识活动的人"。因此，当鉴定人直接向法官负责而不再因为与控方的隶属关系被怀疑其倾向性时，失去对抗对象的专家辅助人也就没有了存在的必要。那么，中国的司法改革需要将鉴定机构从侦查机关中进行有效剥离，这种路径是否同样能够达到平衡程序正义和实体正义的效果呢？这两种路径不断地完善是否是最佳的契合并能置换出最优的改革成果还有待于司法实践的检验。

　　针对上述疑问与分置思考，本书对专家辅助人制度在我国实施遇到的情况以及预测可能发生的情形进行了超前性理论分析与推断性预判，让我

---

　　① ［美］彼得·德恩里科：《法的门前》，邓子滨译，北京大学出版社 2012 年版，第265 页。

国学术研究的集聚点与热情由西方制度或理论的不断追逐回到本国司法实践或司法经验的不断梳理上。其研究的结论为，我国专家辅助人制度吸取了英美法系国家专家证人制度保障当事人诉讼权利尤其是专业问题对质有效性的有益成分，而非专家证人制度的平移，架构了适合我国现阶段司法实践的"带有当事人主义保障当事人主义成分和弱化职权主义的中立性因素"的"专家辅助人制度"。我们将这种不同于英美法系国家专家证人制度又有异于大陆法系国家鉴定制度内部改良的制度称为"专家辅助人的中国模式"。之所以如此，除了本书对专家辅助人制度进行分析、诠释、论证外，还考虑我国依法治国以及建设"法治中国"追求基本的法治理念是追求公平正义，专家辅助人只有保持其中立性，其中立是指实体性的，专指坚持科学底线，只有如此，才能体现公平和正义。尽管专家辅助人是由当事人聘请的，但专家的身份决定了其必须坚持尊重科学的客观立场。专家辅助人作为精通某一领域的专家，应当坚持专家的底线正义，以科学为依据，客观地呈现自己的专家意见，不掺入当事人利益伪科学瓜葛、办案机关的权力威淫以及个人的专业情感与偏见。况且，专家作为某一领域内的权威而被认可，依靠的不仅仅是专业知识方面的建树，更离不开良好的科学职业操守和专家人格魅力。专家辅助人应当独立于当事人，信仰尊重科学，不盲从当事人的不合理或者非理性伪科学意见①，不追随或者屈就权力的诉讼路线，不带有主观上尤其是经济利益上的倾向性。正如英国威尔伯福斯勋爵所认为："尽管当事人在一定程度上取得专家和法律顾问的咨询是完全正当的，但专家证据应该并且至少看起来应是这样，即向法院提交的专家证据应该是专家独立的意见，不受当事人之间诉讼的形式和内容的影响，这一点非常重要。如果不是这样，则专家证据可能不仅不正确，而且将击败自身。"② 专家辅助人制度如何走英美法系国家专家证人和大陆法系国家鉴定制度的相互融合以及在职权主义下是镶嵌当事人主义还是吸收当事人主义保障当事人权利是其中国模式应当且必须考虑与面对的问题③，也是不得且无法回避的问题之一。

本书研究专家辅助人制度的中国模式，源于我国诉讼法对其的具体规定，尽管这种规定不可能改变其职权主义的诉讼模式，"即使实质性内容

① 邓继好、成欣悦：《专家辅助人弱当事人主义化刍议》，载《江淮论坛》2013 年第 6 期。

② 裴小梅：《论专家辅助人的性格要中立性抑或倾向性》，载《山东社会科学》2008 年第 7 期。

③ 参见汪建成：《司法鉴定模式与专家证人模式的融合——中国刑事司法鉴定制度改革的方向》，载《国家检察官学院学报》2011 年第 4 期。

并不怎么样，但法官适时地使用制定法总比允许他们恣意地使用特权好，尤其是当他们受幻想的支配，认为自己是遵照逻辑规则要求的中立原则行事时更是如此"①。这也是立法的力量之所在。由于"中国模式"概念的提出和争论发生在 20 世纪，其课题研究却需要面向 21 世纪，因此有必要将专家辅助人制度放置于整个中国司法改革背景下以及中国和世界的维度中去思考、探讨与反思。所谓"中国模式"不仅是中国传统司法制度的发展经验问题，也是中国司法制度改革的价值选择问题，旨在借助于世界眼光将中国模式推向西方，基于对西方价值取向与现有制度的架构提出新命题。同时，模式的选择绝非简单的非此即彼，而是历史和现实以及应然与实然的必然性选择。无论是哪个问题的中国模式不仅对中国未来的发展，而且对发展中国家的发展甚至是世界的发展都将产生较为深远的影响。②

　　另外，本书探讨专家辅助人的中国模式旨在为进一步深化中国司法改革尤其是司法鉴定制度改革模式提供反思与反省的观点资料与进取的路径。我国自 2005 年司法鉴定体制改革以来，其《决定》的出台主要是以解决我国鉴定管理上的混乱带来诉讼上无效率问题，旨在通过实践摸索、局部试错来为立法与制度改革提供成功和有效的经验。基于此，我国专家辅助人制度的中国模式不再是也不应是英美法系国家专家证人制度在我国的翻版，理应是在保持原有的鉴定制度的背景下，尊重我国现行司法制度历史连续性所形成的"专家辅助人制度作为鉴定制度补充"的中国模式。本书设计或者勾勒的专家辅助人制度的中国模式有可能达到预设的目标，因其架构维护了我国司法制度尤其是鉴定制度的历史传统的连续性，同时为未来的这种中国模式自身改革与改良提供了前车之鉴的真实图景，能够为其发展提供认识路径和借鉴思路，防止在盲目追逐西方模式中出现迷失自我的现象。倘若将专家辅助人提出的意见作为证据予以简单、机械地对质设计，因其意见的不确定性或者倾向性则会毁损此制度的推进，带来的仅是无效率的争议，甚至会断送司法正义。而在制度完善中简单地以引进或者移植专家证人制度替代专家辅助人制度的自我建设，不仅表现出制度不自信，而且还会在司法改革过程中总做亡羊补牢的劳民伤财之事，使专家辅助人制度沦为命运多舛的祭司品。这是需要警惕的，也是应当避免的，更是力求摆脱的。

---

　　①　［美］斯蒂文·J·伯顿：《法律的道路及其影响：小奥利弗·温德尔·霍姆斯的遗产》，张芝梅等译，北京大学出版社 2005 年版，第 143 页。
　　②　参见赵珊珊：《司法鉴定主体格局的中国模式——以刑事诉讼法为范本的分析》，载《证据科学》2013 年第 1 期。

参 考 文 献

一、著作类

［1］杜志淳等：《司法鉴定法立法研究》，法律出版社2011年版。

［2］霍宪丹、郭华：《中国司法鉴定制度改革与发展范式研究》，法律出版社2011年版。

［3］郎胜主编：《中华人民共和国刑事诉讼法释义》，法律出版社2012年版。

［4］王胜明主编：《中华人民共和国民事诉讼法释义》，法律出版社2012年版。

［5］王尚新、李寿伟主编：《〈关于修改刑事诉讼法的决定〉解释与适用》，人民法院出版社2012年版。

［6］孙谦主编：《〈人民检察院刑事诉讼规则（试行)〉理解与适用》，中国检察出版社2012年版。

［7］江必新主编：《最高人民法院关于适用〈中华人民共和国刑事诉讼法〉的解释理解与适用》，中国法制出版社2012年版。

［8］奚晓明主编：《〈中华人民共和国民事诉讼法〉修改条文理解与适用》，人民法院出版社2012年版。

［9］常林：《司法鉴定专家辅助人制度研究》，中国政法大学出版社2012年版。

［10］张南宁：《科学证据基本问题研究》，中国政法大学出版社2013年版。

［11］［美］菲利普·坎德利斯等：《法庭伦理学与专家证人》，杨天潼译，中国法制出版社2013年版。

二、论文类

［1］邓晓霞：《论英美法系专家证人制度的基础与缺陷——兼论我国引入专家证人制度的障碍》，载《中国刑事法杂志》2009年第11期。

［2］卢建军：《司法鉴定结论使用中存在问题及解决途径——兼论我

国诉讼专家辅助人制度的建构和完善》，载《证据科学》2010年第6期。

［3］汪建成：《司法鉴定模式与专家证人模式的融合——中国刑事司法鉴定制度改革的方向》，载《国家检察官学院学报》2011年第4期。

［4］黄太云：《刑事诉讼法修改释义》，载《人民检察》2012年第8期。

［5］王敏远：《论我国刑事证据转变》，载《法学家》2012年第3期。

［6］孙长永：《论刑事证据法规范体系及其合理构建——评刑事诉讼法修正案关于证据制度的修改》，载《政法论坛》2012年第5期。

［7］郭华：《司法鉴定制度与专家证人制度交叉共存论之质疑——与邵劭博士商榷》，载《法商研究》2012年第4期。

［8］范思力：《刑事审判中专家辅助人出庭若干问题研究——以修改后的〈刑事诉讼法〉相关规定为切入点》，载《西南政法大学学报》2012年第5期。

［9］郭华：《切实保障刑事诉讼法中司法鉴定条款的实施》，载《法学》2012年第6期。

［10］王戬：《"专家"参与诉讼问题研究》，载《华东政法大学学报》2012年第5期。

［11］李雪蕾：《刑事诉讼专家辅助人制度初探》，载《人民检察》2012年第12期。

［12］左宁：《我国刑事专家辅助人制度基本问题论略》，载《法学杂志》2012年第12期。

［13］郭华：《刑事诉讼专家辅助人出庭的观点争议及其解决思路》，载《证据科学》2013年第4期。

［14］李浩：《民事证据的再修订》，载《中外法学》2013年第1期。

［15］赵珊珊：《司法鉴定主体格局的中国模式——以刑事诉讼法为范本的分析》，载《证据科学》2013年第1期。

［16］刘广三、汪枫：《论我国刑事诉讼专家辅助人制度的完善》，载《中国司法鉴定》2013年第2期。

［17］韩静茹：《专家参与民事诉讼的类型化分析——以我国民事证据立法的最新动向为背景》，载《西部法学评论》2013年第2期。

［18］高通：《论专家辅助人意见——以刑事辩护为视角的分析》，载《证据科学》2013年第4期。

[19] 罗芳芳:《从"科学的代言人"到"当事人的枪手"——专家证人历史沿革与我国现实考察》,载《证据科学》2013年第4期。

[20] 刘水华:《刑事诉讼专家辅助人制度的程序构建》,载《人民检察》2013年第13期。

[21] 邓继好、成欣悦:《专家辅助人弱当事人主义化刍议》,载《江淮论坛》2013年第6期。

[22] 李苏林:《我国刑事诉讼专家辅助人制度探析》,载《广西政法管理干部学院学报》2013年第5期。

[23] 郭华:《我国专家辅助人制度创新的实用主义及立法的模糊立场——基于司法实践的一种理论展开》,载《中国司法鉴定》2013年第5期。

[24] 王桂玥:《论专家辅助人的当事人偏向性》,载《河南警察学院学报》2013年第5期。

[25] 龙宗智、孙末非:《非鉴定专家制度在我国刑事诉讼中的完善》,载《吉林大学社会科学学报》2014年第1期。

[26] 张立平、杨丹:《民事诉讼专家辅助人的法律定位及其制度完善——以法条与司法解释的逻辑解读为基点》,载《湘潭大学学报(哲学社会科学版)》2014年第1期。

[27] 王跃:《专家辅助人制度基本问题研究——以〈刑事诉讼法〉第192条规定为切入点》,载《西南政法大学学报》2014年第1期。

[28] 胡铭:《专家辅助人:模糊身份与短缺证据——以新〈刑事诉讼法〉司法解释为中心》,载《法学论坛》2014年第1期。

[29] 章礼明:《评"专家辅助人"制度的诉讼功能——借助于新〈刑事诉讼法〉实施之后司法首例的分析》,载《河北法学》2014年第3期。

[30] 郭华:《治理我国司法实践中司法鉴定失序的正途》,载《中国司法鉴定》2014年第4期。

后　　记

　　本书是本人主持并独立完成的 2012 年司法部"国家法治与法学理论"课题项目"专家辅助人制度的中国模式研究"（12SFB2028）的最终成果。本成果相对于本人以往研究成果即《鉴定结论论》（中国人民公安大学出版社 2007 年版）、《鉴定意见证明论》（人民法院出版社 2008 年版）和《鉴定意见争议解决机制研究》（经济科学出版社 2013 年版）而言，无疑是作为研究鉴定制度的补充内容来探讨的，但并不代表专家辅助人本身作为一项制度是鉴定制度可有可无的附庸。

　　本成果在研究与讨论过程中，对我国学界在英美法系国家专家证人上的青睐与依赖甚至极度痴迷进行了反思，对我国鉴定制度改革事先厘定西方专家证人制度处于优位的价值等级制惯性思维进行了省察，提出了一些不成熟的观点与看法，旨在避免学者的偏好与实务的倚重在特定条件下压垮这一创新制度的脊梁。尽管西方专家证人制度对西方社会可能是最有效的，但对所有国家来说未必都是最好的，以此强迫我国司法制度改革向西方的中心靠拢，不仅存在依据上的缺失，还会混淆价值判断与事实判断的界限，甚至会造成事实与价值的混乱。这也是目前我国"优秀"的司法改革方案在实践中效果不明显的原因之一，所以本书采用"中国模式"作为解释这一问题的托词与理由。

　　基于此，本人在探讨专家辅助人制度时，采用了"中国模式"的提法，旨在将专家辅助人制度放置于整个中国司法改革背景下以及中国和世界的法治维度中去思考、探讨与反思，希冀对西方价值取向及其现有制度的架构思路提出自己的看法，并借此将这一中国模式在完善之后能够推向西方。然而，上述想法仅仅是一种理论上的预设或者是一厢情愿的自我愿景，这种理想也可能因中西比附化为一种虚幻的泡影，但这是未来的事情。美国劳伦斯·纽曼认为："过度信赖专家会纵容他们把我们置于黑暗中，并且他们还可能提供强化自己权力与地位的思想。当我们对专家如何获得他们的知识一无所知时，我们就会失去某些独立判断的能力。"但愿国外专家的善意的提醒，能够引起学者尤其是最高司法机关以及司法实务人员的高度警惕与审慎沉思，以免创新制度被误用、滥用出现"千里之地溃于蚁穴"的现实悲情，也应当避免新设制度成为错用制度上的"替罪羊"。以上的希冀与焦虑权作后记之片语，别无他求。

郭华

于北京中央财经大学沙河校区

2015 年 1 月